国家社科基金重大项目
"新时代生态文明建设目标评价考核制度优化研究"
（22&ZD138）阶段性成果

河湖长制的法治保障研究

张小丽 著

人民出版社

序

"气蒸云梦泽，波撼岳阳城""沙鸥翔集，锦鳞游泳，岸芷汀兰，郁郁青青"，这是古代文学家笔下的洞庭湖。然而，随着我国工业和农业的快速发展，一些企业将大量污染物排入湖中，导致洞庭湖发生过两次大面积水华现象。加之长期的围湖造田以及泥沙淤积，洞庭湖的面积一度急剧减少。我国从20世纪70年代开始实行水资源保护，但河湖水生态环境的恶化尚未被扭转。直至2007年暴发的太湖"蓝藻"事件引发政府和社会的共同关注，无锡市开始从水资源管理体制机制上寻求突破，由党政领导带头，开展跨部门协同治理工作，逐步形成以河湖长制为主的太湖治理机制，太湖水质在较短时间明显改善。太湖治理的成功经验很快在全省推广，其他省份也纷纷效仿，并引起中央的重视。2016年以来，在习近平总书记亲自部署和推动下，河湖长制在全国推广实施。

我国江河湖泊众多，水系发达，保护江河湖泊，事关人民群众福祉，事关中华民族长远发展。全面推行河湖长制，是有效解决我国复杂水问题、维护河湖水系健康、推进生态文明建设的重大制度安排。河湖长制能克服流域碎片化治理的种种缺陷，建立流域一体化治理机制，整合治理的主体、手段、要素，实现从碎片化向整体化治理的转型。从法治要求看，河湖长制推行以来，仍以政策调整为主，法治保障明显不足，要提升河湖长治理效能，助力江河湖泊绿色发展，需借助法治的规范性、强制性作用，使河湖长的委任、运行、监督、考核、问责等机制实现制度化、规范

1

化运行。基于此，河湖长制的法治保障问题就成为亟待重点研究的课题。

在江河湖泊环境污染与生态破坏问题日益引起社会关注的背景下，该书从法治视角对河湖长制的法治保障进行研究，具有显著的理论意义和实践价值。一方面，作者从基础理论层面系统研究了河湖长制的内涵和特征、法理基础和制度优势、法治保障意涵与要求。作者认为"河湖长"是承担本行政区域内河湖管理保护主体责任的各级党委或政府主要负责人。"河湖长制"是一种制度，是关于河湖长委任、运行、监督、考核、问责等一系列制度规范的总称。河湖长制本质上是流域、湖泊生态环境管理领域的党政领导干部责任制，它以实现流域湖泊生态环境可持续发展为目标，以统筹协调流域湖泊管理为制度功能，以流域湖泊污染防治和生态保护为履责内容，涵盖河湖长委任、运行、监督、考核、问责等全过程。生态环境整体性治理理论、责任政府理论、环保问责制理论等为河湖长制的创新发展提供了理论支撑。全面依法治国理论下对河湖长制法治提出的新要求，推动了河湖长制的进一步规范化、有序化展开。另一方面，作者从制度构建层面，对河湖长制的法治现状及实施进行分析，探讨其存在的问题及成因，提出有针对性的法治建议和方案。作者以中共中央办公厅和国务院办公厅的重要文件为政策基础，以《中华人民共和国水污染防治法》《中华人民共和国长江保护法》为法律依据，从国家层面和地方层面两个维度，选取湖南省作为地方样本，阐述河湖长制的法治现状，认为现有法治存在结构失衡、规制失范、保障不足的问题。作者揭示问题产生的原因是河湖长制发展实践先行经验不足，涉及的河湖生态环境问题具有特殊性，以督政考核为指引具有复杂性。故而，河湖长制的法治建构须从立法体系和核心制度两个方面进行完善，建议国家专门对河湖长制开展立法，并与河湖长工作制度体系相协调。另外，还需紧紧推进河湖长制的运行制度和保障制度的规范建构，形成依法授权、运行有序、考核客观、严格问责的河湖长法治体系。

该书坚持理论研究与实证研究相结合，体现了作者严谨的治学态度和创新的思维方式。一是在研究内容方面，做到了理论的纵深和体系的综合，提出的对策建议具有科学性和可行性。二是在研究视角上，作者吸收了经济学、行政管理学、环境学的相关研究成果，较为系统深入地从法治视角进行理论求证和制度建构。三是在研究方法上，运用实证研究法、比较研究法、规范分析法等研究方法，特别是通过实地走访、调研座谈等方式考察法治运行成效，广泛获取了第一手材料，使研究成果更具可靠性。

作者张小丽是武汉大学法学院博士后、湖南师范大学法学院博士。在求学阶段，她浓厚的科研兴趣、扎实的理论功底和刻苦的钻研精神，给我留下了深刻的印象。该书是她出版的第一本专著，字里行间透露着作者的学术探索和理论创新，充满着作者的人文关怀和社会责任。我相信，该书的出版必将丰富我国环境法学研究的成果，促进我国河湖长制的法治保障研究，为我国的生态文明法治建设贡献力量。

李爱年

二〇二二暑期于岳麓山

目　录

绪　论

一、研究背景与意义

人类在地球上之所以能够生存，靠的就是水。人类逐水而居，依水建村，傍水建城，古今中外，概莫能外，水是人类生存、生产、生活不可替代的自然资源。善待江河、湖泊、沼泽、冰川，保全和保护水资源的生态功能，广义上具有全民生态公益的作用。在环境保护领域，流域湖泊环境污染与生态破坏问题一直是社会重点关注的议题，如 2007 年广西茅岭江支流那蒙江水污染事件，2008 年湖北境内汉江三条支流遭受污染，2009 年江苏盐城水污染事件、山东沂南砷污染事件，2010 年陕西洛川县千余吨污油泥泄漏造成洛河污染、沈阳团结水库水污染事件，2011 年杭州苯酚槽罐车泄漏事件等，不仅给流域水生态环境造成巨大破坏，也直接影响到流域整体经济社会可持续发展。相继发生的水污染事件成为亟待化解的社会问题，保护河湖水生态环境，减轻日益严重的水生态环境污染，已经作为一个不可回避的重要问题提上政府的议事日程。

为了化解这些问题，各级政府都积极采取措施，提出政策意见，河湖长制由此诞生。从地方层面看，2007 年暴发的无锡太湖"蓝藻"事件引发了全国关注。在该事件中，大面积滋生的蓝藻污染了太湖流域水源地，造成无锡市城镇供水紧张，居民生活用水短缺，一度引发了社会恐慌情绪。数据显示，太湖流域周边有 300 多家涉及化工、印染、电镀、制药等行业的污染企业，造成湖水氮、磷含量的成倍增加。在此背景下，无锡市开始痛定思痛，希望从管理体制机制上进行变革，改变水环境污染治理不力的被动局面。2007年8月，《无锡市治理太湖保护水源工作问责办法（试行）》出台，该文件要求在全市范围内开展河湖长制。之后，无锡市又制定出台了系列配套政策，流域治理的社会资源迅速整合投入到太湖水环境保护工作当中，使太湖无锡段水质在较短的时期内得到较大程度改善。其示范效应也逐步推广，江苏开始在全省范围内推广"河长制"，其他省份也纷纷效仿，提出河长制建设目标。从国家层面看，"河长制"的体制机制创新引起中央的重视。2014年，水利部《关于深化水利改革的指导意见》和《关于加强河湖管理工作的指导意见》首次提出要"鼓励推行河长制"。2016年，中共中央办公厅、国务院办公厅出台《关于全面推行河长制的意见》，规定到2018年底在全国范围内建构起河长制。2017年元旦，习近平总书记向全国人民宣告"每条河流要有'河长'了"。之后，水利部按照中央部署积极推进，地方各级党委政府认真贯彻落实，截至2018年6月底，在全国31个省级行政区中建立起河长制管理架构，比要求的时间点提前了半年。①2018年1月，中共中央办公厅、国务院办公厅出台《关于在湖泊实施湖长制的指导意见》。至此，国家层面河湖长制政策框架体系基本成型。

目前，河湖长制在全国的推广实施虽然取得了积极成效，但也存在诸如以政策调整为主，政策法治化程度不高；以相关法律调整为主，专门性法律不足；委任、运行、监督、考核、问责法律机制不健全等问题，容易导致河湖长权利和义务不清、体制机制运行不畅、相关程序不规范等问题，进而影响河湖长制治理的效果。在此情形下，审视与反思河湖长制的法治保障问题就显得尤为必要。

---

① 鄂竟平：《推动河长制从全面建立到全面见效》，《人民日报》2018年7月17日。

第一，就河湖长制的制度缘起而言，河湖长制如何克服现有的"九龙治水"乱象？河湖长制有何特征？如何避免落入人治的泥沼？如何通过部门协同达致流域协同一体化治理？河湖长制法治保障的内涵、原则、价值何在？

第二，就河湖长制法治保障体系的现状反思而言，河湖长制的制度体系是否已经建构完备？中央和地方开展了哪些实践探索，呈现出何种特色与个性？存在哪些体系化问题？在河湖长制的权责安排，委任、运行、监督、考核、问责法律机制建设上存在哪些疏漏？

第三，就河湖长制法治保障体系建构而言，中央层面立法将采取何种立法模式？地方层面河湖长制的有关规定如何与中央匹配？如何实现河湖长制运行、监督、考核、问责法律机制的健全完善？

从理论意义看，解答上述问题有助于深化生态环境治理理论，完善环境法治理论体系。法治的规范建构意义在于明确各级河湖长及河湖长机构的职责定位，细化河湖长的委任、运行、监督、考核、问责程序机制，规范河湖长活动运行。通过深入阐释分析河湖长制法治保障的内涵，运用多学科方法，深化对河湖长制法治的理论认识；通过总结实践经验，形成行之有效、运行规范的制度组织体系。将有助于推动河湖长制等新兴理论的深入探索，拓展生态文明建设理论视野，提升流域湖泊可持续发展的能力。

从实践意义看，解答上述问题有助于构建符合实际的河湖长工作管理制度，保障其健康运行。现代社会是法治社会，河湖长的委任、运行、监督、考核、问责当然都应该制度化、规范化运行，使河湖长制由政策依赖向法治轨道迈进，并借助法治的规范性、强制性作用提升河湖长治理效能，成为流域湖泊生态环境治理的强有力政策工具。这样一来，可以促进河湖长制的健康运行，推动流域水环境质量的改善，促进将"创新、协调、绿色、开放、共享"新发展理念融入流域可持续发展过程中，促进社会和谐进步，推动绿色发展。

总之，河湖长制法治保障是环境法理论与实践面对的重要议题。对于致力于生态文明建设的中国而言，理性审视现有法制的制定、运行情况，适时将河湖长制纳入法治化轨道将有助于推动流域经济社会的可持续发展。所以，本书将围绕河湖长制法治保障这一主题，从立法体系和核心制度完善两个方面展开法治构建，希望能够为河湖长制的法治建设提供决策建议。

二、国内外研究现状

河湖长制的提出始于 2007 年我国江苏省无锡市的改革主张，之后迅速在各地推广演进，并被 2014 年水利部《关于深化水利改革的指导意见》等文件确立。围绕河湖长制的规范建构，学者从不同的角度展开了丰富的研究。

（一）国外研究现状

河湖长制是中国政府近年来在水环境保护领域推进的一项重要制度创新，由于是基于中国实际情况创设的制度，相对而言，国外并没有与之一一对应的理论和实践案例，有的只是对流域生态环境保护进行公共治理的理论和实践。基于此，本书仅就国际社会关于流域治理的理论以及重点流域实践展开分析。

1. 域外流域环境治理的理论视野

（1）水资源可持续利用管理（Sustainable Use and Management of Water Resources）。一旦人们意识到水资源是一项稀缺资源，那么，就必然要求对其进行可持续利用和管理。1992 年，水与环境国际会议首次提到了在生态环境发展过程中水的地位。《水与可持续发展都柏林声明》强调，"对于生态环境保护和可持续发展而言，稀缺的淡水资源将是一个越来越严重的问题"。因此，需要对淡水资源用新的方法进行测试、利用和管理。① 这种新方法就是基于可持续发展提出的水资源可持续管理理念。1996 年，国际水文计划工作组借用了可持续发展的概念来定义水资源可持续利用，指出所谓水资源可持续利用和管理是在不破坏水生态系统完整性前提下的水的管理使用，并且它不会减损现在和未来的生态福利。②

（2）流域水资源一体化管理（Integrated Water Resources Management，IWRM）。在《21 世纪议程》等文件指引下，流域水资源一体化管理理念逐步形成。该理念强调协调开发和管理，要求在保障生态系统可持续的基础上，以公平的方式促进水、土壤、野生动物等资源的综合性开发管理，促进经济效益与社会效益的最大化。其中，经济效益与社会效益的最大化突出要求提升水资源的利用效率，公平强调人们的安全、足量用水权利。③

（3）生态系统管理（Ecosystem Management，EM）。流域湖泊是一个完整的生态系统，需要依循生态系统管理原理进行全流域综合管理。1997 年，在加拿大召开的流域生态系统管理国际研讨会强调，以流域为单元、从整个系统的角度研究水资源利用和管理问题将是今后的方向。Overbay（1992）④ 认为，生态系统管理是指小心而技巧地应用生态、经济、社会和管理原理于生态系统管理，以长期生产、恢复或维持生态系统完整性与所需状况、使用方式、展品、价值与服务。

（4）流域公共治理（Public Governance of River Basin）。自 20 世纪 30 年代以来，经济学、管理学等学科领域的学者为解决环境经济中的外部性

① E.G. Dale, The Dublin Statement on Water and Sustainable Development, *Environmental Conservation*, 1992, p.181.
② 赵焱等：《水资源复杂系统协同发展研究》，黄河水利出版社 2017 年版，第 13 页。
③ 全球水伙伴技术委员会：《水资源统一管理》，梁瑞驹、沈大军、吴娟译，中国水利水电出版社 2003 年版，第 22~23 页。
④ J.C. Overbay, *Ecosystem Management: Taking an Ecological Approach to Management*, United States: Department of Agriculture Forest Service Publication, 1992, pp.3-15.

问题，基于不同的理论基础，提出了三种类型的流域生态环境治理机制：市场机制、行政控制机制与合作机制。首先，市场机制。Coase（1960）①、Dales（1968）②都认为环境污染问题可以通过经济手段进行化解，需要进行清晰的产权界定，形成"排污权"交易市场，通过市场价格引导在市场主体趋利避害的过程中实现资源有效配置。其次，行政控制机制。Roberts（1970）③、Agency（2002）④都肯定了政府对流域湖泊资源进行管理的必要性，认为应当建立以流域为单元的流域管理机构。再次，合作机制。Alaerts（1999）⑤、Watson（2004）⑥认为，流域管理能够取得成功的一个重要因素是公众的支持，流域管理机构需要发展出一种系统回应能力，在多方主体协商中形成共识。

2. 域外流域环境治理的实践案例

不仅在理论方面，实践层面的实证研究也逐渐多起来。Stewart、Tolbert（1993）⑦指出，1933年5月，美国建立了田纳西河流域管理局。它以综合管理机构的形式实现了水资源综合管理，并且将环境、经济和社会政策目标联系在一起，改善了当地的经济和社会贫困状况。从20世纪

---

① R.H. Coase, *The Problem of Social Cost, Journal of Law and Economics,*1960, pp.1-44.

② J.H. Dales, *Land,Water and Ownership, Canadian Journal of Economics*, 1968, pp.791-804.

③ M.J. Roberts, River Basin Authorities: A National Solution to Water Pollution, *Harvard Law Review*, 1970, pp.1527-1556.

④ Environmental Protection Agency (EPA), National Primary Drinking Water Regulations:Long Term 1 Enhanced Surface Water Treatment Rule, Final Rule, *Federal Register*, 2002, pp.1811-1844.

⑤ G.J. Alaerts, *Institutions for River Basin Management: The Role of External Support Agencies (International Donors) in Developing Cooperative Arrangements, International Workshop on River Basin Management-Best Management Practices*, Delft: Delft University of Technology, 1999, pp.27-29.

⑥ N. Watson, Integrated River Basin Management: A Case for Collaboration, *International Journal of River Basin Management*, 2004, pp.243-257.

⑦ J.G. Stewart & R.C. Tolbert, Decentralization and Initiative: TVA Returns to Its Roots, *International Journal of Public Administration*, 1993, pp.2081-2100.

40 年代开始，加拿大安大略省开始创建以流域为基础的管理机构，其职责范围包括水、土地、木材等自然资源的规划、开发和管理。从现状看，加拿大安大略省保护当局（The Ontario Conservation Authorities）在流域综合管理方面取得了国际公认的成绩。Mitchell、Shrubsole（1992）① 认为，他们取得成功的原因在于 6 个方面，即以流域作为管理单位、地方倡议、省市伙伴关系、良好的经济运行环境、综合管理方法以及合作。之后，流域综合管理模式在全世界范围内逐渐兴起。1948 年，印度借鉴田纳西模式成立了戴蒙德流域管理机构；墨西哥在多个流域，如巴帕洛阿潘河、格里哈尔瓦河、富埃尔特河、特帕尔卡特佩克 / 巴尔萨斯河流域建立了流域管理委员会；1959 年，南非开始实施号称"国内水务建设史上最大、最重要、最壮观"的橙色河流计划；1973 年，尼日利亚政府在乍得湖流域和索科托流域分别建立了流域开发管理局，3 年后又另外建立了 7 个流域机构。这些机构被授予了多方面的行政权力，包括防洪、污染控制、渔业、畜牧业以及农村相关事务等。②

此外，一些跨国界的流域也开始引入流域一体化管理策略。Murcott（1996）③ 指出，多瑙河流域的水污染需要流域沿岸国家和地区紧密合作以应对，包括俄罗斯和黑海的其他国家都应当承担相应的责任。Browder、Ortolano（2000）④ 以湄公河流域管理为例分析了国际流域管理制度的演进，指出，由于 1978—1992 年这一阶段各国各自为战的水资源开发策略导致了水分配的矛盾冲突。未来，需要重新回到国际协调与合作的道路上以实

① B. Mitchell & D.Shrubsole, *Ontario Conservation Authorities: Myth and Reality*, University of Waterloo, Department of Geography, 1992, pp.45-69.

② 李原园等：《国外流域综合规划技术》，中国水利水电出版社 2009 年版，第 12—18 页。

③ J. Linnerooth-Bayer & S.Murcott, The Danube River Basin: International Cooperation or Sustainable Development, *Natural Resources Journal*, 1996, pp.521-547.

④ G. Browder & L. Ortolano, The Evolution of an International Water Resources Management Regime in the Mekong River Basin, *Natural Resources Journal*, 2000, pp.499-531.

现流域可持续发展。

（二）国内研究现状

从国内研究看，学科交叉成为研究的主要特征。在"中国知网"上搜索关键词"河长"，搜索结果为 3252 条，其中，中文核心论文为 152 篇，硕博论文为 159 篇。以"河湖长制"为搜索项在"中国知网"上可以获得 2208 条结果，其中博士论文数量为 0 篇，硕士论文 107 篇，核心期刊的论文数量为 121 篇。[①] 这些研究涉及行政管理、经济学、社会学、政策法学等多学科领域，并围绕诸多方面展开了研究。

1. 经济学视域下的"河长制"研究

在经济学视域特别是制度经济学领域里，河长制反映了政府通过水制度供给满足公共服务需求的过程，河长制的实施需要考虑因此增加的成本和潜在的收益，只有当制度收益远大于制度成本时才能称其为有效制度。沈满洪（2018）[②] 比较河湖长制的环境绩效、经济绩效、社会绩效，认为，只要环境绩效大于后两者的损失，河湖长制的推行就应当被肯定。王书明、蔡萌萌（2011）[③] 指出，河湖长制是地方推动实现的政策创新，其优点在于权责清晰，有利于提高环境污染治理效能；缺点则在于委托代理问题无法消解，在利益合谋情况下容易导致制度运行偏差。

2. 行政管理学视域下的"河长制"研究

在行政管理学视域下，河长制是政府公共治理体制机制的创新，它嵌入在已有的科层制管理结构之中，起到更好的协调、督促作用。任敏（2015）[④] 从协同治理视角进行了分析，认为河长制是一种新型的混合型权

---

① 根据中国知网检索得出的结果，检索时间为 2021 年 4 月 20 日。
② 沈满洪：《河长制的制度经济学分析》，《中国人口·资源与环境》2018 年第 1 期。
③ 王书明、蔡萌萌：《基于新制度经济学视角的"河长制"评析》，《中国人口·资源与环境》2011 年第 9 期。
④ 任敏：《"河长制"：一个中国政府流域治理跨部门协同的样本研究》，《北京行政学院学报》2015 年第 3 期。

威依托的等级制协同模式，能够较好地解决"权威缺漏"问题。李汉卿 (2018)[①] 认为河长制是一种行政发包制。要实现河长制制度绩效的提升需要实现行政发包制的转型。郝亚光（2019）[②] 从公共责任制理论提出，公共责任制是河长制的活力源泉，河长制之所以有效是因为政治责任、行政责任、法律责任和专业责任为主导的复合性公共责任体系功能的发挥。王伟、李巍 (2018)[③] 从整体性治理视角进行了分析，认为河湖长制容易陷入行政分包制的泥沼，应当形成一种整体责任机制，在多元共治中实现合作治理。郝亚光、万婷婷（2019）[④] 借用"框架分析理论"指出，河湖长制是基于共识动员引发的多元主体共治，相关主体在承认河湖长制作用后将形成上下一致，从而为流域湖泊治理提供动力。李利文（2019）[⑤] 强调河湖长制实现了模糊性行政的清晰化，在科层体制中嵌入了个人问责体制，有助于明确激励，加强治理。

3. 环境法学视域下的"河长制"研究

在法学领域，构建完善河湖长制有助于落实政府环境责任，依法明确河湖长职责，理顺河湖长制与既有水环境保护监管体制之间的关系，推动流域可持续发展目标的实现。一些学者，如王灿发、吴勇、史玉成、刘超、戚建刚、张治国等纷纷就河长制议题阐述了自己的观点，其主要探讨的问题可以归纳为以下几个方面。

---

① 李汉卿：《行政发包制下河长制的解构及组织困境：以上海市为例》，《中国行政管理》2018 年第 11 期。

② 郝亚光：《公共责任制：河长制产生与发展的历史逻辑》，《云南社会科学》2019 年第 4 期。

③ 王伟、李巍：《河长制：流域整体性治理的样本研究》，《领导科学》2018 年第 17 期。

④ 郝亚光、万婷婷：《共识动员：河长制激活公众责任的框架分析》，《广西大学学报（哲学社会科学版）》2019 年第 4 期。

⑤ 李利文：《模糊性公共行政责任的清晰化运作——基于河长制、湖长制、街长制和院长制的分析》，《华中科技大学学报（社会科学版）》2019 年第 1 期。

首先，探讨了河湖长制的法律依据问题。有观点认为，河湖长制的法律依据在于《中华人民共和国水污染防治法》规定的地方政府环境质量责任制。① 河湖长制的法律依据在于地方政府责任、生态红线制度以及环保问责制。这些与流域湖泊治理结合形成了一种可行机制。②

其次，分析了河湖长制非法治化运行问题。有观点认为，河湖长制在运行过程中由于法治化程度不够，还带有一些人治色彩。例如，肖显静（2009）③ 认为，从远期效果看，河湖长有可能扰乱既有的执法体制，呈现出轻法制、重人治特点。王灿发（2009）④ 指出，河湖长制并不是法治，而是人治范畴。它的实施效果依赖于领导重视，以及是否愿意担任河湖长职务。此外，有的学者探讨了河湖长制其他现存的非法治化运行问题。例如，刘超（2017）⑤ 提出，河长制还存在职非法定、河长制与现行水资源管理体制存在冲突、考核问责机制不完善的问题。刘芳雄（2016）⑥ 指出，河长制权力依赖、公众参与不足的问题。史玉成（2018）⑦ 认为，存在与相关配套制度衔接不足的问题。

再次，研究了河湖长制度的构建完善问题。有观点认为，《环境保护目标责任制考核评价条例》的制定将有助于落实河湖长制目标。通过一系列科学合理的考核指标的设计，以及地方的引入，将有助于将地方环境质

① 王灿发：《地方人民政府对辖区内水环境质量负责的具体形式——"河长制"的法律解读》，《环境保护》2009 年第 9 期。
② 刘超：《环境法视角下河长制的法律机制建构思考》，《环境保护》2017 年第 9 期。
③ 肖显静："河长制"：一个有效而非长效的制度设置》，《环境教育》2009 年第 5 期。
④ 王灿发：《地方人民政府对辖区内水环境质量负责的具体形式——"河长制"的法律解读》，《环境保护》2009 年第 9 期。
⑤ 刘超：《环境法视角下河长制的法律机制建构思考》，《环境保护》2017 年第 9 期。
⑥ 刘芳雄、何婷英、周玉珠：《治理现代化语境下"河长制"法治化问题探析》，《浙江学刊》2016 年第 6 期。
⑦ 史玉成：《流域水环境治理"河长制"模式的规范建构——基于法律和政治系统的双重视角》，《现代法学》2018 年第 6 期。

量责任依法落地。① 还有观点认为，河湖长制的法治化需要加强立法、体现民主协商以及提高民众参与度。② 此外，也有学者概略式地对河长制立法的必要性、模式及难点问题进行了分析研究。③

最后，结合各地运行情况思考了地方河湖长制的规范构建问题。例如，有学者分析了湖南的情况，认为应当加强地方环境法治建设。④ 还有学者指出，广东省推行河长制以来积累了一定的经验，在河长制实施方案制定、配套制度建设中有一些创新设想。保障河长制的地方立法在人大常委会监督下进行、鼓励和保障村级河长和民间河长的参与、规划河长的考核督查机制、确立河湖统一的整体性生态保护理念在河长制实施中的指导地位，是广东省落实河长制的主要特色，具有创新法律制度、助力法律实施的现实意义。⑤

综观国内已有研究成果，其主要贡献在于多学科地反映了河湖长制的内在属性，并尝试从法学角度对制度的规范运行提出构建完善建议，为探索河湖长制法治建设提供了研究基础。但现有研究还存在一些不足：一是研究的系统性不足，缺乏理论的纵深与系统性集成，对河湖长制的理论缘起、本质属性、功能价值研究得不够深入；二是在研究的针对性上，虽然提到了法治的要求，但比较概括简略，对关键性问题，如河湖长制法治的路径选择、体系构成、规范建构的具体问题研讨较少；三是在研究路径上，地方制度运行的经验教训虽然已经被纳入学者视野，但在地化研究仍然偏少。本书将围绕河湖长制法治保障这一主题，从立法体系和核心制度

---

① 王灿发：《地方人民政府对辖区内水环境质量负责的具体形式——"河长制"的法律解读》，《环境保护》2009 年第 9 期。
② 刘芳雄、何婷英、周玉珠：《治理现代化语境下"河长制"法治化问题探析》，《浙江学刊》2016 年第 6 期。
③ 张治国：《河长制立法：必要性、模式及难点》，《河北法学》2019 年第 3 期。
④ 吴勇、熊晨：《湖南省河长制的实践探索与法制化构建》，《环境保护》2017 年第 9 期。
⑤ 刘长兴：《广东省河长制的实践经验与法制思考》，《环境保护》2017 年第 9 期。

完善两个方面展开法治构建，希望能够为河湖长制的法治建设提供决策建议。

三、研究内容与方法

本书的论述框架，除绪论部分以外，主要包括七个部分，分别为：

第一部分，河湖生态环境问题及其应对。我国河湖正面临着河湖生态环境破坏、污染形势严峻和生态环境安全风险的问题，针对这种现状，我国主要采用经济、行政和法治手段来应对暴露的水环境问题。

第二部分，我国治水机制的创新：河湖长制的提出与意涵。面对流域碎片化治理的种种缺陷，客观上需要建立一种流域一体化治理机制，以整合治理的主体、手段、要素，实现从碎片化向整体化治理的转型。河湖长制由此诞生。本书将从"河""湖""河湖长""河湖长制"等概念的阐释入手明确研究的基础范畴，进而阐释其本质。河湖长制本质上是流域、湖泊生态环境管理领域的党政领导干部责任制。它以实现流域湖泊生态环境可持续发展为目标，以统筹协调流域湖泊管理为制度功能，以流域湖泊污染防治和生态保护为履责内容，涵盖河湖长委任、运行、监督、考核、问责等全过程。

第三部分，河湖长制的理论溯源与制度优势。河湖长制的诞生和发展既源自现实需要，又源自理论支撑。流域湖泊生态环境整体性治理理论、责任政府理论、环保问责制理论等为河湖长制的创新发展提供了理论支撑，而其充分发挥党的领导作用、激发部门协作合力和保证人民广泛参与的制度优势，是河湖长制成为解决我国复杂河湖问题的关键所在。

第四部分，河湖长制法治保障意涵、现状及实施。全面依法治国理论下对河湖长制法治保障提出的新要求推动了河湖长制的进一步规范化、有序化展开。在经历了若干年的实践探索以后，我国已初步形成了以《关于全面推行河长制的意见》《关于在湖泊实施湖长制的指导意见》

为政策基础，以《中华人民共和国长江保护法》（以下简称《长江保护法》）、《中华人民共和国水污染防治法》（以下简称《水污染防治法》）为法律依据，以流域湖泊污染防治和生态保护为履责内容，涵盖河湖长委任、运行、监督、考核、问责等全过程的河湖长制制度规则体系。从运行实践看，本书选取一省当中的 7 个市作为调研对象，收集了大量实践材料，并总结了其运行实效。

第五部分，河湖长制法治保障体系存在的问题及成因。河湖长制在具体实施过程中，出现的诸如结构失衡、规制失范、保障不足等问题，在一定程度上反映出我国河湖长制法治的不完善现状。之所以会出现这种情况，一方面是人们对河湖长制的产生、形成、发展、完善规律认识不够，制度实施经验不足，导致难以在短期内形成良好制度建构；另一方面，河湖长制法治实质上是督政的制度创新，关涉到党政主要领导的职权、监督、考核、问责等诸多内容，试图通过一个政策、一部法律进行规范、协调，存在较大的困难。

第六部分，河湖长制法制体系的建构完善。从专门立法推进的角度考虑，河湖长制立法应当选择专门立法模式，其形式应当是行政法规，并与河湖长工作制度体系相协调。专门立法应秉持职权法定原则、程序正当原则、监督问责原则，其结构为总则、组织体系、工作职责、工作机制、考核问责、附则等部分。从相关立法完善的角度考虑，《中华人民共和国环境保护法》（以下简称《环境保护法》）应依法明确河湖长制等带"长"字的有关制度，强化对地方政府环境质量责任制的规定。《中华人民共和国水法》（以下简称《水法》）、《中华人民共和国渔业法》（以下简称《渔业法》）修订时应该增加河湖长制的内容，如果出现将《中华人民共和国河道管理条例》（以下简称《河道管理条例》）修改为《河湖管理条例》的情况，那么，就需要在《河湖管理条例》中专章规定"河湖长制"，对河湖长体制机制、职权配置、工作机制、考核问责等内容作出较为详细的规定。

第七部分，河湖长制核心制度的构建完善。河湖长制核心制度的完善，需要紧紧围绕河湖长制的运行制度和保障制度，推进体制机制、工作制度、考核问责制度、保障机制的规范建构，形成依法授权、运行有序、考核客观、严格问责的河湖长法治体系。

此外，本书综合采用了多样的研究方法，借助法学、社会学、经济学等分析思路，将理论研究与实证研究相结合。具体来看，历史情境法主要用于归纳研究河湖长制的历史发展演进过程和规律；实证研究方法主要用于对湖南省 7 个地级市的调查走访；规范分析方法主要用于对制度建构的设计和型构当中，丰富了研究方法。

第 一 章

河湖生态环境问题及其应对

　　江河湖泊是水资源的重要载体，河湖生态环境问题是当今世界较为严重的环境问题之一。20 世纪 80 年代以来，人口增加，经济发展，城市化进程加快，使江河湖泊产生了种种生态问题，如水污染、洪涝灾害、泥沙淤积、水土流失等。党的十八大以来，生态环境状况大为改善，但我们也要认识到，水生态环境保护面临的结构性、根源性、趋势性压力尚未根本缓解，与美丽中国建设目标要求仍有不小差距。针对河湖生态环境现状，我国积极采取经济、行政、法治等手段来予以解决。本章对我国河湖生态环境问题进行描述和总结，梳理不同手段采取的应对策略，为本书提供立足于现实问题展开分析的逻辑起点。

第一节　河湖生态环境问题

　　工业化的快速推进，加速了对水资源的过度开发利用，造成河湖污染，导致河湖生态环境问题频发。党的十八大以来，我国的生态环境状况实现了历史性的转折，黑臭水体越来越少，绿水青山越来越多。但当今河湖生态环境质量还不够高，仍存在河湖生态环境破坏现象、污染形势较严峻和生态环境安全风险等方面的综合性河湖生态环境问题。

一、生态环境破坏现象较为普遍

河湖生态环境破坏是指人类不合理地开发、利用水资源而引起的河湖生态环境恶化，从而危及人类生存和发展的现象。随着我国人口快速增长、经济的高速发展，对水资源的需求与日俱增，对水资源的开发利用力度不断加大。由中国社会科学院生态文明研究所与社会科学文献出版社于2021年12月22日共同发布的《城市蓝皮书：中国城市发展报告No.14》指出，中国是世界上水情最为复杂、治水任务最为繁重的国家之一，中国的年供水量以地表水为主，2000—2020年全国年均地表水供水量约占水资源总供水量的81%，我国用水量长期居高不下，水资源过度开发利用问题较为突出。通常认为，当径流量利用率超过20%时就会对水环境产生很大影响，超过50%时则会产生严重影响。目前，我国水资源开发利用率已达19%，接近世界平均水平的3倍。①《城市蓝皮书：中国城市发展报告No.14》指出，我国黄河、海河、淮河和辽河等流域水资源开发利用率远超40%的生态警戒线，京津冀地区汛期超过80%的河流存在干涸断流现象，干涸河道长度占比约1/4。

对水资源的过度开发利用，以及一些地方时常发生侵占河道、围垦湖泊、非法采砂现象，无疑会导致河湖生态环境的恶化。其一，河流断流、湖泊萎缩以及湿地减少。由于城镇开发面积大幅增加，挤占江河湖库生态空间，填湖造城、围湖造田、水能开发工程等，导致沙化土地面积不断增加，河流径流量减少、湖面萎缩。据相关统计，我国各大流域的近1万千米河道中，已经有约4000千米河道长年干涸。近60年来，我国湖泊总体呈现萎缩态势，不少湖泊甚至干涸消失，洞庭湖和鄱阳湖湖泊面

---

① 张军红等：《河长制的实践与探索》，黄河水利出版社2017年版，第9页。

积较 20 世纪 50 年代分别减少 39.7% 和 43.6%。① 其二，河湖生态功能衰退。地表径流的人为改变，使流域湖泊区域性水循环发生变化。各类水库、水电站的建设，将自然河流拦截，导致长江上游水文情势发生显著改变，河流自然连通性受阻，河流的自净功能降低或丧失，生境碎片化问题突出。其三，水生物资源减少。河湖生态功能的衰退，改变了生物原有生存环境，引起河湖区域性生态系统的变化，生物多样性受到重大影响，许多动、植物数量大大减少，一些珍稀品种面临灭绝。如长江白鳍豚已功能性灭绝，北方铜鱼、黄河雅罗鱼等常见经济鱼类甚至成为濒危物种。1984—1991 年，长江中下游江豚数量约 2700 头，2017 年下降到只有 1012 头，其自然种群数量仍在下降，极度濒危的状况没有改变，保护工作任重而道远。②

二、生态环境污染形势较为严峻

河湖生态环境污染是指当河湖内污水排放总量超过河湖的自然纳污能力，并引起大规模水资源功能丧失的状态。近年来，我国水生态环境质量大幅改善，主要表现在河湖水质逐年向好，但大多数城市水生态环境形势依然较为严峻，流经城市的中小河流及城市内湖污染现象还存在，主要是因为城市化进程的加快，城镇人口不断增长，工业发展迅速，不透水地面面积增加等，导致城市生活源、工业源和面源的污染负荷逐渐加剧，从而直接影响城市水体生态环境质量。我国城乡的河湖污染具体表现在以下三个方面。

第一，面源污染成为制约水环境改善的主要矛盾。随着我国污染治理

---

① 张慧、高吉喜等：《长江经济带生态环境形势和问题及建议》，《环境与可持续发展》2019 年第 5 期。

② 李海生、杨鹊平等：《聚焦水生态环境突出问题，持续推进长江生态保护修复》，《环境工程技术学报》2022 年第 2 期。

水平的提升，点源污染问题已得到有效控制，但面源污染问题依旧凸显。汛期暴雨径流导致的面源污染成为河流水污染的重要原因，如 2020 年巢湖流域发生特大洪水，出、入巢湖污染负荷均大于前几年，入湖污染量大和底泥释放导致湖体富营养化和蓝藻水华波动。①

第二，污染来源多样，且城镇生活源污染负荷大。工业废水、城镇生活污水、农业面源污染构成了水污染的主要来源。如受生活污水、工业废水、农田排水等影响，喀什河、孔雀河以及塔里木河干流下游部分河段水质较差。② 而城市生活源污染物排放量最大，是城市的第一大污染源。如湖北省是人口大省，生活污水排放量已经从 2015 年的 12.4 亿吨增长到 2019 年的 13.3 亿吨。③ 纺织、印染、小造纸、石油加工等工业企业多傍水而设，这些行业污染排放量大，特别是以化工为主导的部分工业园区如果选址不当，污染防治水平差，那么将直接对局部城市江段水体构成严重威胁。④

第三，污染成分复杂且降解困难。水污染主要来自工业、农业和生活污染，而三者各自的污染物成分复杂。工业污染源的主要成分为石油类、生化需氧量、氨氮、高锰酸盐指数和挥发酚等，比如氨氮在水体中比重过大会造成水体缺氧和富营养化现象。农业污染源主要是农药、化肥、牲畜粪便等，伴随着流失的氮磷钾营养元素，造成河湖富营养化。生活污染源

① 单开进、陈开宁等：《巢湖水环境水生态现状问题分析及对策建议》，《江淮水利科技》2022 年第 5 期。

② 尹立河、张俊等：《南疆地区水资源问题与对策建议》，《中国地质》2022 年 9 月 28 日网络首发，见 http://kns.cnki.net/kcms/detail/11.1167.P.20220927.1648.004.html。

③ 张妍妍、王峥等：《长江流域湖北片区典型城市水生态环境问题解析及整治对策》，《环境工程技术学报》2022 年 9 月 30 日网络首发，见 http://kns.cnki.net/kcms/detail/11.5972.X.20220929.0828.004.html。

④ 张妍妍、王峥等：《长江流域湖北片区典型城市水生态环境问题解析及整治对策》，《环境工程技术学报》2022 年 9 月 30 日网络首发，见 http://kns.cnki.net/kcms/detail/11.5972.X.20220929.0828.004.html。

包括各种洗涤剂、污水、垃圾、粪便等，含氮、磷、硫，多为无毒的无机盐类。水体具有一定的自净能力，主要通过化学、生物和光化学降解这三种方式对水体中有机物进行降解。当排放至水中的污染物浓度不高时，水体能通过自净功能使水质部分或完全恢复到受污染前的状态。但当排入水体的污染物量很大时，有机物的分解会造成水体严重缺氧，有机物的厌氧分解会产生硫化氢等有毒气体。而难降解有机物如有机氯化物、有机磷农药、有机重金属化合物等，在水体中基本不发生降解，这些污染物通过吸附在悬浮颗粒物表面或伴随浮游生物最终沉积到底泥中。河湖水污染成分的复杂性和难降解性决定了其治理的高难度系数。

三、生态环境安全风险长期存在

与一般的环境风险不同，河湖生态环境安全风险是指在特定时空条件下，流域系统中的不确定性因素对人类社会经济和生态环境产生不利影响的概率以及造成的损失程度。[①] 它具有科学上的不确定性、复杂性，影响的长期性和环境风险存在叠加效应等特点。城市化进程加速、经济持续发展，对水资源的过度开发利用和污染，造成水环境破坏、水资源短缺、水体污染、水土流失等现象的发生。而水生态环境问题将影响水资源安全，导致未来水资源安全风险增加，危及我国整个环境安全和生态系统安全，并由此可能引发粮食减产、社会不稳、经济下滑等情况，甚至危及人类的生命与健康。

当水资源污染和开发利用的力度在环境允许的范围内时，人类与水环境和平共处，但当水资源的水量和水质都受到破坏和污染时，河湖生态环境安全将时刻受到挑战，威胁人类自身安全。河湖生态环境风险主要表现在以下几个方面：第一，人类对河湖的污染，直接影响饮用水的水质安

---

① 梁缘毅、吕爱锋：《中国水资源安全风险评价》，《资源科学》2019 年第 4 期。

全。如目前大量化工企业临水而建，长江经济带 30% 的环境风险企业离饮用水水源地周边较近，存在饮水安全隐患。当饮用水水源受到污染，可能威胁供水安全，增加疾病产生的风险。水质恶化和水体污染将对水体中的鱼类、水生生物造成影响和危害，通过食物链作用将影响到整个水域的生态安全和人类健康。第二，突发的环境事件将对水环境造成极大危害。因安全生产、化学品运输等引发的突发环境事件，给水环境安全造成威胁。如 2020 年的伊春鹿鸣矿业尾矿库泄漏水污染事件，这是我国近 20 年来尾矿泄漏量最大、对水生态影响最大的突发环境事件；2021 年河南洛阳涧河污染事件等水污染事件的发生，说明我国水污染治理工作仍然有待提高完善。第三，重金属产业集中地区存在安全隐患。如长江和珠江上中游的重金属矿场采选、冶炼等产业集中地区存在安全隐患，河湖滩涂底泥的重金属长期累积，风险不可小觑。第四，新污染物的管控能力不足将带来水资源安全风险。国际上广泛关注的新污染物有四大类：一是持久性有机污染物，二是内分泌干扰物，三是抗生素，四是微塑料。这些新污染物具有生物毒性、生物累积性和环境持久性等特征，对治理技术要求高，治理复杂，但尚未纳入环境管理或者现有管理措施仍不足。它们对生态环境以及人体健康存在较大危害。

第二节　河湖生态环境问题的应对之策

河湖具有重要的资源功能和生态功能，河湖生态保护和系统治理关乎国家发展全局，对经济社会发展意义重大。河湖生态环境问题是我国亟待控制和解决的重大问题。因此，需要有一套切实可行的策略，包括通过经济、行政、法治等方面的措施和手段，达到治理和保护河湖资源，使河湖水生态环境走向良性循环和可持续发展的目的。

一、经济手段

水资源具有稀缺性、不可替代性、垄断性、准公共物品性和外部性等经济属性。运用经济手段就是指根据水资源的经济属性，从经济学原理出发，在环境立法和各种经济政策中，更多地运用经济手段，对水资源的开发利用和保护等水事活动进行调节，促进水生态建设和水环境保护。我国采取的经济手段主要包括四个方面。

第一，制定合理的水价。水价是指在使用水资源时所付出的价格，水价体现了对水资源有偿使用的原则。根据《中华人民共和国价格法》的规定，我国人民生产生活使用的水，作为自然垄断经营的商品，其价格的制定可以实行政府指导价或政府定价。为充分发挥市场机制和价格杠杆在水资源配置、水需求调节和水污染防治等方面的作用，我国不断推进水价改革，颁布了《水利工程供水价格管理办法》和《城镇供水价格管理办法》，进一步规定，城镇供水价格和水利工程供水价格按照"补偿成本、合理收益、优质优价、公平负担"的原则制定，并根据供水成本、费用及市场供求的变化情况适时调整。这种灵活的调价机制，有利于更好地发挥水价杠杆的调节作用，从而促进节约用水，提高用水效率，促进水资源可持续利用。

第二，建立收费和征税制度。收费制度主要有两种，分别为污水处理费制度和排污收费制度。污水处理费制度是按照"污染者付费"原则设定的，早在1996年修订的《水污染防治法》第十九条规定："城市污水集中处理设施按照国家规定向排污者提供污水处理的有偿服务，收取污水处理费用"，通过污水处理费的收取，最大限度降低了污水的直接排放，有效改善了河道的水质。排污收费制度是国家对向环境排放污染物的排污者，根据规定征收排污费的一种制度。这个制度由庇古理论衍生而来，旨在运用经济手段通过使污染者承担污染损害的责任，把环境外部不经济性内部化。1979 年《环境保护法（试行）》首次从法律上对排污收费制度进行了规定："超过国家规定的标准排放污染物，要按照排放污染物的数量和浓度，根据规定收取排污费。"2003 年颁布《排污费征收使用管理条例》《排污费征收标准管理办法》等法规，进一步完善了排污收费制度。该制度通过向企业征收排污费，促使企业为减少排污费的缴纳，加强经营管理，减少污染物的排放，从而达到改善环境质量的目的。随着生态文明建设的深入推进，排污收费制度不再适应当下环保发展趋势，为了解决排污收费制度存在的排污费征收率低、征收标准低于污染治理成本等问题，2018 年开始实施《环境保护税法》。该法第二条规定："直接向环境排放应税污染物的企业事业单位和其他生产经营者为环境保护税的纳税人，应当依照本法规定缴纳环境保护税。"通过排污费改税，税收的强制性以及不断健全的环保税收制度，提高了排污企业的减排意识，优化了资源配置，为加快我国环境治理进程发挥了积极作用。

第三，建立水环境生态保护补偿机制。生态保护补偿机制是重要的环境经济政策之一，其主旨是由生态保护的受益者按照一定的标准，对增加生态利益供给的主体进行补偿。2017 年修正的《水污染防治法》第八条规定："国家通过财政转移支付等方式，建立健全对位于饮用水水源保护区区域和江河、湖泊、水库上游地区的水环境生态保护补偿机制。"该机制为生态环境的保护提供经济激励和稳定的财务支持。

第四，培育水市场。水权是水资源所有权、使用权、收益权等各种权利和义务的总称。① 水市场是水资源及与水相关商品的买方和卖方进行交易的场所。水市场使水权通过交易产生经济效益，使水资源从价值比较低的用途流向价值比较高的用途。2012 年，国务院印发《关于实行最严格水资源管理制度的意见》，要求："严格控制流域和区域取用水总

---

① 王腊春等：《水资源学》，东南大学出版社 2014 年版，第 189 页。

量……建立健全水权制度，积极培育水市场，鼓励开展水权交易，运用市场机制合理配置水资源。"2016 年水利部印发的《水权交易管理暂行办法》进一步完善水权制度，对水权交易的定义、交易主体、类型、程序都作了详细规定。

除了采用以上四种主要经济手段之外，我国还采用补贴、奖励等激励手段鼓励公众参与，包括灵活应用绿色贸易、绿色证券等多种金融手段，以期达到水资源管理和保护的最佳效果。

二、行政措施

水资源管护的行政措施是指以法律为依据，依靠国家和地方各级行政管理机关和水资源政策来指导水事活动。行政方法又称行政手段，它是国家通过行政机构，运用行政命令、决定、指令和规定等行政措施达到管理的目的。① 行政措施是我国进行水资源管理和保护常用的方法。行政领导者可以根据行政管理过程中出现的新情况、新问题，比较灵活地、有针对性地发布指示、命令，及时处理问题。我国对水资源的行政管理体现在水资源的配置、开发、利用和保护等环节中，主要包括以下方面。

第一，制定国家和地方水资源管理的规章、政策、规划、命令和决定。这些政策、命令和决定在水资源管护中起到了统一目标和行动的作用。如国务院发布的 2011 年中央一号文件，提出实行最严格的水资源管理制度，把严格水资源管理作为加快转变经济发展方式的战略举措。2010年出台的《长江三角洲地区区域规划》在加强生态建设和环境保护部分明确提出，"加强饮用水源地保护""继续加强水污染防治"等要求。

第二，贯彻执行国家水资源法律法规、方针政策。如为执行国务院提出的实行最严格的水资源管理制度的政策，地方各级政府从本地区的实际

---

① 王腊春等：《水资源学》，东南大学出版社 2014 年版，第 184 页。

出发，结合自身资源禀赋条件和水资源条件，制定相关政策措施，严格执行水资源论证与取水许可、用水总量控制与用水定额管理、水资源有偿使用等各项水资源管理制度，保障水资源管理"三条红线"和"四项制度"的贯彻落实。

第三，依据法律法规健全水资源管护机构。如根据 2016 年修正的《中华人民共和国水法》（以下简称《水法》）规定，国务院水利部设立了七大流域管理机构，县级以上地方人民政府设置水行政主管部门，实行流域管理和行政区域管理相结合的管理体制。

第四，依法履行水资源行政执法职能，严厉打击水事违法行为。具有水行政执法职能的行政机关，通过建立和完善行政执法制度，利用新技术和新方法及时发现、制止和查处违法行为。

第五，承担水资源监测和管理。如水资源调查评价和信息发布、审查批准水资源开发方案、防洪抗旱和大型水工程管理、保护水质和水生态系统、监督水资源的合理利用等。

第六，开展水资源法规政策宣传教育。秉持"谁执法谁普法"的原则，国家和地方各级政府通过各种媒体，组织多种形式，向公众介绍水资源的政策及法规，宣传引导提升人们树立保护水资源、节约用水、合理开发利用水资源的意识，为维护良好水生态环境营造浓厚的舆论氛围。

除了以上几个方面外，还有一些职能，如推广节水理念和技术、应急处理等。长期的水资源管理和保护实践证明，众多的水事问题需要依靠行政权威来处理，行政措施能有效地实现国家意志，保证政策法规的有效执行。

三、法治手段

依法治国是《中华人民共和国宪法》（以下简称《宪法》）所确定的治理国家的基本方略，习近平总书记多次强调，法治兴则民族兴，法治强则国家强。生态文明建设需要通过法治手段解决生态领域的突出问题，良好的生态环境是最普惠的民生福祉，要用最严格的制度、最严密的法治保护生态环境。因此，法治手段是实现水资源节约、河湖生态环境保护的有力保障。法治手段贯穿于立法、执法、司法、守法和法律监督的全过程。

（一）立法层面

为解决日益严重的河湖生态环境问题，我国以立法的形式，通过建立水法规体系，为水资源的开发、利用、治理和保护等环节提供法律依据。自 1979 年以来，中央和地方先后颁布了各种法律、法规。如《环境保护法》、《水法》、《中华人民共和国防洪法》（以下简称《防洪法》）、《中华人民共和国水土保持法》（以下简称《水土保持法》）、《水污染防治法》、《河道管理条例》等一批水法律、法规，构成了我国的水法规体系。目前，我国"已经初步形成了由 5 件法律、19 件行政法规、1 件司法解释、55 件部门规章、逾千件地方性法规规章组成的水法规体系，各项水事活动基本实现了有法可依"①。

首先是《宪法》中有关水的规定。《宪法》中第九条和第二十六条均是与水资源有关的条款，对水权和国家保护水资源的基本职责进行了规定。

其次是由全国人大及其常委会制定的法律。《环境保护法》于 1979 年试行，经历两次修订，是公认的环境保护基本法，其中就有关于水资源保护的规定。1988 年，我国颁布实施了第一部专门针对水事活动管理的基本法律——《水法》，并在《水法》的引导下开始对水资源管理利用和水害防治等采取了一系列措施，相继出台和修订了《防洪法》《水土保持法》《水污染防治法》等法律，还颁布了《长江保护法》。除了环境保护的综合

① 王欣舒：《最高检、水利部联合召开加强水行政执法与检察公益诉讼协作依法维护国家水安全新闻发布会》2022 年 6 月 9 日，见 http://www.scio.gov.cn/xwfbh/gfgjxwfbh/xwfbh/44194/Document/1725491/1725491.htm。

性法律和水资源的单项法律，还有如《渔业法》《农业法》《土地法》等法规中也有水资源管理的相关规定。

再次是国务院以及水利部等部门颁布的适合国情的行政法规和部门规章。从国家层面对水事活动各个方面进行详细规定。如国务院出台了《取水许可和水资源费征收管理条例》《河道管理条例》《城市供水条例》《农田水利条例》《中华人民共和国水文条例》《中华人民共和国防汛条例》等行政法规；国家发展和改革委员会与水利部联合制定了《水利工程供水价格管理办法》、水利部下发了《水量分配暂行办法》《取水许可管理办法》等部门规章。

最后是地方人大和政府制定或修订的符合当地水资源情况的地方性法规和政府规章。地方人大和政府制定或修改了大量涉水法规规章，比如浙江省 2021 年 1 月 1 日起正式实施的《浙江省水资源条例》、福建省 2021 年 7 月通过的《福建省水污染防治条例》、江西省 2021 年 6 月修正的《江西省取水许可和水资源费征收管理办法》、昆明市 2015 年 7 月制定的《昆明市防汛抗旱办法》等法规规章。内容涵盖水资源开发利用、水体生态环境保护、水土保持、水资源节约配置和防汛防洪等多个方面，为全面推进水法规体系建设、适应新时代水利发展需求作出了贡献。

（二）执法层面

法律的生命力在于实施，水环境领域的行政执法是指具有法定权限的行政主体及其工作人员或者行政主体委托的组织和个人，依法履行职责，对违反水资源相关的法律、法规、规章等行为依法进行查处、监督、检查、行政处罚、行政强制等系列行为的总称。[1] 常见的行政执法包括：行政许可、行政处罚、行政强制、行政收费、行政给付、行政奖励、行政确

---

[1] 李伟民：《知识产权行政执法与司法裁判衔接机制研究》，《中国应用法学》2021 年第 2 期。

认、行政裁决、行政指导等影响公民、法人或者其他组织权利和义务的具体行政行为。

一个完整的行政执法包括四方面：一是执法主体。水环境领域行政执法主要是以区域水环境行政执法模式为基础，它是以该行政区域内政府的职能部门作为执法主体。我国水行政主管部门负责全国水资源的统一管理和保护；环境保护主管部门主要开展水环境污染防治，对违反《环境保护法》《水污染防治法》等法律法规的违法行为进行执法。除此之外，《水法》还规定了流域管理机构的执法主体资格，实现了流域管理与区域管理相结合。二是行政行为。行政主体依法在管理水事活动中具有一定强制力的行政职权，在合理开发、利用、节约和保护水资源过程中，具有进行强制、调查取证、行政处罚等权力。如开展长江非法采砂整治专项执法行动，长江经济带、黄河流域水土保持监督执法专项整治，这些行政行为为维护良好水事秩序、保障国家水安全发挥了重要作用。三是程序保障。行政执法的各环节需遵守一定的秩序和逻辑，程序正当是法律上对行政活动提出的基本要求，是依法行政的有力保障。四是法律后果。行政执法具有法律效力，行政主体或公职人员需对其行政执法行为承担相应的法律后果。

2020 年 6 月 9 日，在最高人民检察院、水利部就《关于建立健全水行政执法与检察公益诉讼协作机制的意见》举行的联合发布会上，水利部与会人员介绍：近年来，水利部门强化水事案件源头防控、动态治理，从防洪、水资源、河湖、水土保持各领域，源头、过程和结果各环节，开展全覆盖、全过程日常巡查和执法检查，及时发现和处置水事违法行为。组织实施河湖执法三年行动，推动 4267 件陈年积案全部"清零"。2019 年至 2021 年，全国各级水利部门累计巡查河道 4457.2 万公里，立案查处违法案件 6.6 万件，现场制止违法行为 36.3 万次。我国在完善水法规体系的同时，还需加强水资源行政执法工作，健全跨区域联动、跨部门联合、行刑衔接等机制，充分运用高科技手段，推进"智慧执法"，不断提升行政执法水平，才能维持良好水事秩序，推动河湖治理取得积极成效。

（三）司法层面

水环境领域的司法是指检察院和法院通过公诉和审判等形式，对遵守涉水法律法规的行为加以保护，对违反涉水法律法规的行为进行惩罚的活动。我国对水资源的司法保护主要体现在以下几个方面：一是法院依法审理涉水案件。根据最严密的法治要求，加强涉水案件审判力量，依法审理涉水刑事、行政、公益诉讼等案件。如 2017 年最高人民法院公布的《关于全面加强长江流域生态文明建设与绿色发展司法保障的意见》，强调水环境与水资源的司法保护，要求审理水污染防治、水资源开发利用、涉河道和河湖岸线保护以及涉水环境和水生态保护等四大类十个方面的案件。二是健全环境公益诉讼制度。我国坚持环境有价、损害担责原则，依法起诉涉水的民事、行政公益诉讼案件。2018 年至 2022 年 6 月，全国检察机关共办理涉水行政公益诉讼案件1.7万余件，有力促进行政机关依法履职。三是推动行政执法和司法有机衔接。2022 年 5 月 17 日，最高人民检察院、水利部联合出台《关于建立健全水行政执法与检察公益诉讼协作机制的意见》，通过建立健全水行政执法与检察公益诉讼协作机制，推进水利领域检察公益诉讼工作，充分发挥检察公益诉讼的监督、支持和法治保障作用。

我国实施最严格水资源管理制度，严厉打击向江河海域偷排、直排污水，非法倾倒固体废物等严重污染水体行为，依法严惩非法采砂等严重破坏水生态的行为，并综合运用环境侵权惩罚性赔偿、环境保护禁令等制度，为保障国家水安全提供有力的法治支撑。

（四）守法层面

守法是指一切国家机关及其工作人员、政党、社会团体、企事业单位和全体公民，自觉遵守法律的规定，将法律的要求转化为自己的行为，从而使法律得以实现的活动。守法是法实现的最基本形式，被制定的法律如果不能得到遵守，那必将失去立法的目的，也失去了法的权威和尊严。

守法的前提是知法，因此我国不断加大宣传力度，提高全民保护水资源和水环境的意识。如充分利用电视、广播、网络、公众号等媒体以及组织宣传力量定期深入社区和学校，大力宣传《水法》《水污染防治法》《防洪法》《河道管理条例》等法律法规，让广大群众进一步提高自觉守法、自觉保护水资源的责任意识。对于党政领导而言，则是要求其在管理水资源资产时守规守法，以国家法律法规为准则。通过领导干部水资源资产离任审计，审查其具体行为与法律之间的差别，确定领导干部在水资源资产方面守法、尽责的情况。

（五）法律监督层面

法律监督又有狭义和广义之分，狭义的法律监督是指由特定的国家机关，依照法定的权限和程序，对立法、司法和执法活动的合法性进行监察和督导；广义的法律监督是指一切国家机关、社会团体和组织、公民对各种法律活动的合法性进行监察和督导；通常法律监督是指广义而言。[1]

我国法律监督的国家机关包括各级人民代表大会及其常委会、各级人民政府、各级行政主管部门，各级审判机关、检察机关等。如江苏省人大常委会在 2014 年开展"长江、淮河、太湖"三大流域水污染防治执法检查中，向江苏省政府提出开展全省小化工企业整治的建议，引起省政府高度重视，[2] 这就是人大常委会对政府开展水环境法律法规执行情况的监督。国家机关以外的法律监督主体包括社会组织、公民和各政党。如在江苏省人民政府诉安徽海德化工科技有限公司生态环境损害赔偿诉讼案中，根据《中华人民共和国人民陪审员法》，四位人民陪审员参与了案件审理，并依

---

① 李龙主编：《法理学》，武汉大学出版社 2011 年版，第 260—261 页。

② 张艳：《善待水环境就是善待人类自己》，《群众》2014 年第 7 期。

法对事实认定和法律适用问题充分发表了意见，有力促进了公众参与长江流域生态环境保护的社会监督工作。[①] 我国的法律监督工作使法律条文成为社会生活的标准和权威，法律监督成为依法用水、依法治水的保障。

综上所述，经济、行政、法治这三种手段从不同方面着力解决河湖生态环境问题。其中行政手段和法治手段均具有强制性，经济手段灵活而间接，行政措施直接而快速，法治手段明确而稳定。相比较而言，法治手段具有普遍的约束力和严格的强制性，是运用其他手段的基础、前提和保障，能确保经济手段和行政手段的有效实施。因此，本书主要从法治视角探讨河湖的治理和保护。

[①] 张强、蔡俊雄等：《我国生态环境损害司法鉴定发展历程与问题研究》，《中国司法鉴定》2021 年第 4 期。

第 二 章

我国治水机制的创新：河湖长制的提出与意涵

　　河湖是水资源的重要载体，治水的关键在于治理河湖。由于河湖水环境问题长期没有得到有效解决，所以地方政府探索实施了河湖长制，取得了明显成效。河湖长制本质上是流域、湖泊生态环境管理领域的党政领导干部责任制。它以实现流域湖泊生态环境可持续发展为目标，以统筹协调流域湖泊管理为制度功能，以流域湖泊污染防治和生态保护为履责内容，涵盖河湖长委任、运行、监督、考核、问责等全过程。河湖长制的产生目的在于革除既有的流域湖泊碎片化治理弊端，明晰生态环境治理责任，形成新的整合协调机制。从制度形成角度看，河湖长制不是一蹴而就的。它源于解决严重水环境问题的现实需求，经历地方初创、全国试点到全国建设三个主要时期。理解河湖长制需要从基础范畴——"河""湖""长""河湖长制"等概念入手，明确其内涵和特征。

第一节　我国"传统治水"模式的困境及影响

　　从新中国成立至今，我国经过不断深入、反复探索，逐步建立起适应中国发展的水治理体制。水治理体制的不断完善促进了水质、水量、水生态的协同增效。但总体来看，"传统治水"模式中存在的各种管理碎片化问题，影响了治水的成效。为什么"传统治水"的水治理模式无法实现河湖的有效治理？"传统治水"模式的运行对河湖会造成什么影响？本节将借用碎片化治理理论来分析流域公共治理现存的断裂和碎片化现象，从而分析其应因方向，探寻河湖长制的产生缘由。

一、我国水治理体制的历史沿革

水治理体制是国家在水旱灾害防治、水资源开发利用、水污染防治、水生态保护与修复等水治理活动中，政府、事业单位、企业和社会组织等机构设置、权限划分以及相互关系。① 解决现实问题，必须回顾历史，我国水治理体制经历了从体制生成、体制确立到体制完善的历史时期。从"传统治水"到"现代治水"模式的推广，体现了我国在促进人水和谐实现上的巨大进步。

（一）社会主义革命和建设时期水治理体制初步形成

新中国成立初期，百废待兴，人民群众深受江河水患威胁，急需开展水治理工作。1949 年 9 月 29 日，中国人民政治协商会议第一届全体会议通过《中国人民政治协商会议共同纲领》，第三十四条指出："关于农林渔牧业：在一切已彻底实现土地改革的地区，人民政府应组织农民及一切可以从事农业的劳动力以发展农业生产及其副业为中心任务……应注意兴修水利、防洪防旱。"这充分体现了党和政府对水治理工作的高度重视。1949 年 10 月，中央人民政府设立水利部，主管江河防洪、农田灌溉排水、水土保持和农村供水等工作。水力发电、内河航运和城市供水等项工作，分别由燃料工业部、交通部和建设部负责管理。② 各级地方政府也都设立水利厅（局）统一管理各自行政区域内水利行政事务，一般省级设厅（局）、

---

① 《完善水治理体制研究》课题组：《水治理及水治理体制的内涵和范畴》，《水利发展研究》2015 年第 8 期。

② 袁弘任等：《水资源保护及其立法》，中国水利水电出版社 2002 年版，第 140 页。

地级设局（处）、县级设局（科）。[①] 水利行政逐步形成统一管理与分部门管理、中央与地方分级管理相结合的方式。当时我国采取的是一种高度集权的计划经济模式，各级地方政府受中央的直接领导，对地方的一切事务集中管制。就管理的主体而言，都是由政府负责；就管理的方式而言，是自上而下的科层式管理。[②]

这一时期，水旱灾害极为频繁，我国的治水重心是防洪减灾、兴利除害。首先是开展对大江大河的治理和开发。先后恢复或成立了黄河水利委员会、长江水利委员会、治淮委员会，作为相应江河的全流域性治理机构，负责编制具体的治理方案，直属水利部管理。[③] 通过开展大规模的水利建设战胜了黄河、长江、淮河的多次洪水。[④] 其次是着力兴修中小型水利工程。1958 年后，乡改为人民公社，国家进一步大力发展农田水利，无数大中小型水利工程竣工，凸显了这一时期国家的强大动员能力。[⑤] 此时，流域管理与行政区域管理相结合的水治理模式初具雏形。

（二）改革开放和社会主义现代化建设新时期水治理体制逐步建立

党的十一届三中全会以后，改革开放路线调整，治水思路也从重点治理向预防保护、综合治理相结合转变。随着我国各项工作开始步入法制轨道，水治理体制在法制的不断完善中逐步建立。

首先，一系列与水资源保护和管理有关的法律颁布实施，初步建立了这一时期的水治理体制。随着 1972 年世界环境保护大会的召开，我国各

---

① 袁弘任等：《水资源保护及其立法》，中国水利水电出版社 2002 年版，第 141 页。

② 郭风英：《从管理到治理：体制转型与理念变迁》，西南交通大学出版社 2016 年版，第 24 页。

③ 吴凌志：《钱正英水利思想研究 (1944—2012)》，硕士学位论文，福建师范大学社会历史学院，2019 年，第 12—18 页。

④ 赵宝璋：《水资源管理》，水利电力出版社 1994 年版，第 112 页。

⑤ 罗兴佐：《治水：国家介入与农民合作——荆门五村研究》，博士学位论文，华中师范大学政治学研究院，2005 年，第 1—4 页。

级政府进一步认识到环境保护的重要性，1979 年通过《环境保护法（试行）》，将我国包括水资源保护在内的环境保护工作纳入法制轨道，并逐步建立独立的环境保护管理机构。虽然我国改革开放前的水利建设取得了显著成绩，但对水资源的过度开发和对水污染问题的认识不足，导致水土流失和水污染的发生。黄河下游于 1978 年开始断流，大量未经任何处理的污水直接排入江河、农田，造成水质污染。[①] 在这种背景下，20 世纪 70 年代末 80 年代初，我国七大流域机构先后成立了水资源保护局，由水利部与环保部实行双重领导，进入既管水质又管水量的新阶段。随后，1984年颁布的《水污染防治法》规定，水污染防治的统管机关是各级政府环保部门，各级政府水利、卫生行政等涉水部门和重要江河的水源保护机构处于协同管理地位。[②] 随着水资源开发利用与保护的矛盾逐渐显现，且水资源的保护与管理一直无法可依，1988 年《水法》正式实施，明确规定："国家对水资源实行统一管理与分级、分部门管理相结合的制度"。[③]《水法》的颁布，标志着我国水资源管理进入新的历史时期。为预防和治理水土流失，《水土保持法》于 1991 年颁布，规定各级政府水利部门主管本行政区域的水土保持工作。[④]1997 年颁布的《防洪法》是防治水害方面的第一部法律，该法第五条规定："防洪工作按照流域或者区域实行统一规划、分级实施和流域管理与行政区域管理相结合的制度。"明确了流域管理机构的执法主体地位，是我国水治理体制上的重大突破。

其次，随着我国治水事业的不断发展，最早制定的一系列涉水法律，不再满足当时的实际需要，通过修订，我国治水体制得到进一步完善。如1989 年重新制定的《环境保护法》明确了建立统一管理和分级、分部门

---

① 李四林：《水资源危机：治理模式研究》，中国地质大学出版社 2012 年版，第 65—66 页。
② 1984 年《水污染防治法》第四条。
③ 1988 年《水法》第九条。
④ 1991 年《水土保持法》第六条。

管理相结合的环境保护管理体制，第七条还授权水利部门对水资源保护进行监督管理。这样一来形成了水资源保护和水污染防治分别由水利部门和环保部门负责的格局，也造成两个部门在实际工作中的协同问题。2002年修订的《水法》将原来的统管和分级分部门管理相结合的制度，修订为"国家对水资源实行流域管理与行政区域管理相结合的管理体制"①。这是对我国原有水资源管理体制的重大调整，科学界定了水行政主管部门、流域管理机构和有关部门的职责分工，我国流域管理开始进入依法行政的新阶段。2002年修订后的《水法》还明确规定了六个基本制度，使水资源管理变得更易操作。2008年在修订《水污染防治法》时，将1996年《水污染防治法》第四条："各级人民政府的水利管理部门……结合各自的职责，协同环境保护部门对水污染防治实施监督管理"修改为"县级以上人民政府水行政……在各自职责范围内，对有关水污染防治实施监督管理"。去掉"协同"两字后，各部门在防治水污染上处于平等地位，只需在各自领域履行治水职责，无须再"协同"环保部门，从而形成多部门分工负责的"九龙治水"格局。

综上所述，随着法律法规的不断健全，我国水治理体制可以概括为流域管理与行政区域管理相结合，以区域管理为主、以流域管理为辅的综合水治理体制。该体制以行政手段为主，以经济激励为辅、公众参与为补充。国家及其行政管理部门在水资源治理机制中发挥了主导作用。

（三）新时代水治理体制创新及完善

党的十八大召开，将生态文明建设纳入"五位一体"总体布局，党的十八届三中全会首次提出完善和发展中国特色社会主义制度、推进国家治理体系和治理能力现代化的总目标。这对于探索推进水治理体系和治理能力现代化，创新和完善新时代水治理体制具有重大意义。党的十八大以

① 2002年《水法》第十二条。

来，习近平总书记多次就治水发表重要讲话，明确了"节水优先、空间均衡、系统治理、两手发力"十六字治水方针，引导水治理由传统治水向现代治水迈进。

2017年党的十九大召开，会议提出中国特色社会主义进入新时代，我国社会主要矛盾已经转化为人民日益增长的美好生活需要和不平衡不充分的发展之间的矛盾。随着我国进入社会主义新时代，对水治理体制的需求也发生了显著变化：一是特定发展阶段下形成的体制安排及其治理理念，从"注重用水"转向"全面保水"，这意味着水行政和环境保护的主管部门必须发挥更加重要的作用。二是治水职能需要从以往分散的"九龙治水"逐步走向保护水生态系统完整性的综合治理。三是从中央地方事权不够清晰、财权匹配不够合理，向责权清晰、不断优化事权财权配置转变。2018年，国务院再次进行机构改革，不再保留环境保护部，组建生态环境部。此次组建生态环境部的最大亮点是对水环境规划、治理、监督等职能的整合。整合后，河流、湖泊、海洋、农村等多个管理领域的水资源规划、污染防治、监督管理等职责将集中于生态环境部，大大提升水环境治理与监管效率。

根据生态文明建设的新要求，一系列涉水的法律法规和政策文件被制定或修改。2016年3月《长江经济带发展规划纲要》发布，强调长江经济带发展的战略定位必须坚持生态优先、绿色发展，共抓大保护、不搞大开发。我国的江河治理进入全流域、系统综合、水陆兼顾、山水林田湖草沙全要素的大保护新时代。2016年底，中共中央办公厅、国务院办公厅印发了《关于全面推行河长制的意见》。2017年《水污染防治法》进行了重大修改，明确了河长制的法律地位；第二十八条还提出建立重要江河、湖泊的流域水环境保护联合协调机制。2018年初，中共中央办公厅、国务院办公厅印发《关于在湖泊实施湖长制的指导意见》，作为水生态文明建设顶层体制设计的河湖长制在我国全面建立，全面推行河湖长制是完善水治理体系的制度创新。2020 年《长江保护法》出台，规定国家建立长江流域协调机制，地方各级河湖长负责长江保护相关工作。这些制度和机制的建立，将更加有力地促进流域水环境的生态保护。

二、"传统治水"模式的困境

我国"传统治水"的不足主要体现在碎片化治理。流域湖泊生态环境问题的频发从表象上看是资源环境问题，实则反映了社会公共治理问题，因为环境问题不仅仅是一个生态技术问题，也是一个发生在社会关系中寓于社会结构的社会问题。[①] 其中，尤其值得关注的是由于科层组织结构因素导致的流域湖泊治理碎片化问题，这种碎片化表现在生态环境管理的各环节当中，渗透到流域生态环境管理运行机制中，体现为部门间关系碎片化、区域管理封闭化、央地关系碎片化，[②] 进而导致九龙治水、条块分割现象，成为掣肘流域湖泊治理现代化的梗阻问题。[③]

对碎片化治理的含义存在多种理解。从国外学者观点看，所谓碎片化治理主要指的是地区治理碎片化（Local Government Fragmentation），其研究旨在探索地方公共部门数量与公共服务成本之间的关系。例如，Tiebout（1956）[④] 认为，更加分散的地方政府系统可能会增加人均支出。亨德里克等（2011）[⑤] 指出，愈发分散、部门众多的地方政府可能无法在生产中实现规模经济，也可能会产生重复服务并降低成本节约的可能性。从国内学

---

① 李奇伟、李爱年：《论利益衡平视域下生态补偿规则的法律形塑》，《大连理工大学学报（社会科学版）》2014 年第 3 期。

② 范仓海、芮韦青：《环境政策执行组织结构碎片化的整体性治理》，《领导科学》2020 年第 16 期。

③ 金祖睿、金太军：《基层政府治理的碎片化困境及其消解》，《江汉论坛》2020 年第 1 期。

④ Tiebout, C.M., A Pure Theory of Local Expenditures, *Journal of Political Economy*, 1956, 64 (5): 416–424.

⑤ Hendrick, R.M.& B.S.Jimenez. & K.Lal., Does Local Government Fragmentation Reduce Localspending? *Urban Affairs Review*, 2011, 47(4): 467-510.

者观点看，碎片化治理指的是与整体性治理相对应的治理状态。它呈现为部门壁垒、地区壁垒、层级壁垒等低效行政状态，表现为治理方式相互排斥、治理责任混沌不清、治理协同乏力等多样问题，导致无法进行整体规划和管理，特别是无法破解跨区域性复杂问题。具体到流域湖泊治理领域，碎片化治理主要表现为以下几个方面。

（一）流域管理与行政区域管理间的碎片化

按照 1988 年《水法》的规定，我国实行的是"统一管理与分级，分部门管理相结合的制度"，其中，水行政主管部门是统管部门，其他部门按照职责分工协同负责水资源管理工作。[①] 这种情况在 2002 年被改变。2002 年修订的《水法》规定，我国实行"流域管理与行政区域管理相结合的管理体制"[②]。其中，流域管理机构指的是水利部在长江、黄河等七大流域设置的管理局。从《水法》修订的本意看，设置流域管理的目的在于克服属地化管理弊端，实现流域综合管理。

然而，这种体制在实践中常常会暴露出一些问题。一方面，具备有限职权的流域管理机构很难承担完成机构设置目标。从职级来看，2002 年《水法》修订将七大流域管理机构设定为国务院水行政主管部门的派出机构，而不是能够超脱部门利益之争的独立监管部门；从职权来看，七大流域管理机构获得的授权分为两部分，一是法律法规规定的，一是水利部授予的，[③] 其授权并不充分。可以推想，当流域管理机构需要与自己同级别或高于自己级别的部门间协调时，难度是比较大的。另一方面，七大流域管理机构实际上是在原有体制基础上增设的一套新的环境管理机构，将使流域湖泊资源管理体制更加复杂，面临新的职责分化与冲突可能性。也就是说，新设的七大流域管理机构不仅需要处理好自身内部机构之间的关

---

① 1988 年《水法》第九条。

② 2002 年《水法》第十二条。

③ 2002 年《水法》第十二条。

系，协调好流域管理机构与水利部之间的关系，还需要处理好流域管理机构与其他监管部门之间的关系，甚至需要处理好流域管理机构与流域内省级、市级、县级行政单位之间的关系。这样一来造成流域湖泊碎片化管理的风险就增加了。例如，现行《水法》在流域综合规划、水资源开发利用规划、水功能区划、水工程保护、取水许可证、水量调度预案、水量分配方案等方面规定了流域管理机构的职权，而在行使这些职权时流域管理机构需要会同省级政府水利厅等部门一起编制，[①] 这其实需要更高层面的协调、规范的协作程序、畅通的信息渠道来完成。

（二）水行政管理部门与其他行政管理部门间的碎片化

从部门分工角度看，我国在流域湖泊环境治理方面仍然沿用的是统一管理与分级、分部门管理相结合的体制。但仔细分析可以发现，涉水法律法规对于何为统管部门、何为分管部门的界定并不一致。例如，《水法》[②] 和《防洪法》[③] 都将水利部门规定为统管部门，其他部门依据单行法授权负责各自领域的工作。《水污染防治法》则不同，生态环境部门成了统管部门，其他部门则依据单行法授权负责各自领域的工作。[④]《长江保护法》并未指定统管部门，只是讲各个部门按照职能分工负责各自领域。[⑤] 在这种情况下，流域湖泊治理诸多部门各管一段、各自为政，碎片化管理就成了必然。实践运行过程中就会出现管理水量和水质不是一个部门，管理水源和供水的不是一个部门，管理供水和排水的不是一个部门 [⑥] 等系列问题。

---

① 2016 年《水法》第十七条。

② 1988 年《水法》第九条。

③ 《防洪法》（2016 修正）第八条。

④ 《水污染防治法》（2017 年修正）第九条。

⑤ 《长江保护法》第七条。

⑥ 郝天奎：《论新〈水法〉确立的水资源管理新体制》，《治淮》2002 年第 12 期。

（三）流域内不同行政区域间管理的碎片化

从相关法律规定看，我国现行流域湖泊管理仍然遵循属地管理原则。《水法》①《水污染防治法》②《长江保护法》③等都规定地方各级政府应对本行政区域内环境质量负责。

遵循属地管理原则的优势在于能够明确地方各级政府流域湖泊环境管理职责，调动其积极性开展相关工作。然而，在"GDP 竞赛"、府际竞争的背景下，它可能引发管理的封闭化，使跨区域环境问题无法得到有效解决。以流经广东、江西两省的东江流域生态补偿为例。江西省位于东江流域上游，广东省位于东江流域下游。2009 年、2010 年，江西流经广东的跨界河流水质为Ⅳ类至劣Ⅴ类，而且时有水污染事件发生。在这种情况下，理性的选择应当是广东、江西两省合作达成生态补偿协议，由受益方广东省出资补偿江西的水质保护和改善活动。而事实情况却是，虽然双方从 2003 年开始协商，但始终无法达成协议，一直到 2018 年才真正解决，签署了《东江流域上下游横向生态补偿协议》。从这一历时15 年的漫长过程可以发现，属地管理可能会导致区域博弈，进而延误跨区域环境问题的解决。

三、"传统治水"模式的影响

"传统治水"模式的碎片化治理还存在一些不足，流域湖泊治理职权的分散化，容易导致权力边界的不清晰；机构间产生的离心力，容易导致机构间协调合作乏力；担责主体的多元，容易导致治理责任的模糊化，从而影响了流域治理的效率。

---

① 《水法》第十三条。
② 《水污染防治法》第四条。
③ 《长江保护法》第五条。

（一）流域湖泊治理边界不清晰

从职权分配角度看，流域湖泊治理的碎片化必然会导致治理权力的分散化。从现状看，现有涉水管理部门已经不只是"九龙治水"，而是多部门监管，至少包括水行政主管部门、生态环境主管部门、交通主管部门、自然资源主管部门等。在这种情况下，如果各部门的职权能够被法律法规明确规定，并且能够周延地涵盖整个职权领域，那么，其权力边界将是清晰的，对流域湖泊生态环境的监管也将是有力的。法律法规规定的原则性、流域湖泊治理的复杂性、实际执法过程的灵活性等容易导致职权的冲突，使权力边界混淆不清。例如，按照《水法》《水污染防治法》规定，水行政主管部门主管水量，生态环境主管部门主管水质，看起来并行不悖，而实际上，水量、水质的监管其实很难分开。在功能区划分上，水行政主管部门是水功能区划分的组织部门，而生态环境部门是环境功能区划的主管部门。这样一来，就会形成两套区划，一张图上产生两个嵌套区域，可能会给执法造成困难，也可能会给公众守法识别带来麻烦。进言之，流域湖泊治理职权的分散化，容易导致权力边界的不清晰，也容易导致职权设置的重叠、冲突、空白，实践中还容易造成重复建设和争抢推诿现象。这种情况显然违背了将流域湖泊视为一个整体进行一体化治理的要求，延误了对流域湖泊生态环境的监管。

（二）流域湖泊治理协同乏力

从管理体制角度看，流域湖泊监督管理体制除需要对机构设置、职权分配作出清晰规定以外，还需要就机构间的协同合作作出安排。然而，前述的碎片化治理格局会在机构间产生离心力，从而容易导致机构间协调合作不足。一方面，在部际之间，分工协作机制还不够完善。出于部门本位利益考虑和绩效考评导向，各部门可能会着重管好自己分管的那一块，缺乏主体间协同合作的意愿和动机，很难形成稳定的跨部门协作组织，协同合作的相关规章制度也不够完善，容易导致部门间合作停滞于"光打雷不下雨"的阶段。① 例如，在规划整合方面，各部门主导的规划各不相同。有环境保护规划、水资源开发利用规划、节约规划、城市规划等，却缺乏综合规划。又如，在信息共享方面，各部门信息共享渠道还不畅通。水行政主管部门拥有地表水水量信息，自然资源部门拥有地下水水量信息，农业部门拥有农业灌溉用水信息，建设部门拥有城市用水信息，环保部门拥有水质信息。② 如果各部门各自为政，部门分割，就会导致信息互联互通效率不高，也妨碍了执法效果。还如，在监测网络安排方面，各部门也存在重复建设情况。在同一河段一般既有水利部门监测点又有环保部门监测点。如在太湖两千多平方公里面积内，生态环境部门和水利行政部门总计设置了 52 个监测点，其采点位置接近，频率相同。但由于监测方法技术标准不同，得出的结果却有可能不一致，导致水质水量考核时难以为据。③ 另一方面，在区域之间，就跨区域流域湖泊进行良性协商的机制并未较好建立。以生态补偿为例，到 2020 年 3 月为止，我国实施开展的流域生态补偿跨省实践数量为 10 件，④ 已逐步发展起来了，但与我国跨省流域数量相比仍然大为不足。此外，府际间的流域水环境纠纷也时有发生。例如，2015 年，甘肃陇星锑业尾矿库泄漏事件；2017 年，汉中锌业铜矿污染造成的陕西省与四川省跨界污染事件等，都造成了跨区域影响，甚至导致下游地区供水紧张。⑤ 所以，碎片化治理不利于以流域湖泊为单位实施一体化治理。

---

① 金祖睿、金太军：《基层政府治理的碎片化困境及其消解》，《江汉论坛》2020 年第 1 期。

② 陈庆秋：《试论水资源部门分割管理体制的弊端与改革》，《人民黄河》2004 年第 9 期。

③ 陈静：《关于将水质监测职能和资源整合到生态环境部的提案》，2019 年 2 月 27 日，见 http://www.ngd.org.cn/jczt/jj2019qglk/2019taya/62012.htm。

④ 李奇伟：《我国流域横向生态补偿制度的建设实施与完善建议》，《环境保护》2020 年第 17 期。

⑤ 生态环境部：《两部委有关负责人就〈关于建立跨省流域上下游突发水污染事件联防联控机制的指导意见〉答记者问》，2020 年 1 月 22 日，见 https://baijiahao.baidu.com/s?id=1656368011895333223&wfr=spider&for=pc。

（三）流域湖泊治理责任模糊化

从责任视角看，碎片化治理不仅容易导致权力分散和协同障碍，也可能因为担责主体的多元导致有组织不负责任状态。李利文（2019）[1]指出，环境事务突破边界的负外部性与僵化的行政区域边界冲突导致行政责任在跨区域环境问题上的模糊。具体到流域湖泊治理领域也如此，虽然涉水法律已经规定了诸多部门，如水利、环保、农业农村等部门的职责，也强调了地方各级政府应对本行政区域内环境质量负责，但生态环境问题的公共性、流动性、综合性、滞后性等因素容易导致公共行政责任的模糊性，也更易产生虚化责任、推诿扯皮、消极不作为等负面后果。在此情形下，不断的环保督查、约谈取得了较好的成绩。以第四批中央环保督察结果为例。第四批中央环境保护督察8省（区）被问责人员中，地方党委61人，地方政府208人，地方党委和政府所属部门684人，国有企业31人，其他有关部门、事业单位人员51人。其中，诫勉296人，党纪政务处分773人（次），移送司法2人，其他处理10人。被问责的厅级干部中，诫勉72人，党纪政务处分155人（次），其他处理1人。[2]但制度化的问责考核机制和责任追究机制仍然亟待完善，流域湖泊治理责任还需进一步明晰。

第二节　河湖长制的创设发展

与以往治水措施不同，"河长制"抓住了流域湖泊治理的关键对象，使生态环境治理责任进一步清晰化，是碎片化流域水治理体系的再建和重

---

[1]　李利文：《模糊性公共行政责任的清晰化运作——基于河长制、湖长制、街长制和院长制的分析》，《华中科技大学学报（社会科学版）》2019年第1期。

[2]　刘晓星：《中央生态环保督察严肃问责》，《中国环境报》2019年4月23日。

构。① 它的产生发展经历了从地方到中央、从试点到全面推广、从无序到规范的发展过程，历经地方初创期（2007—2013 年）、全国试点期（2014—2015 年）、全国建设期（2016 年至今）等若干阶段。

一、河湖长制的提出

面对碎片化治理的一些不足，客观上需要建立一种流域一体化治理机制，以整合治理的主体、手段、要素，实现从碎片化向整体化治理的转型。基于此，流域综合治理机制由此诞生。所谓流域综合治理机制主要是指用系统论的方法来处理环境问题。综合治理机制主要应该建立在四个方面：一是统筹各种环境要素，包括大气、水、土壤等；二是统合各种政策手段，如经济、技术、法律等；三是强化主体联合，形成国家、社会、企业的多元共治局面；四是在跨界污染问题上实现联防联控。②

应当说，我国环境政策法律较早地规定了"综合治理"原则。1973 年，全国第一次环保大会就提出了包含"综合利用"的 32 字环保方针；1979 年，《环境保护法（试行）》也规定了"综合利用"原则；之后，该原则逐步写入各单行法。1984 年《水污染防治法》规定要求采取综合防治措施。2008 年《水污染防治法》规定要坚持综合治理、防治结合原则。同时，"综合治理"原则也已经转化为一系列具体制度。例如《环境保护法》规定了政府、企业、公民等多主体的权利和义务；规定了对土壤、水、大气等实施污染防治和生态保护的措施；规定建立跨区域联防联控机制，实现四个统一标准。此外，《水法》还要求在重点流域建立流域管理机构，并相继设立了七大流域管理机构，涵盖了最重要的长江、黄河等流域。

---

① 熊灵犀：《"河长制"政策执行梗阻的机理研究》，硕士学位论文，厦门大学政治学系，2019 年，第 20 页。

② 全国人民代表大会常务委员会法制工作委员会：《中华人民共和国环境保护法释义》，法律出版社 2014 年版，第 18 页。

然而，虽然采取了这一系列举措，但流域水生态环境问题还未能得到彻底解决。据《中国生态环境公报》统计，2018 年在七大流域和浙闽片河流、西北诸河、西南诸河监测的 1613 个水质断面中，Ⅰ类占 5.0%，Ⅱ类占 43.0%，Ⅲ类占 43.0%，Ⅳ类占 14.4%，Ⅴ类占 4.5%，劣Ⅴ类占 6.9%；与 2017 年相比，Ⅰ类水质断面比例上升 2.8 个百分点，Ⅱ类上升 6.3 个百分点，Ⅲ类下降 6.6 个百分点，Ⅳ类下降 0.2 个百分点，Ⅴ类下降 0.7 个百分点，劣Ⅴ类下降 0.7 个百分点。① 水质已然逐年上升，但流域环境污染问题还没有得到彻底的解决。究其原因，除了既有的政策措施未能得到有效落实以外，还有一个重要因素就是一些地方政府环境责任落实不够，"责任不明是其中最重要的因素"，② 特别是一些党政一把手领导责任未能抓牢抓实，而这一点正是酝酿变革，出台河湖长制的现实基础。

河湖长制的提出最初源于突发的地方环境事件。2006 年，太湖湖心区平均氮、磷的含量分别比 1996 年增加了 2 倍和 1.5 倍，太湖流域每公顷耕地年均化肥施用量从 1979 年的 24.4 千克猛增至 66.7 千克。③ 在这种情况下，2007 年 5 月，在持续高温情况下，无锡太湖蓝藻污染暴发。由于此次蓝藻暴发极为严重，造成了严重影响。一场大范围的饮用水危机，席卷无锡地区。5 月 29 日晚上，无锡市的超市开始出现抢购纯净水局面，价格翻了一番，短短几小时之内，全市纯净水断货，使老百姓的生活受到严重影响。④

2007 年暴发的无锡太湖"蓝藻"事件暴露出碎片化治理的不足，当地政府意识到只有通过加强党政领导水环境治理责任，开展跨部门协同治

---

① 数据来源：《2018 年中国生态环境状况公报》。
② 《无锡"河长制"抓住了治污"牛鼻子"》，《领导决策信息》2009 年第 28 期。
③ 上海市环境保护局：《环境保护在您身边　环保知识视窗》，中国环境科学出版社 2008 年版，第 47 页。
④ 上海市环境保护局：《环境保护在您身边　环保知识视窗》，中国环境科学出版社 2008 年版，第 47—48 页。

理，才能达到整体性治理的功效。于是，一场河湖责任管理体制机制的变革拉开序幕，河湖长制应运而生。

二、河湖长制的发展历程

（一）河湖长制地方初创期（2007—2013 年）

2007 年 6 月，温家宝同志作出批示，并在江苏省无锡市召开了太湖水污染防治会议。[①] 在此背景下，无锡市开始痛定思痛，希望从管理体制机制上进行变革，改变水环境污染治理不力的被动局面。2007 年 9 月，无锡市推出被誉为地方河长制起源的重要文件——《无锡市河（湖、库、荡、氿）断面水质控制目标及考核办法（试行）》。在该文件当中，不仅规定了无锡市 79 个河（湖、库、荡、氿）断面水质控制目标，强化了控源截污、产业升级、企业达标排放、农业面源污染治理等要求，更重要的是首次提出了一个创新举措，即将水质监测结果纳入地方政府政绩考核指标当中，由此逐步建立起地方政府领导担任河长的制度。此后，无锡市绩效考核和责任追究配套文件相继下发，无锡市逐步建立起完整的河长制制度体系。到 2009 年底，无锡市 815 条镇级以上河道全部明确了河长。2010 年 8 月，河长制覆盖到全市所有 6519 条（段）村级以上河道。

之后，无锡市的河长制建设经验开始为江苏省所重视。2008 年 6 月 13 日，江苏省政府办公厅下发《关于在太湖主要入湖河流实行双河长制的通知》。省长罗志军等 15 位省政府及地方领导开始担任省级河长。[②] 经过几年实践探索，2012 年 9 月，《关于加强全省河道管理河长制工作的意见》出台，该意见要求在江苏全省范围内实施河湖长制。针对之前"多龙治河（湖）"，即一条河流八九个监管部门，水利、环保、城建、渔业等，

---

① 吴文庆：《河长制湖长制实务》，中国水利水电出版社 2019 年版，第 5 页。
② 牟国义主编：《江苏年鉴》，江苏年鉴社 2009 年版，第 347 页。

谁都有管理职能的情况，文件明确了流域湖泊治理的责任主体。经过多年努力，江苏省共计落实1212条河段河长，其中，包含省河道727条。担任河长职务的行政首长占据60%以上，初步形成河湖长制管理框架。①

其间，河长制建设经验也为邻近省份浙江引入。2008年，"河长制"在浙江湖州市长兴县水口乡和夹浦镇试行，接着在温州、金华、嘉兴、绍兴等地陆续展开。2013年，浙江省委、省政府正式出台《中共浙江省委浙江省人民政府关于全面实施"河长制"进一步加强水环境治理工作的意见》（浙委发〔2013〕36号）；浙江省水利厅出台《浙江省水利厅贯彻落实〈中共浙江省委浙江省人民政府关于全面实施"河长制"进一步加强水环境治理工作的意见实施方案〉》。文件要求在浙江省内全面建设"河长制"，实现四级河长制全面覆盖。②

（二）河湖长制全国试点期（2014—2015年）

在江苏、浙江、天津、江西等地开展河长制探索以后，水利部及时对这些改革地区进行了调研，认为已经形成了可复制、可推广的工作经验。③2014年1月23日，水利部发布《关于深化水利改革的指导意见》提出，因地制宜推行"河长制"等管理责任机制。④2014年3月，在新闻发布会上，水利部表示，"河长制"试点效果很好。"河长制"是由地方创新的河湖管护经验，推进这项制度以后，发挥出了很好的成效，水利部准备在总结经验的基础上，把"河长制"的成功做法推广到全国。⑤同日，水利部印发《关于加强河湖管理工作的指导意见》，要求创新河湖管理模式，鼓励各地推行政府行政首长负责的"河长制"，对河湖的生命健康负总责。⑥

---

① 吴文庆：《河长制湖长制实务》，中国水利水电出版社2019年版，第7—8页。
② 吴文庆：《河长制湖长制实务》，中国水利水电出版社2019年版，第7—8页。
③ 吴文庆：《河长制湖长制实务》，中国水利水电出版社2019年版，第7—8页。
④ 吴文庆：《河长制湖长制实务》，中国水利水电出版社2019年版，第9—10页。
⑤ 商西：《"河长制"将全国推广地方政府首长负责节水》，《京华时报》2014年3月21日。
⑥ 吴文庆：《河长制湖长制实务》，中国水利水电出版社2019年版，第7—8页。

这两个文件的发布标志着河湖长制从地方经验上升到部委认可层面。

同年，水利部下发《水利部关于开展河湖管护体制机制创新试点工作的通知》，在全国范围内确定 46 个试点县（市）（其中，第一批为 20 个）开始探索"河长制"（见表 1）。①

表 1　第一批河湖管护体制机制创新试点县（市）②

序号	省份	试点县（市）
1	北京市	海淀区、门头沟区
2	天津市	宝坻区、津南区
3	河北省	迁安市
4	山西省	襄垣县
5	辽宁省	抚顺市、抚顺县
6	吉林省	敦化市
7	上海市	青浦区、闵行区
8	江苏省	徐州市、江阴市、常熟市、扬中市、东台市、金坛区、海安县
9	浙江省	湖州市、桐乡市、桐庐县、平阳县、遂昌县、宁波市北仑区
10	安徽省	芜湖县、蒙城县
11	福建省	长汀县
12	江西省	靖安县、庐山市（原星子县）
13	山东省	日照市东港区、金乡县
14	河南省	商水县
15	湖北省	鄂州市、武汉市江夏区、大冶市、咸宁市咸安区
16	湖南省	株洲市、长沙县、洪江市
17	广东省	清远市、仁化县、蕉岭县
18	广西壮族自治区	永福县
19	重庆市	荣昌区
20	四川省	阆中市、绵阳市游仙区

---

① 《水利部关于开展河湖管护体制机制创新试点工作的通知》（水建管〔2014〕303 号）。

② 瑶薇：《水利部办公厅关于公布第一批河湖管护体制机制创新试点县（市）名单的通知》，2014 年 12 月 31 日，见 http://www.mwr.gov.cn/zw/tzgg/tzgs/201702/t20170213_858276.html。

（三）河湖长制全国建设期（2016 年至今）

2016 年以后，河湖长制建设进程被迅速推进。首先，习近平总书记亲自部署和推动。2016 年 10 月 11 日，习近平总书记主持召开中央全面深化改革领导小组第二十八次会议。①2017 年元旦，习近平总书记向全国人民宣告"每条河流要有河长了"。这样一来，河长成了社会流行词汇，河长制的推进速度大大加快。

其次，从局部试点向全国铺开。2016 年 11 月，《关于全面推行河长制的意见》（以下简称《意见》）印发；2016 年 12 月，《贯彻落实〈关于全面推行河长制的意见〉实施方案》出台；2016 年 12 月，水利部等各部委召开联合视频会议，部署河长制全面推行工作。②2017 年 3 月 2 日至 12 日，水利部成立推进河长制工作领导小组，开展第一次全面推行河长制工作督导检查；2017 年 5 月，河长制工作部际联席会议制度得以推行，并召开第一次会议。2018 年 6 月底在全国 31 个省级行政区建立起河湖长制管理架构，比要求的时间点提前了半年。③

最后，从河长制向河湖长制迈进。2018 年 1 月，《关于在湖泊实施湖长制的指导意见》的中共中央办公厅、国务院办公厅文件印发；同月，《水利部贯彻落实〈关于在湖泊实施湖长制的指导意见〉的通知》发布。之后，一系列重要政策文件陆续出台，例如，2018 年 1 月，《河长制湖长制管理信息系统建设技术指南》《河长制湖长制管理信息系统建设指导意见》出台；2018 年 10 月，《关于推动河长制从"有名"到"有实"的实施意见》（以下简称《实施意见》）印发；2018 年 11 月，水利部办公厅、生态环境部办公厅印发《全面推行河长制湖长制总结评估工作方案的通知》；2019 年至

①　万鹏、谢磊：《河长制》，2017 年 9 月 6 日，见 http://theory.people.com.cn/GB/n1/2017/0906/c413700-29519545.html?ivk_sa=1024320u。

②　吴文庆：《河长制湖长制实务》，中国水利水电出版社 2019 年版，第 7—8 页。

③　鄂竟平：《推动河长制从全面建立到全面见效》，《人民日报》2018 年 7 月 17 日。

2022 年，水利部连续 4 年下发《对河长制湖长制工作真抓实干成效明显地方进一步加大激励支持力度的实施办法的通知》。至此，河湖长制的管理框架确立起来。

第三节　河湖长制的内涵特征

河湖长制的概念内涵可以从三个维度展开理解，即从词义本身去把握其含义、从学术思想角度理解、从法律法规中去探究其寓意，在分析共性基础上把握"河湖长制"范畴的理论内蕴。

一、河湖长制的概念内涵

（一）河湖长制的词义解释

"河湖长制"一词由"河""湖""长""制"词语组成，因此，对"河湖长制"的语义解读也源于对这几个词语的理解和诠释。

《现代汉语词典》认为，"河"①天然的或人工的大水道：江～｜～流｜内～｜运～｜护城～。②指银河系：～外星系。③特指黄河：～西｜～套。④姓。①

《现代汉语词典》认为，"湖"①被陆地围着的大片积水：～泊｜洞庭～。②指浙江湖州：～笔｜～绉。③指湖南、湖北：～广。④姓。②

"长"的词义解释为：《现代汉语词典》认为，"长"①生：～锈。②生长；成长：杨树～得快。③增进；增加：～见识。④年龄较大：年～。⑤排行最

---

① 中国社会科学院语言研究所词典编辑室：《现代汉语词典（第 6 版）》，商务印书馆 2012 年版，第 525 页。

② 中国社会科学院语言研究所词典编辑室：《现代汉语词典（第 6 版）》，商务印书馆 2012 年版，第 548 页。

大：～兄｜～子。⑥辈分高：～亲｜叔叔比侄子～一辈。⑦年龄大或辈分高的人：兄～。⑧领导人：部～｜校～｜乡～｜首～。①

"制"的词义解释为：《现代汉语词典》认为，"制"①制造：～革｜～图｜炼～。②拟订；规定：～定｜因地～宜。③用强力约束；限定；管束：压～｜管～。④制度：全民所有～｜民主集中～。⑤姓。②

综合对"河""湖""长""制"的理解，"河湖长制"在语义层面反映出的概貌是：它针对"河""湖"这样天然或人工开凿的积水区域，是对河、湖管理负责人管理活动予以规范的一系列制度。

（二）河湖长制的学界观点

近年来，河湖长制作为一项水环境管理领域的创新制度逐渐为学界所关注。有关定义如下：

第一，河长制是指由各级党政主要负责人担任"河长"，负责辖区内河流的污染治理。河长是河长制管理的第一责任人，对区域水治理负首要责任。"河长制"由江苏省无锡市首创，是太湖蓝藻暴发后采取的措施。③

第二，河长制是指由地方党政领导担任河湖"河长"落实河湖管理保护主体责任的一项创新制度。④

第三，河湖长制是中国依据现行法律法规，坚持问题导向，落实地方党政领导河湖管理保护主体责任的一项制度创新，以保护水资源、防治水污染、改善水环境、修复水生态为主要任务。⑤

---

① 中国社会科学院语言研究所词典编辑室：《现代汉语词典（第6版）》，商务印书馆2012年版，第1640页。

② 中国社会科学院语言研究所词典编辑室：《现代汉语词典（第6版）》，商务印书馆2012年版，第1678页。

③ 周文夫：《京津冀协同发展框架下河北生态环境建设研究》，河北人民出版社2015年版，第108页。

④ 王秀富：《落实绿色发展理念　打造创新驱动经济强市》，《河北水利》2017年第8期。

⑤ 唐见等：《河湖长制下流域统筹能力建设研究》，《长江科学院院报》2022年第7期。

（三）河湖长制的法律界定

"河长制"一词第一次出现在法律中，是在 2017 年修正的《水污染防治法》，随着湖长制的推广和完善，2020 年《长江保护法》出台，该法第五条将"河长"一词扩展成"河湖长"，并规定了长江流域各级河湖长职责。由此可见，"河湖长"一词可以作为"河长"和"湖长"的统称。

新修订的《水污染防治法》是目前为止对河长制作出最为详细规定的法律，要探讨河湖长制的法律界定，势必要对该法第五条进行详细解读，透过法条探寻河湖长制的概念内涵。该法第五条规定："省、市、县、乡建立河长制，分级分段组织领导本行政区域内江河、湖泊的水资源保护、水域岸线管理、水污染防治、水环境治理等工作。"虽然只有一句话，但包含了丰富的内涵。该条首先规定了河长制的组织体系——省、市、县、乡四级河长体系，为河长制的架构体系提供了法律依据，这就意味着河长制的体系应该包含纵向的四级组织体系。"分级分段"设置河长，实现了纵向和横向上的网格化全方位管理，做到了河湖管控的全覆盖。条文中的"组织领导"确定了各级河长的职责是负责组织和领导，也就是说河长并不负责具体的河湖管护职责，河长所承担的是领导、协调的职责，具体的河湖管护职责还是由各职能部门负责，由此可知，河长的职责并不与其他水环境监管部门的职责冲突重复。"本行政区域内江河、湖泊"规定了河长的负责范围是河长管辖的本行政区域内的河湖，由此可以推想，如果当面对本行政区域外河湖的事务时，河长消极应对，那么该部分规定有可能为跨行政区域间河湖事务的协调处理带来不便。第五条最后的四项河湖管护等工作，表明了河长应该对哪些工作开展领导和组织，限定了河长的职责范围。可以说《水污染防治法》第五条明确地规定了河长制的组织体系、职能定位、管辖权限和职责范围。遗憾的是《水污染防治法》和《长江保护法》两部法律虽然对河长、河湖长的职责均进行了规定，但并未对河湖长、河湖长制的概念进行界定。为进一步探究其法律意涵，可以借鉴地方性法规中的界定，有关定义如下：

第一，本规定所称河长制，是指在相应水域设立河长，由河长对其责任水域的治理、保护予以监督和协调，督促或者建议政府及相关主管部门履行法定职责、解决责任水域存在问题的体制和机制。①

第二，本条例所称河湖长制，是指在相应河湖设立河长、湖长（以下统称河湖长），由河湖长对其责任河湖的水资源保护、水域岸线管理、水污染防治、水环境治理等管理保护工作予以组织领导、监督协调，督促或者建议政府及相关部门履行法定职责，解决其责任河湖管理保护存在问题的工作机制。②

第三，本条例所称河湖长制，是指按照行政区域设立总河长，在相应河湖设立河长、湖长（以下统称河湖长），由其组织领导本行政区域或者责任河湖的水资源保护、水域岸线管理、水污染防治、水环境治理、水生态修复等工作，监督政府相关部门履行法定职责，协调解决突出问题的工作制度。③

上述表述的共性在于，（1）明确了河湖长由谁来担任的问题，即各级党委或政府主要负责同志担任"河湖长"；（2）明确了河湖长的主体责任，即河湖长是本行政区域内河湖管理保护的第一责任人；（3）描述了河湖长的主要职责；（4）规定了河湖长制的属性，是一项制度。

基于上述分析，本文认为应该区分"河湖长"和"河湖长制"两个概念。"河湖长"指称的是承担本行政区域内河湖管理保护主体责任的各级党委或政府主要负责人。"河湖长制"则指称的是一种制度，是关于河湖长委任、运行、监督、考核、问责等一系列制度规范的总称。

---

① 《浙江省河长制规定》第二条。

② 《吉林省河湖长制条例》第二条。

③ 《四川省河湖长制条例》第三条。

二、河湖长制的基本特征

全面推行河湖长制是化解我国流域湖泊生态环境危机，保障河湖可持续发展的重要举措，是主推生态文明建设，创新水环境治理手段，落实绿色发展理念的重要制度安排。河湖长制的特征主要体现在以下五个方面。

（一）本质上是流域湖泊管理领域的党政领导负责制

河湖长制的重点是明确领导干部承担其行政区域内流域、湖泊的环境管理责任。《水污染防治法》《关于全面推行河长制的意见》等文件都指出，河湖长由地方党政负责人担任，流域湖泊最高层级河湖长是第一责任人，其余河湖长是直接责任人。

从这个意义上看，所谓的河湖长制其实质就是责任清晰化的地方党政领导负责制。应当指出的是，河湖长制在问责主体范围上突破了行政责任人界限。一般意义上，行政问责的主体范围仅指行政机构、行政机构负责人及其直接责任人。这些主体都属于行政分支的一部分，表现出行政的主体属性。而河湖长制在问责主体范围上则有不同，它已经不再局限于行政机关及其工作人员，而扩大到党组织系统。在实际操作过程中，一般由省（市）党委书记作为第一总河长，省（市）党委副书记、省（市）长作为总河长。① 这种突破的意义在于，更加切合我国国情，体现了党的领导，也强化了地方党委主要负责人的流域湖泊治理责任。

（二）以实现流域湖泊生态环境可持续发展为目标

构建完善河湖长制的最终目标在于实现流域湖泊生态环境可持续发展。首先，它有助于构建完善水治理体系。从政府层面而言，河湖长制明确了流域湖泊管理的责任人，同时也明确了河湖长履职的方式、重点任务

---

① 例如，2021 年 6 月公布的长沙市河湖长名单中，市第一总河长为市委书记吴桂英，市总河长为市委副书记、市长郑建新。长沙市政府：《长沙市级河湖长名单公告》，2021 年 6 月 24 日，见 http://www.changsha.gov.cn/szf/tzgg/202106/t20210624_10023327.html。

和工作目标，将有助于建立更为完善的流域湖泊管理体制，探索协同推进的综合措施；从社会层面而言，河湖长制的公示制度、信息公开制度、信息共享和参与制度的设计，有助于让公众了解流域湖泊生态环境的实际情况，生态环境管理措施及成效，发现和分析存在的问题，提出改进的建议，从而形成政府主导、公众参与、社会监督的水治理新格局。其次，它有助于提升流域湖泊管理水平，推动实现流域湖泊可持续发展。河湖长制一旦确立，就将对地方党政负责人产生约束，促使其更加关心流域湖泊管理事务，亲自参与巡河巡查，督查问题查处，严格考核问责，从而为保障流域湖泊健康提供制度保障。最后，有助于实现流域湖泊开发与环境保护的协调发展。河湖长制推行的目的就在于既保障水资源的开发利用，同时确保其规范有序运行，从而协调资源开发利用与生态环境保护之间的矛盾，促进绿色发展。

（三）以实现流域湖泊统筹协调管理为制度功能

河湖长制设立的起因在于克服"九龙治水"、碎片化管理格局，因此，其制度功能的重要方面就是为了实现流域湖泊统筹协调管理。《实施意见》指出，实施河湖长制，一方面，加强部门沟通协作。在明确了各级河长人员、职责之后，河长应当站在流域湖泊整体的高度考虑问题，河湖长将发挥协调作用，整合各个职能部门，产生合力。另一方面，加强区域间联防联治。对于跨区域问题，落实河湖长制将更有利于明确统一的上级，直接指向更高一级的河长，由更高一级的河长开展协调沟通，积极处理流域湖泊各项治理任务，协调统筹展开专项工作，建立联防联控机制等。

（四）以流域湖泊污染防治和生态保护为履责内容

污染防治、自然资源保护是生态环境管理活动中最重要的内容。同样，河湖长制在规定工作任务时也会以此为重点。例如，湖南省 2021 年实施河湖长制工作要点就包括纵深推进"一江一湖四水"系统治理，强化"一江一湖四水"系统联治，推进洞庭湖水环境综合治理，加强大通湖流域综合治理及其他重点流域整治，深化省级工业园区管理，加强小水电生态流量监管，完成乡镇级千人以上饮用水水源地生态环境问题整治，加快推进乡镇污水处理设施建设，开展"一湖四水"非法码头渡口专项整治，强化禁捕水域监管，整治黑臭水体，加强农业污染防治，加强水土保持、水库除险加固和运行管护，严格水资源管理等。① 这些都关涉到流域湖泊污染防治和生态保护，也就是说，河长制将以流域湖泊污染防治和生态保护为履责内容。

（五）适用于河湖长委任、运行、监督、考核、问责等全过程

从动态进程来看，河湖长制应涵盖河湖长委任、运行、监督、考核、问责等全过程。首先是委任机制。《水污染防治法》规定了"省、市、县、乡"四级；一些地方在执行时还会加上居委会和村，村级河长承担村内河流"最后一公里"的具体管理保护任务。② 其次是运行机制。首先通过河湖长会议确立当年度工作重点，然后，通过巡查了解接收流域湖泊生态环境信息，通过信息上报、共享在体系内传递，通过督办单对重点问题进行处理、反馈，通过督察发现执行过程中的问题，通过考核、问责予以评价、追责。再次是监督机制。行政体系内的监督主要通过上级河湖长对下级河湖长，河湖长对职能部门履职情况的督察、验收工作展开；行政体系外的监督，包括社会监督、司法监督、权力机关的监督等。一些地方还出台了专门的公众举报奖励制度，以提升全社会参与流域湖泊治理的积极性。最后是考核问责机制。通过严格考核问责才能倒逼河湖长有作为、积极作为，而不乱作为。

---

① 《湖南省 2021 年实施河湖长制工作要点》。
② 《水利部印发关于推动河长制从"有名"到"有实"的实施意见的通知》（水河湖〔2018〕243 号）。

第四节 河湖长制的基本内容

全面推行河湖长制，是我国水治理体制的重要创新，也是推进生态文明建设的重大举措。从河湖长制的内容上来看，可分为组织架构、主要任务、工作制度、考核体系和保障机制等方面的内容。

一、河湖长制的组织架构

根据《水污染防治法》《关于全面推行河长制的意见》和《关于在湖泊实施湖长制的指导意见》的规定，河湖长制采用省、市、县、乡四级组织体系，分级分段（区）设置河湖长，跨行政区域的河湖由上一级设立河湖长，对河、湖、水库等各类水体全覆盖。县级以上设河长制办公室。水利、环保、财政、发展改革、国土等各部门在河长的组织领导下，各司其职、协调联动，依法履行河湖管理保护的相关职责。流域管理机构在认真做好河长制有关工作的同时，强化流域综合规划、防洪调度、水资源配置和水量调度等工作。

在实际运行中，省级总河湖长由省委书记或省长担任，副总河湖长由省委、省政府分管领导担任。市、县、乡级总河湖长由本级党委或政府主要负责同志担任。大部分地方还增设了村级河湖长，打通河湖管护"最后一公里"。河湖长制在全国推广实施 6 年来，河湖长制组织体系不断完善。31 个省（自治区、直辖市）党委和政府主要领导担任省级总河湖长，省、市、县、乡四级河湖长共 30 多万名，村级河湖长（含巡河员、护河员）超 90 多万名，实现了河湖管护责任全覆盖，部分乡镇因地制宜设立河长制办公室。①

---

① 王浩、李晓晴：《河湖展新颜　清水润民心》，《人民日报》2022 年 6 月 9 日。

二、河湖长制的主要任务

现行《水污染防治法》和《关于全面推行河长制的意见》《关于在湖泊实施湖长制的指导意见》，均对河湖长制的主要任务进行了规定。《意见》提出了河湖长制的六项主要任务：一是加强水资源保护，落实最严格水资源管理制度，严守"三条红线"；二是加强河湖水域岸线管理保护，严格水域岸线等水生态空间管控，严禁侵占河道、围垦湖泊；三是加强水污染防治，统筹水上、岸上污染治理，排查入河湖污染源，优化入河湖排污口布局；四是加强水环境治理，保障饮用水水源安全，加大黑臭水体治理力度，实现河湖水清岸绿；五是加强水生态修复，强化山水林田湖草系统治理；六是加强执法监管，严厉打击涉河湖违法行为。

有的省在六大任务基础上还增加了两项，提出河湖长制的八大主要任务。如江苏省的《关于在全省全面推行河长制的实施意见》，另提出推进河湖长效管护和提升河湖综合功能两项任务，要求落实河湖管护责任主体、管护机构、管护人员和管护经费，推进河湖综合治理。

三、河湖长制的工作制度

根据中共中央办公厅、国务院办公厅《关于全面推行河长制的意见》等相关文件规定，为确保河湖长制的有效运行，各地须执行的制度有：（1）河湖长会议制度，协调解决河湖管理保护中的重难点问题。（2）河湖长信息共享制度，定期通报河湖管理保护情况，跟踪河湖长制实施进展。（3）河湖长工作督察制度，督察河湖长制实施情况和履职情况。（4）河湖长考核问责与激励制度，对失职者严肃问责，对成绩突出者表彰奖励。（5）河湖长验收制度，按照规定时间节点对河湖长制进行验收。

各级地方政府根据实际情况，在制定地方性法规规章时，进一步完善河湖长的工作制度。如《青海省实施河长制湖长制条例》第二十五条，规定推行河湖长工作述职制度；《福建省河长制规定》第十三条至第十五条，详细规定了河湖长巡查制度。

四、河湖长制的考核体系

考核体系的健全可以驱动河湖长履责，保障河湖长制的有效实施。河湖长制的考核体系主要包括：（1）考核原则。应实事求是、上下联动、科学合理、严控节点。（2）考核对象。对河湖长的履职情况进行考核。（3）考核组织。考核工作由总河湖长领导，各河湖长负责相应河湖下一级河湖长的考核。（4）考核内容。从"有名"和"有实"两个方面分析，"有名"包含河湖长组织体系建立、制度及机制建设情况；"有实"包括河湖长履职、工作组织推进、河湖治理保护情况等内容。（5）考核方式。考核按照自评—部门赋分—年度考核—结果审定的流程进行；评估方式采用定性定量相结合、自评估与第三方评估相结合的方式。（6）考核结果应用。考核结果向社会通报，作为地方党政领导干部选拔任用、自然资源资产离任审计的重要依据。同时与河湖治理和管护的补助资金挂钩。

五、河湖长制的保障机制

河湖长制的长效运行离不开经费保障、技术支持和公众参与，保障机制也是河湖长制的主要内容之一。保障机制主要有：（1）经费保障机制。各地要落实河湖长制的经费保障，并引导社会资本参与，建立稳定长效的河湖管护投入机制。（2）技术保障机制。通过信息化手段、运用云计算、大数据、人工智能等先进技术为河湖长制保驾护航。（3）宣传教育机制。采用传统媒体（报纸杂志、广播电视等）、新媒体（网络、公众号等)、中小学义务教育等多种方式宣传引导,不断增强公众对河湖长制的了解,增强其对河湖保护的责任和参与意识。(4)社会监督和参与机制。社会的监督和参与使河湖长制的运行公开化、民主化,要对社会监督和参与的条件、方式等进行完善。(5)协作联动机制。实行联防联控,明晰跨行政区域管理责任,加强河湖系统治理。

第 三 章

河湖长制的理论溯源与制度优势

河湖长制的诞生和发展既源自现实需要，又源自理论支撑。流域湖泊生态环境整体性治理理论、责任政府理论、环保问责制理论等为河湖长制的创新发展提供了理论支撑，而能发挥党的领导作用、有效激发部门协作合力并保证人民广泛参与的制度优势是河湖长制能取得明显成效的关键所在。

第一节　河湖长制的理论溯源

就河湖长制的理论建构而言，首先，应回答紧迫的碎片化治理问题。如何规制"九龙治水"困境，实现体系化和一体化治理，需要基于流域湖泊生态环境协同治理理论作出深层阐释。其次，应回答协同治理的方向问题。透过地方政府环境质量责任制这一抓手，解释河湖长制的关键创新。最后，应回答河湖长制功能实现问题。即如何在环保问责制基础上探索河湖长制的良性运行机制。

一、生态环境整体性治理理论

正如前述，流域湖泊环境治理面临的突出问题是治理的碎片化问题。这种碎片化表现在生态环境管理的各环节当中，渗透到流域生态环境管理运行机制中，体现为部门间关系碎片化、区域管理封闭化、央地关系碎片化，① 进而导致九龙治水、条块分割现象。② 有学者即指出这种治理碎片化可能导致八种潜在的问题：（1）部门间成本转嫁问题。（2）产生相互冲突的政策项目。（3）重复建设。例如在不长的一条河段上，由水利部门和生态环境部门分别设置监测站，重复检测。（4）设置目标冲突的政策项目。（5）因为缺乏交流沟通，导致部门间整合作用不能很好发挥。（6）对社会需要作出反应时因为各自为政而导致不能满足需要。（7）需要获得服务的公众困惑于无法找到服务机构或者无法获得恰当的服务。（8）政府机构在提供服务时存在"缝隙"。③

为了化解碎片化治理问题，英国学者佩里·希克斯与帕却克·登力维提出了整体性治理理论。整体性治理是一个系统性概念，而不是完全一致的观念和方法，它致力于解决治理碎片化问题。④ 从治理理念看，整体性治理以公共需要为目标，追求责任感；从组织整合看，整体性治理强调政府内部及多元治理主体间的整合；同时，整体性治理也强调，信任作为一种解决共有问题的组织连带，是其中的一项关键性因素。⑤

具体到流域湖泊生态环境治理领域，河湖长制对于整体性治理理论的运用和发挥主要体现在以下几个方面。

第一，河湖长制的制度设计与运行强调机构间协同的整体价值。"河长制"设立的目标就在于，化解"九龙治水"现象，实现以流域湖泊为单

① 范仓海、芮韦青：《环境政策执行组织结构碎片化的整体性治理》，《领导科学》2020年第16期。

② 金祖睿、金太军：《基层政府治理的碎片化困境及其消解》，《江汉论坛》2020年第1期。

③ 孙科技：《教育政策执行碎片化的整体性治理研究》，博士学位论文，华东师范大学教育学系，2018年，第41页。

④ Tom Christensen、Per Laegreid、张丽娜等：《后新公共管理改革——作为一种新趋势的整体政府》，《中国行政管理》2006年第9期。

⑤ 韦彬：《跨域公共危机整体性治理研究》，知识产权出版社2019年版，第28—31页。

元的综合治理要求。它由具备调节协作功能的河湖保护和管理职责党政负责人出面组织，对已然断裂的、碎片化的流域湖泊治理权力结构进行统筹、整合，并在考核问责机制驱动下保障实施，从而达到整体性治理的功能效果。在此意义上，河湖长制是由河湖长领导组织多部门，对河湖流域进行协同治理的制度。在价值追求上，河湖长制度与整体性治理制度具有类似性，都强调克服科层结构下的分治弊端，形塑整体性政府的凝聚性文化，追求信任、责任、参与基础上的整合式治理与合作。所以，两者都具备整体性价值导向。

第二，河湖长制在体制机制建设上逐步构筑了整合式组织结构。以某市为例，该市在省委省政府安排部署下逐步形成了市、区县、乡镇、村四级河长，并在市级层面将市两型办、河长办、创建办、湘江办"四办合一"，组建"市生态文明建设服务中心"，由分管副市长直接管理，全面提升了河长办统筹协调调度能力。① 以此为例，可以看出河湖长制推动实现了整合式组织结构，用一体统筹的组织形式来代替功能分工严格的传统行政机构设置，使流域湖泊治理由分散走向集中，断片化走向整合。

第三，河湖长制在治理方式上开始由分散管理向整体性治理转变。一方面，它在部门治理层面提出了联合执法的要求。例如，湖南临湘市与湖北赤壁市建立了湘鄂第一个联合执法基地——临赤黄盖湖综合执法工作站；湖南平江与江西修水签署了《湘赣边区域河长制合作协议》；湖南华容与湖北石首两地建立了华容河调弦口生态补水联动机制；由湖南岳阳市倡议，联合湖南省常德、益阳签订了《洞庭湖河道采砂管理三市水利局联席会议工作规则》。② 另一方面，它联合了体制内的政府机构与体制外的公众参与形成了民间河长机制。例如，湖南省永州市组建市、县和乡镇三级

---

① 《2019年湖南省市县河长制湖长制部分典型经验做法》。

② 《2020年度湖南省河长制湖长制亮点工作》。

民间河长行动机构。湖南省湘潭市继续公开招募河长助手，开通河长助手微信公众号、村村通广播，让每条河流、每个水库等每个水域都有河长助手来充当河流的宣传员、信息员、监督员、清洁员。① 这些例证都说明，河湖长制的整合性特征，它有序地衔接其各执法部门，形成了跨越部门边界的协同机制，提升了流域湖泊综合治理效果。

二、生态环境责任政府理论

流域湖泊生态环境整体性治理理论为破解"九龙治水"困境提供了原则性方法，但仅仅依赖这种原则性方法并不能解答如何实现整体性治理、基于何种路径设计整体性治理机制这一问题。基于此，还需要回答整体性治理制度的变革方向问题，透过生态环境责任政府理论这一抓手，理解河湖长制寻求自上而下展开社会治理的内在逻辑。

责任政府理论的提出最早源自英国。② 之后逐渐成为政治学、法学领域的一般概念。政治学对责任政府的理解一方面在于解释行政权力的合法性问题，另一方面在于说明既然行政权力源于公众授权，那么政府就应当对公众负责。从公共管理学角度看，现代社会对责任政府的理解有了进一步的延展。它强调政府需要回应大众的需求，而不只是被动的接收，也需要积极采取行动；政府应当承担法律、道德、政治责任，并接受内外部的控制以实现这种责任。③ 换言之，现代意义上的责任政府需要主动为之，有效率且公平地保障民众利益。④

责任政府意味着政府需要承担责任。它不仅需要履行其职责，还意味

---

① 《湖南省河长制工作委员会办公室关于推广我省市县河长制部分典型做法的通知》。

② 刘奕：《公共危机系统管理》，上海人民出版社 2012 年版，第 22—23 页。

③ 张建伟：《政府环境责任论》，中国环境科学出版社 2008 年版，第 55—56 页。

④ 李琪等：《中国特大城市政府管理体制创新与职能转变》，上海人民出版社 2010 年版，第 315 页。

着需要积极回应社会诉求，采取措施有效率且公正地满足公众需求。美国学者斯塔林（Grover Starling）认为，政府责任的基本价值涵盖了六个方面：（1）弹性（flexibility）；（2）诚实（honesty）；（3）能力（competence）；（4）回应（responsiveness）；（5）责任（accountability）；（6）正当程序（due process）。①具体到流域湖泊生态环境治理领域，河湖长制对于责任政府理论的运用和发挥主要体现在以下几个方面。

第一，河湖长制的实施实质上反映了政府对环境事务的管理义务与责任。有学者曾经指出，国家环境保护责任和义务包括三个方面，分别为现状维持、危险防御和风险预防。②在河湖治理领域也如此。政府对河湖环境事务的管理责任首先是现状维持义务，即现状保持乃至提升义务。也就是说，环境行政的作为或者不作为其首要目的在于保障流域湖泊水环境质量不下降，不发生继续恶化的情况，这是政府的基本承诺。在此基础上，政府还有义务使其持续地改进，以满足人们日益增长的环境健康需求。《水污染防治法》规定，建立省、市、县、乡四级河长，其目的就在于，由地方政府党政负责人真正负起责来推动水环境质量目标的实现。其次是防御危险义务。按照法律的规定，河长将组织领导水污染防治、水环境治理的工作。这就意味着针对那些具备成熟毒性的"危险"，河湖长要通过组织开展环境污染防治工作，建立整合的执法体制机制来进行有效的管理。最后是风险预防义务。河湖长在组织开展水环境保护事务时，不仅需要针对已然发生的具备危害性的污染进行干预管理，也需要对那些具备不确定性且可能存在极高风险的事务进行干预管理。例如，水生态安全、放生管理等。

第二，河湖长制是地方政府环境责任制的贯彻落实。2014年《环境保护法》修订以后进一步明确了地方政府维护地方环境质量的系列责任。

---

① 张成福：《责任政府论》，《中国人民大学学报》2000年第2期。
② 陈海嵩：《国家环境保护义务的溯源与展开》，《法学研究》2014年第3期。

首先，政府是保护环境的最重要主体。地方环境质量优良与否和地方政府履职有直接联系。其次，各级地方政府应该积极采取措施，改善地方环境质量。最后，河湖长制还规定了环保目标责任机制、向权力部门报告机制等。应当说，河湖长制的设置正是政府履责的具体组织形式。因为河湖长制系统性地规定了四级河长体系，明确了其工作职责，并且将履职情况与党政干部政绩考核挂钩，因此，河湖长制是地方人民政府对本辖区水环境质量负责的一种具体形式，《水污染防治法》《长江保护法》则为这一形式提供了法律依据。

第三，河湖长制的实施有助于将地方政府环境责任从模糊化向清晰化转变。由于环境事务具有综合性、复杂性特征，因此，在制定和执行环境政策时容易出现相互推诿、责任不清晰的问题，河湖长制的实施则有助于改变这一情况，将党政负责人责任机制有效嵌入现有管理体制之中，实现激励和管理的可操控性。按照《水污染防治法》的规定，应当建立起省、市、县、乡四级河长。在实践当中，一般还会加上村一级，从而事实上形成了五级河长制。以湖南省为例，湖南省出台了《河长会议制度》等制度，省、市、县区、乡镇、村五级河长体系基本建立，全省共明确河长 35696人。① 这样一来，地方政府环境责任就更明确，从以往模糊的部门责任转变为具体的河段河长责任。

三、生态环境问责制理论

在河湖长制的具体运行过程中，要发挥河湖长的积极性，使其有为、有位，不仅需要明确党政主要领导责任，还需要明确考核问责机制，而对这一问题的回答需要溯源到行政问责理论当中，通过对环境问责制理论的

---

① 刘勇、张晓斌：《湖南河长制工作成全国典型　五级河长累计巡河近 26 万人次》，2017年 11 月 24 日，见 http://www.cnr.cn/hunan/xxtt/20171124/t20171124_524038438.shtml。

深入研究来探寻河湖长制考核问责机制的建设路径。

从词源解释上看，"问责制"对应的是"accountability"一词。对于政府而言，政府机构由公众建立，为老百姓服务，其各项活动就需要对公众负责。一方面，行政问责制的重点在于要求政府官员对其执法行为承担责任，表现为惩戒性问责、补救性问责和政治性问责三种类型；另一方面，行政问责需明确责任对象、责任主体、责任实现手段等问题。[①] 只有建立一套完整的问责机制才能较好地回答上述问题。具体到流域湖泊生态环境治理领域，河湖长制对于行政问责理论的运用和发挥主要体现在以下几个方面。

第一，河湖长制在问责主体范围上突破了行政责任人界限。一般意义上，行政问责的主体范围仅指行政机构、行政机构负责人及其直接责任人。这些主体都属于行政分支的一部分，表现出行政的主体属性。而河湖长制在问责主体范围上则有不同，它已经不再局限于行政机关及其工作人员，而扩大到党组织系统。按照中共中央办公厅、国务院办公厅印发的《关于全面推行河长制的意见》，担任总河长的是党委或政府主要负责同志；担任河长的是省级负责同志；担任其他层级河长的是同级负责同志。河长制办公室则根据地方情况确定。[②] 这种突破的意义在于，更加切合我国国情，体现了党的领导，也强化了地方党委主要负责人的流域湖泊治理责任。

第二，河湖长制在追责原则上将实行"党政同责、一岗双责、失职追责"。首先，"党政同责"意味着不仅政府行政领导需要承担起责任，党委领导也需要承担责任。按照"党政同责"原则，担任河湖长的负责人无论是党委系统还是行政系统都对流域湖泊生态环境治理负有领导责任，扩

---

① 李军鹏：《公共管理学》，首都经济贸易大学出版社 2017 年版，第 378—379 页。

② 《中共中央办公厅、国务院办公厅印发〈关于全面推行河长制的意见〉的通知》（厅字〔2016〕42 号）。

张了责任主体范围。其次，"一岗双责"原则要求领导干部既要对分管业务工作负责，也要对分管业务范围内的生态环境保护工作负责。① 最后，"失职追责"原则要求各级河湖长未认真履行生态环境保护职责将被追责。②

第三，河湖长制在考核问责机制制度化上迈出了重要步伐。新时代以来，环保问责制度建设方面取得了积极进展。2016 年，《党政领导干部生态环境损害责任追究办法（试行）》制定出台。首先，该文件明确了党政领导干部的范围。其次，该文件用负"总责""主要责任""相应责任"规定了不同党政领导干部的责任类型。最后，文件规定了应当追究责任的情形、责任追究形式以及责任追究程序，从而系统性地确立了对党政领导干部的考核问责形式。

第二节　河湖长制的制度优势

全面推行河湖长制是以习近平同志为核心的党中央从人与自然和谐共生、加快推进生态文明建设的战略高度作出的重大决策部署。经过多年的努力，河湖长制成效显著，基础性的制度体系基本形成。河湖长制之所以有效果，原因很多，但从制度机理的角度分析，主要在于河湖长制具有明显的制度优势。

---

① 南宁市兴宁区年鉴编纂委员会：《兴宁区年鉴 2017》，广西人民出版社 2018 年版，第 33 页。

② 钱翔：《"网格化"安全生产责任落实体系在垃圾焚烧电厂的应用》，《科学与信息化》2017 年第 19 期。

一、发挥党的领导作用

2016 年 10 月，中央全面深化改革领导小组第二十八次会议，审议通过《关于全面推行河长制的意见》，标志着"河长制"已从当年应对水危机的应急之策变为常态之举；同年 12 月，两办正式发文，"河长制"已然上升到中国特色社会主义生态文明的高度。地方党委和政府迅速调动各种资源实施，截至 2018 年 6 月底，全国有 31 个省（自治区、直辖市）全面建立河长制，提前半年实现全面建立河长制目标。根据各地公布的河长名单，各省级总河湖长由省委书记或省长担任，各省级行政区域主要河湖的河湖长由省级领导担任，河湖流经市、县、乡分级、分段设立河湖长并由同级党政负责人担任。河湖长制充分发挥我国党政体制优势，体现党的领导作用，通过抓住关键少数，让地方党政主要领导牵头治理，形成一股强大的力量，解决现有部门较难以解决的问题。

中国共产党具有统揽性特点，能够"集中力量办大事"，青藏铁路、港珠澳大桥、奥运会、北斗卫星等奇迹的涌现就是有力证明。在纪念中国人民志愿军抗美援朝出国作战 70 周年大会上，习近平总书记指出，没有任何一支政治力量能像中国共产党这样，为了民族复兴、人民幸福，不惜流血牺牲，不懈努力奋斗，团结凝聚亿万群众不断走向胜利。实践证明，只有河湖长制各方面全过程坚持党的领导，才能充分发挥集中力量办大事的制度优越性。比如湖南省在全国首创"省总河长令"工作模式，省委书记、省长亲自部署重大方案、亲自督查，推动解决了一大批河湖管护的历史性难题；地方大胆探索"党建 + 河湖长"，成立河流联合党委、党（总）支部，构建起党委领导、政府主导、社会公众参与的现代化河湖治理体系。在中国，仿效国外"部际联席会议"这类组织建立的协调机制，属于弱关系状态，只有强化公共政策，"党的领导小组"才会有凝聚力和集体行动产生，① 进而突破河湖治理的"碎片化"痼疾。河湖长制的制度优势就在于能发挥党的领导作用，落实党政领导责任，形成分工明确、协调有序的治水格局。

二、激发部门协作合力

加拿大的环境管理专家汤普森、麦克艾格等认为，部门间协作是带来更好决策和结果、带来方法创新以达到整个社会可持续发展的基本工具；在执行阶段，能够充分调动各个主体的资源、形成共同负责的机制；在方式方法上，可以通过正式或非正式的方式实现部门间的协作。② 河湖的治理保护涉及多个政府部门，法律法规赋予这些部门不同的职责。因此，这种条块分割的局面容易产生协作不畅的问题，比如各自为政、部门争利、相互推诿等。这就需要一个上下左右协调统一的一体化机制，而河湖长制具有整体主义方法论特征，能打破部门主义，在必要时统一调用各部门力量。

部门协作中的"部门"并非专指政府内部的具体职能部门，笔者认为这里的部门应具有更加广泛的内涵，它还应包括涉及河湖治理的其他国家机构，甚至其他各类社会部门。河湖治理的每个部门都具有各自的资源和能力优势，部门协作是一个资源整合的过程，可以使有限的资源发挥最大的社会效益。全面推行河湖长制以来，各级政府成立了河长制或河湖长制工作领导小组，并建立河湖长制会议制度，使各相关部门都参与到河湖治理当中，形成了部门协作治理的良好机制。为进一步促进部门协作，地方政府开发了河长制平台（有的称为河长制综合管理平台），通过数字赋能

---

① 贺东航、贾秀飞：《制度优势转为治理效能：中国生态治理中的政治势能研究——以"河长制"政策为案例》，《中共福建省委党校（福建行政学院）学报》2020 年第 3 期。

② 汤普森、麦克艾格、威尔克斯：《跨部门合作原则及特点》，四川省委党校环境治理跨部门合作研讨会论文，2007 年 11 月。

河湖长制的手段，实现河湖长制管理业务"国家、省、市、县、乡"五级联动，并与发改、自然资源、生态环境、执法等部门多跨协同；同时，"河长＋检察长"等协作机制不断建立完善，河湖长制激发部门协作合力的优势越来越明显，极大地提升了河湖治理体系和治理能力现代化水平。

三、保证人民广泛参与

习近平总书记强调，生态文明是人民群众共同参与共同建设共同享有的事业。从 20 世纪 70 年代起，我国传统治水体制就形成了以中央为核心的治理体制。河湖是重要的公共资源，河湖治理不仅需要行政主导，更需要全员参与。河湖长制作为治水的新制度，体现出逐渐将人民的广泛参与纳入治水体制之中，从而转向多元主体共治的水环境治理方式。

从制度层面来看，《关于全面推行河长制的意见》明确要求，要在信息公开、河湖管护、监督评价和舆论宣传中纳入公众参与。各地出台的地方性法规和规范性文件也对鼓励公众参与进行了更为详细的规定。如《吉林省河湖长制条例》规定，拓展公众参与渠道，鼓励公民、法人或者其他组织自愿开展或者参与河湖保护工作，鼓励开展河湖保护志愿服务。《青海省实施河长制湖长制条例》规定，县级以上人民政府可以聘请社会监督员，对河湖管理和保护效果进行监督与评价。各地保证人民广泛参与主要体现在以下几个方面：在河湖治理方面，鼓励公众参与河湖保护活动；在监督与评价方面，建立河长制监管平台、聘请社会监督员监督河湖管护成效；在信息公开方面，设立公示牌公布河湖长名单，通过河湖长制微信公众号、App 等信息发布渠道，提高公众参与和监督意愿；在宣传方面，加强河湖管理保护宣传教育，提升全社会河湖管理和保护的责任意识、参与意识。

从实践层面来看，人民的广泛参与主要包括以下几种类型：一是"民间河长"模式。民间河长是在行政河长之外增设的，其协助并监督河长实施环保治理，收集、反馈河湖环境、流域治理等信息，开展环保宣传等工作，是行政河长的有效补充。如 2020 年湖南省永州市共招募 241 名民间河长，累计巡护里程 6800 多公里，反映问题线索 547 条，开展了 14 场保护湘江科普展，搭建起市、县、乡、村四级民间河长管理体系。[①] 二是"民间督察长"模式。"民间督察长"负责河湖巡视、反映问题和监督河湖长履职。如陕西省岚皋县构建了"河长 + 警长 + 督察长"的"三长治河"体系。三是"互联网 + 河长制"模式。该模式利用互联网通信技术，实现信息共享，达到公众意见表达、举报投诉、政民互动的目的。广大民众通过河湖问题"随手拍"参与治水，弥补河长监管盲区。

实施河湖长制是推进生态文明建设的必然要求，是解决我国复杂水问题的有效举措，是完善水治理体系的制度创新。贯彻落实河湖长制不仅有助于明确地方党政负责人流域湖泊生态治理责任，也有助于克服流域湖泊治理碎片化困境，形成治水合力共同推动流域湖泊绿色发展。河湖长制具有坚实的理论基础和明显的制度优势，运行以来，取得了积极成效，江河湖泊水生态环境质量逐步改善，水清岸绿的美好环境逐步展现。但也存在诸如以政策调整为主，政策法治化程度不够高；以相关法律调整为主，专门性法律不足；委任、运行、监督、考核、问责法律机制还不够完善等问题，进而影响河湖长制的实施效果。河湖长制要成为一种长效机制有效运行，需将其纳入法治的轨道，通过法治保障体系的建构保障其效能的充分发挥。

---

① 孙超：《民间河长助力河湖管护》，《人民日报》2020 年 12 月 4 日。

第 四 章

河湖长制法治保障意涵、现状及实施

全面依法治国理论对河湖长制的法治转化提出新要求，需推进河湖长制进一步朝着制度化、规范化、程序化方向迈进，并逐步形成完善的河湖长制法治保障体系。经过这些年的发展，我国河湖长制法治保障体系正逐步完善，并取得了积极进展。然而，在实践运行中还是会遭遇一些问题。产生这种情况的原因，主要是两方面：一是制度本身的不够完善，包括河湖长制的体系结构、具体制度规范等方面存在不足；二是实际的法治运行不够完善，例如执法偏差等。据此，需要认真地梳理河湖长制的政策法规体系，并通过选取样本展开调查来分析观察河湖长制的实践运行情况。

第一节　河湖长制法治保障意涵

河湖长制的法治保障是指在法治理念和要求指引下对河湖长制涉及的管理体制、运行机制、考核问责机制等方面进行法治转化，以保障河湖长制的长效运行。之所以河湖长制法治保障构建具有紧迫性和必要性，一方面是因为社会现实的需要，另一方面则是制度保障模式转换的必然。在这一过程中，河湖长制将进一步朝着制度化、规范化、程序化方向迈进。

一、河湖长制法治保障的必要性

从制度层面讲，河湖长制现存的一些问题与有效的法律规范、约束和控制机制不足密切相关。[①] 在这种情况下，稳步推进河湖长制法治保障体系构建完善将是消解政策变动性缺陷、避免"人治"主义导向，推动河湖长制进一步规范化的必然选择，因此，应当以更为稳定、积极的法治手段为主来展开规范建构。

（一）河湖长制法治是消解政策变动性缺陷的必要选择

自 2007 年地方创新体制机制推进河湖长制以来，河湖长制的规范建构主要以政策为中心展开。以政策为中心的制度化路径既有优势也有不足。其优势在于制定程序相对简单、灵活性强，政策推广的社会成本较低等方面。例如，在河长制由局部试点向全国推广期间，只用了一年半的时间（2017 年 1 月到 2018 年 6 月）就在 31 个省级行政区全部建立起河湖长制管理架构，比要求的时间点提前了半年。[②] 而一部法律的制定则往往需要相对较长的时间。例如，推进速度相对较快的《长江保护法》从2016 年初开始动议，到 2020 年 12 月正式颁布，也历时了 5 年。而且以政策为中心的制度化路径具备相对的灵活性。可以在推出一项改革举措后，观察其效果，再迅速地调整或者改变，从而为河湖长制的改革探索提供有力支持。当然，以政策为中心的制度化路径其不足也很明显。例如，各地每年都需要等待上一级召开河长工作会议，来确定本年的工作重点、实施方案，而往往这个会议要等到年中才召开，这样一来就容易导致工作无头绪、无目标。所以，依赖政策有时会对河湖长治理带来误导效应，不利于提供一个稳定、明确、可预期的行为模式。

---

① 张复明：《资源型区域面临的发展难题及其破解思路》，《中国软科学》2011 年第 6 期。

② 鄂竟平：《推动河湖长制从全面建立到全面见效》，《人民日报》2018 年 7 月 17 日。

在这种情况下，以法治为中心的制度化路径其优势就凸显出来。一方面，法治的稳定性可以增加行为的预期性。法律的相对稳定将有助于人们了解、掌握法律，有利于人们养成守法习惯，有利于提高人们运用法律的能力和水平，不断增强人们对法律的信心。[①] 另一方面，以法治为中心的治理策略，能有效推动河湖长制的稳步展开。法治将明确河湖长的机构设置、法定职责、协调机制，也将清晰规定河湖长制的委任、运行、监督、考核、问责机制，还有助于规范河湖长制的保障机制，避免河湖长权利与义务不清、体制机制运行不畅、相关程序不规范等问题的出现。因此，相对于政策路径，法治路径应该是更优选择。

（二）河湖长制法治是避免"人治"主义导向的必备之策

由于河湖长制的实施需要依赖地方党政负责人的推动执行，因此，有观点认为其仍然未能摆脱"人治"的思维方式。例如，有观点认为，河湖长制仍然依循自上而下的管理路径，需要地方党政负责人进行权力调整和注意力分配，如果出现主要负责人不太重视或者处于人事变动期时，流域湖泊治理的公共责任将很难落实。[②] 显然，这些学者看到了河湖长制的一些特征，如针对地方党政领导干部、治理路径自上而下、与既有的流域湖泊监督管理体制存在兼容问题等。

为了避免这种可能的人治主义导向，需要通过制度化、规范化的方式来实现河湖长制法治建构，实现从人治到法治的转变。一方面，法治不像人治那样着重于个人意志和思想，而是侧重行为规范。它会围绕河湖长体制机制、运行机制、保障机制等方面形成一套完整的规则体系，用具有法律法规效力的规范来抵消人事变动、主观意愿改变等因素造成的短期波动效应，形成稳定的行为预期和模式。另一方面，法治强调对公共权力运行

---

① 吕世伦：《法的真善美　法美学初探》，法律出版社 2004 年版，第 115 页。

② 李利文：《模糊性公共行政责任的清晰化运作——基于河长制、湖长制、街长制和院长制的分析》，《华中科技大学学报（社会科学版）》2019 年第 1 期。

的监督。"绝对的权力导致绝对的腐败，在人治社会中，权力的运行具有较大随意性，领导者个人的观念、意志、兴趣和偏好对社会发展具有重要甚至是决定性的影响。在法治社会中，权力的运行必须严格依照法律规范和相关程序，个人意志在权力运行当中已退居相对次要的位置。所以，基于人治所产生的腐败和专断在很大程度上能够受到法治的监督和制约。"[1]在河湖长制建设领域更是如此。学者们在提到化解河湖长制人治主义倾向时提到的基本策略，就是希望在法治建构当中推动地方环境质量责任得以贯彻落实。[2]

（三）河湖长制法治是推动河湖长制进一步规范化的应然选择

从 2014 年全国试点到 2022 年，河湖长制已经经历了 8 个年头，其规范内容开始趋于稳定，制度要素逐步成型，其面临的新发展问题则是如何进一步规范化运行发展的问题，而法治则是解决这一问题的较优选择。法治有助于实现河湖长职权的法定化，从体制机制层面进一步明确河湖长的机构设置、权限分配，以及与其他机构的分工协作关系。法治有助于实现河湖长主要工作内容的制度化，通过构建完善河湖长会议制度、巡河制度、督办单制度、河湖联防联控机制、突发事件应急处置制度等流域湖泊治理的制度体系。法治有助于实现河湖长制运行机制的规范化，明确规定河湖长委任机制，包括职位层级、选任标准、选任程序、任命公示程序等。法治有助于实现河湖长制考核、问责机制的制度化，明确考核的对象、内容、指标、目的、程序，形成考核反馈机制，嵌入党政领导干部考核体系当中；明确问责的原则、对象、责任形式、程序，研究解决行政责任、刑事责任衔接问题，探讨与党纪政务处分之间的关系。法治还有助于实现河湖长制保障机制的建设，强化政策支持、资金支持、人才技术支

---

[1] 鲁敏：《当代中国政府概论》，天津人民出版社 2019 年版，第 233 页。

[2] 王灿发：《地方人民政府对辖区内水环境质量负责的具体形式——"河长制"的法律解读》，《环境保护》2009 年第 9 期。

持，形成确保河湖长制顺利运行的良性机制。总之，河湖长制法治建构将是推动河湖长制进一步规范化运行的必然选择。

二、河湖长制法治保障的内涵

从国外的界定看，法治的含义在不同阶段有不同表述。例如，在古希腊罗马时期，亚里士多德主张的是"守法之治"和"良法之治"。在中世纪，法治思想被融入神学体系中。在文艺复兴时期，人们重拾了古罗马法的内容，逐渐凸显其人文精神。到了现当代，英国法理学家拉兹主张"法治"有广义和狭义的区分。广义的法治意味着人们应当接受法的治理，服从法的规训。狭义的法治则是指行政分支的政府需要遵循法律要求。[①] 从国内的界定看，徐显明[②]、姜伟、陈林林[③]、王人博[④]、高鸿钧[⑤]等专家都对法治的要件作出了分类，例如，分为精神的、实体的和形式的，或者分为形式、实质和程序法治，或者分为实体价值和形式价值等。[⑥]

"法治保障"一词是"法治"与"保障"的组合。"法治"的内涵中包含着一定的标准和要件，"保障"指的是保护和后盾，法治保障是指运用法治手段和措施给予社会提供法律支撑体系。根据这种理解，所谓河湖长制法治保障是指在法治理念和要求指引下为河湖长制涉及的管理体制、运行机制、考核问责机制等方面进行法治转化，全方位保障河湖长制的长效运行。具体来看，可以从以下三个方面进行理解。

---

① 李龙、汪习根：《法理学》，武汉大学出版社 2011 年版，第 322—342 页。

② 徐显明、刘瀚：《法治社会之形成与发展（上）》，山东人民出版社 2003 年版。

③ 陈林林、夏立安：《法理学导论》，清华大学出版社 2014 年版。

④ 王人博、程燎原：《法治论》，山东人民出版社 1989 年版。

⑤ 高鸿钧：《现代法治的出路》，清华大学出版社 2003 年版。

⑥ 王磊：《中国共产党的纪律检查法治化研究》，博士学位论文，中共中央党校政治和法律教研部，2019 年，第 53 页。

（一）河湖长制法治保障在法治理念和要求指引下建构

法治是河湖长制法治保障的目标追求，法治保障则是实现河湖长制法治的手段路径。首先，在法治保障建构过程中，应形成河湖长制法治建设的氛围、动机和要求。经过这些年的推广普及，河湖长制的规范内容开始趋于稳定，制度要素逐步成型，其面临的新挑战则是如何进一步规范发展的问题。面对这一挑战，需要按照全面依法治国理论、生态文明建设和绿色发展理念的要求，主动加强河湖长制的法治建设，使其更趋成熟稳定。其次，明确法治保障建构的主体。河湖长制是在地方诞生，中央试点后推及全国的流域湖泊治理基本制度。因此，无论是中央还是地方，无论是水行政主管部门、生态环境主管部门还是其他监管部门，都承担着在运行过程中让河湖长制进一步制度化的职责要求。再加上，社会舆论的监督、公众的参与等因素都会助推河湖长制法治进程。再次，突出法治保障建构的重点。包括以法治手段理顺河湖长制体制机制，规范委任、运行机制，严格考核、问责机制，加强法律保障机制建设等。最后，实现法治保障建构的目标。通过法治转化，使规则更清晰，权利义务责任更明确，体制机制更合理，运行更规范。当然，法治保障建构目标不仅包括"形式法治"，也包括"实质法治"，即既要建设完备的法制体系且健康运行，又要将法治的精神如正义、秩序价值融入规则当中，实践于运行体系，形成法治思维和法律逻辑，将法治视为社会状态。

（二）河湖长制法治保障建构贯穿于立法、执法、监督、保障的全过程

河湖长制法治保障建构不仅仅只是静态的法律文本诠释，也包含动态的立法活动、执法过程、司法程序和守法环节。

首先，河湖长制法治保障的基石是立法。坚持河湖生态环境可持续发展，有效保护水生态环境，建立健全河湖环境管理体制，离不开法律的保障，要提倡用法律的形式，为河湖环境保护保驾护航。因此，应当紧密地

将立法和河湖长制改革决策衔接起来，做到河湖长制改革创新于法有据，适应改革和经济社会发展需要，并在实践证明行之有效时及时将其上升为专门的法律法规，以此实现河湖长制的法律化。

其次，河湖长制法治保障的实施离不开依法行政。河湖长制的法治需要职权的法定化，通过推进机构、职能、权限、程序、责任法定化，使河湖长做到依法定授权而为。同时，河湖长制法治建构过程也需要不断改革体制机制，整合执法机构、队伍，减少管理层级，以提高效率，合理配置流域湖泊执法力量。此外，还需要健全河湖长依法决策机制。形成政府、公众、企业多元主体参与的机制，制定科学合理、公开透明的决策程序。

再次，河湖长制法治保障需要推动实现监督机制和考核问责机制的规范化。需要构建完善事中监督机制，包括人大、司法、检察、监察、行政内部监督、社会监督等都应在事中监督过程中发挥重要作用，形成监督合力。同时，需要完善事后考核问责机制建设，形成客观的考核指标体系和规范的考核程序；建立生态环境损害赔偿终身追究机制，对地方党政负责人予以严格问责，惩治违法犯罪行为。

（三）河湖长制法治保障应朝着制度化、规范化、程序化要求迈进

制度化、规范化、程序化将是河湖长制进一步规范化的应然选择。首先是制度化。河湖长制制度化的发展方向应当是法制化。通过立法，进一步明确河湖长的机构属性、职权范围、权力边界，明确河湖长与附设机构之间的关系，与水利部门之间的关系，与现有的统一监管与分级、分部门监管体制的关系，处理好与流域管理机构，流域内省级、市级、县级行政单位之间的关系等。其次是规范化。主要包括规范河湖长组织发展、规范流域湖泊管理行为、规范河湖长运行监督、规范考核问责等。通过规范化确立河湖长制的运行轨道，使组织活动更有序，管理行为更有效，运行监督更有力，考核问责更明确。再次是程序化。例如，河湖长的委任程序、

河湖长的巡河程序、河湖长的督办程序、河湖长的考核程序、河湖长的问责程序等。河湖长制的程序化将有助于避免人为干扰的影响，确定河湖长阶段工作的内容、次序和前后递进关系，使运行更公开、透明、便民。总之，制度化、规范化、程序化是河长制建设的发展方向，而法治的进路包含着制度化、规范化、程序化特征，因此，河湖长制法治是推动河湖长制进一步规范化的必然选择。

第二节　河湖长制法治保障体系现状

从政策层面看，在经历了若干年的实践探索以后，我国已初步形成了以《关于全面推行河长制的意见》《关于在湖泊实施湖长制的指导意见》为政策基础，以流域湖泊污染防治和生态保护为履责内容，涵盖河湖长委任、运行、监督、考核、问责等全过程的河湖长制制度规则体系。从法制层面看，不仅作为根本大法的《宪法》规定了国家的环境保护义务和自然资源产权制度，环境保护基本法的修订，《长江保护法》《水污染防治法》等环境法律的制定修改，国务院及相关部委出台的法规和部门规章，以及地方在生态环境补偿试点和实践探索基础上结合国家要求出台的反映地方特色的地方法规和规章，共同构筑了河湖长制的规范基础。

一、国家层面河湖长制法治保障体系

（一）国家层面河湖长制相关政策

一直以来，政策先导都是河湖长制度建设的重要特征。据不完全统计可以发现，2011 年水利部印发的《关于贯彻落实 2011 年中央一号文件和中央水利工作会议精神进一步加强水利建设与管理工作的指导意见》的通知中提到了"推广河长制管理模式"的要求。之后，2014 年水利部发布

《关于深化水利改革的指导意见》及《关于加强河湖管理工作的指导意见》。到目前为止，两办、国务院以及以水利部为主的一些中央部委都相继出台了有关河湖长制的政策文件，主要为：

1. 中共中央办公厅、国务院办公厅下发的政策文件

《关于全面推行河长制的意见》《关于在湖泊实施湖长制的指导意见》是两办最重要的河湖长制建设文件。2016年12月，中共中央办公厅、国务院办公厅制定出台《关于全面推行河长制的意见》，该文件开启了河长制全国普及推广的大幕，文件在总体要求部分规定了河长制的指导思想、基本原则以及河长的组织形式、工作职责。2018年1月，中共中央办公厅、国务院办公厅制定出台《关于在湖泊实施湖长制的指导意见》，该文件明确提出将所有湖泊纳入湖长制的工作目标，实现了从流域河长制到流域湖泊河湖长制的全覆盖。

2. 国务院办公厅下发的政策文件

在国务院办公厅下发的一些文件中也有关于河湖长制的规定。例如，《国务院办公厅关于加强长江水生生物保护工作的意见》（国办发〔2018〕95号）要求将水生生物保护工作纳入地方政府绩效及河长制、湖长制考核体系；《国务院办公厅关于切实做好长江流域禁捕有关工作的通知》（国办发明电〔2020〕21号）要求将长江流域禁捕工作和执法成效纳入河长制、湖长制目标任务考核体系。还有一些文件涉及对河湖长工作绩效的激励。例如，《国务院办公厅关于对2020年落实有关重大政策措施真抓实干成效明显地方予以督查激励的通报》（国办发〔2021〕17号）、《国务院办公厅关于对2019年落实有关重大政策措施真抓实干成效明显地方予以督查激励的通报》（国办发〔2020〕9号）、《国务院办公厅关于对2018年落实有关重大政策措施真抓实干成效明显地方予以督查激励的通报》（国办发〔2019〕20号）、《国务院办公厅关于对真抓实干成效明显地方进一步加大激励支持力度的通知》（国办发〔2018〕117号）。

3.最高人民法院、最高人民检察院下发的政策文件

最高人民法院、最高人民检察院为了服务长江流域生态文明建设与绿色发展也下发了相应文件，其中也有关于河湖长制的内容。例如，《最高人民法院关于为黄河流域生态保护和高质量发展提供司法服务与保障的意见》《最高人民法院关于全面加强长江流域生态文明建设与绿色发展司法保障的意见》。这些文件提出严格落实河长、湖长责任制，推动、规范和保障河长制的执行。为此，最高人民法院、最高人民检察院还印发了一些典型案例。例如，《最高人民法院发布 10 起黄河流域生态环境司法保护典型案例》《最高人民法院发布 2019 年度人民法院环境资源典型案例》《最高人民检察院发布"携手清四乱　保护母亲河"专项行动检察公益诉讼十大典型案例》《最高人民检察院关于印发检察机关服务保障长江经济带发展典型案例的通知》《最高人民检察院关于印发全国检察机关首批检察改革典型案例的通知》《最高检发布 12 起公益诉讼检察听证典型案例》《最高人民检察院发布十三起检察机关大运河保护公益诉讼检察专项办案典型案例》《最高人民检察院发布 16 起检察机关服务保障长江经济带发展典型案例（第三批)》。

4.国家部委下发的政策文件

水利部是贯彻落实河湖长制的主要部门。在中共中央办公厅、国务院办公厅文件下发以后，水利部相继下发了《贯彻落实〈关于全面推行河长制的意见〉实施方案》和《贯彻落实〈关于在湖泊实施湖长制的指导意见〉的通知》（水建管〔2018〕23 号）。之后，水利部又针对规范河湖长制运行的诸多方面制定出台了一系列文件。例如，较为综合的文件包括《水利部办公厅印发关于进一步强化河长湖长履职尽责的指导意见的通知》（办河湖〔2019〕267 号)、《水利部印发关于推动河长制从"有名"到"有实"的实施意见的通知》（水河湖〔2018〕243 号）。落实到具体事务的文件包括：《水利部办公厅关于印发〈河长制湖长制管理信息系统建设指导意见〉

〈河长制湖长制管理信息系统建设技术指南〉的通知》（办建管〔2018〕10号），《水利部办公厅关于加强全面推行河长制工作制度建设的通知》（办建管函〔2017〕544号），《水利部办公厅关于印发全面推行河长制工作督导检查制度的函》，《水利部河长办关于印发〈河湖健康评价指南（试行）〉的通知》，《水利部办公厅、生态环境部办公厅关于印发全面推行河长制湖长制总结评估工作方案的通知》（办河湖函〔2018〕1509号），《水利部河长制办公室关于征集全面推行河长制湖长制典型案例的通知》，水利部办公厅、原环境保护部办公厅《关于建立河长制工作进展情况信息报送制度的通知》，《水利部关于印发〈河湖管理监督检查办法（试行）〉的通知》（水河湖〔2019〕421号）等。

其他部委在制定出台与本部门职责相关的文件时也提到了河湖长制建设。例如《农业农村部办公厅〈关于进一步加强长江流域垂钓管理工作的意见〉》（农办长渔〔2021〕3号）要求，河湖长制考核时应当列入垂钓管理工作。《生态环境部、水利部〈关于建立跨省流域上下游突发水污染事件联防联控机制的指导意见〉》（环应急〔2020〕5号）要求形成依托河湖长制的跨省协作机制。《财政部贯彻落实实施乡村振兴战略的意见》（财办〔2018〕34号）表示，支持推行河长制、湖长制以及最严格水资源管理制度。《农业部关于推动落实长江流域水生生物保护区全面禁捕工作的意见》（农长渔发〔2017〕1号）提出，河湖长制考核体系应当包括禁捕工作。《农业农村部关于印发〈"中国渔政亮剑2021"系列专项执法行动方案〉的通知》（农渔发〔2021〕7号）要求，落实打击电鱼执法行动纳入地方"河长制""湖长制"绩效考核体系相关工作。

（二）国家层面河湖长制法律法规

1.《宪法》中有关环境保护的法律规范

在《宪法》当中，与河湖长制直接相关的主要是第九条第2款和第二十六条。第九条第2款规定了水资源的国家所有权制度。这一规定明确了水资源的公共财产属性。《宪法》第二十六条规定了国家环境保护义务，指出"国家保护和改善生活环境和生态环境，防治污染和其他公害。国家组织和鼓励植树造林，保护林木"。这一规定在内涵上涵盖了国家的三大环境义务，即现状维持、危险防御和风险预防，[①] 为国家作为生态补偿服务的主要购买者、中介者和监管者提供了宪法依据。

2. 综合性环境保护基本法

1989 年《环境保护法》在第三章"保护和改善环境"第十六条规定："地方各级人民政府，应当对本辖区的环境质量负责，采取措施改善环境质量。"2014 年修订的《环境保护法》进一步强化了人民政府的环境保护职责。这不仅体现在重申 1989 年《环境保护法》地方政府环境质量责任规定上，还体现在法律责任部门以及第二十六条和第二十七条有关考核、报告、接受监督的规定上。

3. 环境保护单行法律

2017 年《水污染防治法》的修正，确立了河长制作为《水污染防治法》基本法律制度的地位，明确了省、市、县、乡四级河长层级，规定了河长的主要工作任务。增加该条有助于以法律的形式将实践取得的管理措施制度化，进一步明确了河长的管理职责，是河湖长制法治化的重要阶段。2020 年出台的《长江保护法》第五条规定："长江流域各级河湖长负责长江保护相关工作。"这一规定将河长扩展为河湖长，并概括地要求各级河湖长负责长江保护相关工作。

4. 国家部委规章

水利部等有关部委也试图以部门规章的形式对河湖长制运行进行规范。2019 年，水利部出台《河湖管理监督检查办法（试行）》，以规范河湖监督检查工作。同年，水利部制定了《水功能区监督管理办法》。该办

---

① 陈海嵩：《国家环境保护义务的溯源与展开》，《法学研究》2014 年第 3 期。

法有助于河湖长在水功能区展开监督管理活动。该文件明确了水功能区的定义、适用范围、管理原则，并根据不同水功能区提出了具体管理要求。

二、地方层面河湖长制法治保障体系

随着河湖长制的制定、实施，作为国家政策法制的执行者以及地方生态环境保护事务的主管者——地方政府也积极行动起来，根据各地实际情况制定了相应的政策法规，推动了地方层面河湖长制政策实践的纵深发展。

（一）地方层面政策法规的概况

在北大法宝上的"地方法规"中以"河长"为全文搜索项进行检索，能够得到"现行有效"的8310条搜索结果。[①] 在这些搜索结果当中，地方性法规规章共计257件，地方规范性文件1559件，地方司法文件11件，地方工作文件6368件，行政许可批复115件；在北大法宝上的"地方法规"中以"河湖长"为全文搜索项进行检索，能够得到1342项搜索结果。在这些搜索结果当中，地方性法规规章65件，地方规范性文件308件，地方司法文件1件，地方工作文件966件，行政许可批复2件。总体来看，"河长"或者"河湖长"体现在地方政策法规中的数量较为可观，其中，地方规范性文件数量最多。这些说明"河长"或者"河湖长"作为地方环境保护立法的重要内容，已经在地方立法的层面得到一定程度的重视。

从政策法规制定的省份来看，有31个省级行政区域颁布了含有"河长"内容的政策法规文件。其中，广西壮族自治区最多达到1010件；新疆维吾尔自治区、西藏自治区较少，都不超过50件；超过200件的省份有17个省市，分别是：广西壮族自治区（1010）、福建省（636）、江苏省（628）、安徽省（536）、浙江省（528）、山东省（387）、广东省（383）、

---

① 根据北大法宝检索得出的结果，检索时间2022年6月22日。

河南省(367)、辽宁省(290)、北京市(281)、上海市(265)、江西省(261)、甘肃省(231)、贵州省(227)、湖南省(224)、云南省(213)、四川省(209)。

从政策法规颁布的时间来看,2008—2011年,每年政策法规文件数量都不超过100件,分别是2008年24件,2009年30件,2010年58件,2011年86件。2012年以后,相关政策法规文件数量稳步提升,2012年101件,2013年117件,2014年225件,2015年239件。之后,呈现出暴发式增长,2016年436件,2017年1643件,2018年1926件,2019年1342件,2020年944件,2021年806件。由此可见,2016年前后是一个重要节点,中央政策文件的出台直接推动了地方政策法规的颁布。

(二)地方层面政策法规的基本特征

1.从法的效力看,既有地方性法规、规章,又有其他规范性文件

地方层面河湖长制政策法规的一个重要特点是既有法规、规章,又有地方政策。换言之,在经历了若干年的政策实践探索以后,政策+法制的制度规范路径在地方已经初步建立。在地方性法规方面,2018年9月30日,海南省第六届人民代表大会常务委员会第六次会议通过了《海南省河长制湖长制规定》。2018年11月29日,江西省第十三届人民代表大会常务委员会第九次会议通过了《江西省实施河长制湖长制条例》。2019年3月28日,吉林省第十三届人民代表大会常务委员会第十次会议通过了《吉林省河湖长制条例》。2019年6月26日,山南市第一届人民代表大会常务委员会第二十三次会议通过了《山南市实施河长制湖长制条例》。2019年7月30日,辽宁省第十三届人民代表大会常务委员会第十二次会议通过了《辽宁省河长湖长制条例》。2019年9月4日,福建省人民政府第37次常务会议通过了《福建省河长制规定》;2019年11月29日,龙岩市第五届人民代表大会常务委员会第十八次会议通过了《龙岩市实施河长制条例》。在地方政府规章方面,2019年10月28日,西宁市政府第45次常务会议审议通过了《西宁市河长制湖长制规定》。2020年12月3日,

重庆市第五届人民代表大会常务委员会第二十二次会议通过了《重庆市河长制条例》。

此外，还有大量的规范性文件。例如，2017 年，三亚市人民政府办公室印发《三亚市河长巡查制度的通知》（三府办〔2017〕368 号）；2017年，本溪市人民政府办公厅印发《本溪市河长制工作管理办法（试行）》的通知（本政办发〔2017〕88 号）；2018 年，辽宁省人民政府办公厅印发《辽宁省全面推行河长制考核办法的通知》（辽政办发〔2018〕6 号）；2018年，本溪市人民政府办公厅印发《本溪市全面推行河长制考核办法》（本政办发〔2018〕35 号）；2018 年，阜阳市人民政府办公室印发《阜阳市市级河长巡河制度》（阜政办秘〔2018〕98 号）；2018 年，吉林省河长制办公室印发《关于加快建立饮马河流域河长联席会议制度的意见》（吉河办〔2018〕46 号）；2019 年，吉林省河长制办公室印发《吉林省 2019 年河湖长制考核细则》的通知（吉河办〔2019〕17 号）；2019 年，沧州市人民政府办公室印发《沧州市"村级河长＋巡河员"工作实施意见》的通知；2020 年，西藏自治区总河长办公室印发《西藏自治区级河湖长巡河办法（试行）》的通知（藏河办〔2020〕35 号）等。

2. 从立法形式看，出现大量关于河湖长制的专门立法

通过前面对中央层面立法情况的分析可以发现，我国河湖长制的法律规范主要零散地分布于环境保护基本法和其他单行法中，中央层面尚缺乏对河湖长制的专门立法。这一局面在地方层面得以扭转。地方积极的法制建设推动了大量河湖长制专门立法的出现。如，2018 年，海南省人大常委会通过的《海南省河长制湖长制规定》；2018 年，江西省人大常委会通过的《江西省实施河长制湖长制条例》；2019 年，吉林省人大常委员会通过的《吉林省河湖长制条例》；2019 年，辽宁省人大常委会通过的《辽宁省河长湖长制条例》等。这些先行先试的专门立法符合《中华人民共和国立法法》所规定的立法权限，保障了地方河湖长制的顺利实施，并为未来

中央层面立法打下了良好的基础。

3. 从制度稳定性看，地方层面政策法规正不断调整以适应实施需要

河湖长制的相关政策法规在制定以后并不是一成不变的，它会随着实施情况的变化以及制度作用效果及时调整。

以福建省为例，该省较早进行河长制的试点。2014 年，制定出台了福建省人民政府《关于进一步加强重要流域保护管理切实保障水安全的若干意见》（闽政〔2014〕27 号）和《福建省人民政府办公厅关于印发福建省河长制实施方案的通知》（闽政办〔2014〕120 号）。从内容看，该实施方案相对简单。除了要求 2014 年底前全面推进河湖长制以外，只规定了遏制"四乱"问题，处置突发环境事件、保障饮用水源地等要求。对于职责分工、管理目标、措施手段、考核问责等内容规定得并不详细。2017年 12 月 8 日，该方案被废止。

之后，2018 年 9 月 25 日，中共福建省委办公厅、福建省人民政府办公厅印发《关于在湖泊实施湖长制的实施意见》。2019 年，福建省人民政府第 37 次常务会议通过《福建省河长制规定》，该规定又比实施意见更进一步，对管理体制、工作机制、考核与问责作出了更为具体的规定。例如，《福建省河长制规定》第十三条规定："各级河长应当按照下列规定对相应水域开展巡查：（一）省级河长根据国家有关规定对水域进行巡查；（二）设区的市级河长每季度巡查不少于 1 次；（三）县级河长每月巡查不少于 1 次；（四）乡级河长每周巡查不少于 1 次。"

显然，从"实施方案"到"实施意见"再到"河长制规定"，地方正通过不断调整完善的方式进行制度修正，完善体制机制，从而有助于取得更好的绩效。

4. 从规制重点看，围绕河湖长制运行形成了一系列体制机制

从动态进程来看，河湖长制应涵盖河湖长委任、运行、监督、考核、问责等全过程，因此，地方层面河湖长制的规制重点就在于，围绕河湖长

制运行展开制度设计。

第一，确定组织机构。如在湖南省郴州市，根据郴州市《郴州市全面推行河长制的实施意见》，市委市政府层面设立了市河长工作委员会。总河长由郴州市长担任，副总河长由分管副市长担任。水利部门、生态环境部门、林业部门、发改委、住建部门等是市河长制委员会成员。河长办设在水利部门，主任由水利部门负责人担任，其他相关部门明确一名副职兼任办公室副主任。

第二，明确河湖长职责。如《郴州市全面推行河长制的实施意见》规定：(1)委员会职责。(2)河长职责。总河长组织领导全市河长制工作，承担总督导、总调度职责。(3)委员会成员单位职责。各成员单位按照职责分工，协同推进各项工作。(4)河长办职责。承担河长制组织实施具体工作，落实河长确定的事项。

第三，规定巡查监管要求。如《吉林省河湖长制条例》规定，各级河湖长应当尽职履责，展开河湖巡查工作，并做好记录。各级河长在巡查时发现违法问题，应通过督办单等形式要求各部门查处处理；如果该问题属于上级部门职责范围，则需要向上通报，予以督促。

第四，规定考核问责机制。例如湖南省《河长制工作考核办法（试行）》规定：考核对象为各市州政府及各市州河长。考核采取以下步骤：(1)方案制定。每年一季度，省河长办商省成员单位，依据河长制年度工作要点，制定出台年度考核方案。(2)地方自评。每年12月初，各市州结合本地区工作情况，对本年度本地区考核完成情况进行自评，和佐证材料一并提供省河长办及有考核任务的省成员单位。(3)部门初评。(4)综合考核。(5)通报报批。

总之，地方层面关于河湖长制的政策法规正随着实践的深入逐步建构起来。地方的积极性和创造性在河湖长制度实践中得以发挥，"政策＋法制"规制路径业已形成，一批河湖长制的专门立法伴随着"先行先试"在各地展开，中央层面的政策法规在地方变得更加具体、更具操作性，为未来中央层面立法确立了良好的制度基础。

第三节　河湖长制法治保障实施情况

为了掌握河湖长制法治运行的真实样态，研究分别从河湖长制在国家和地方两个层面的实践情况进行分析总结。采用文献和案例的探索方法，在实地调研、座谈、问卷调查的基础上，对河湖长制法治运行情况进行分析，考察其采取的措施，分析了其实践运行成效，以便真实地了解河湖长制的运行情况。

一、国家层面河湖长制法治保障实施

建立健全河湖管护长效机制，改善河湖水生态环境，是推行河湖长制的目的。我国从地方试点到全面推行，从顶层设计到地方创新，从区域治理到区域与流域深度融合、协同推进，随着我国政策法治实践的深入，河湖长制法治保障不断建构完善，发挥其系统治理水生态环境的优势。

（一）河湖长制建设的基本情况

在组织体系建设方面，江苏、浙江等地开展河长制探索以后，水利部在总结经验的基础上，于 2014 年下发《水利部关于开展河湖管护体制机制创新试点工作的通知》，在全国范围内确定 46 个试点县（市）探索"河长制"。取得一定成效后，2016 年 11 月、2017 年 12 月，中共中央办公厅、国务院办公厅先后印发《关于全面推行河长制的意见》《关于在湖泊实施湖长制的指导意见》在全国推广。目前，有 31 个省份全面建立河湖长制，并全部设立党政双总河长，设立省、市、县、乡级河湖长 30 多万名，村

级河湖长（含巡河员、护河员）90 多万名。①

在工作机制完善方面，在国家层面，探索建立河湖长制工作部际联席会议制度，加强对河湖长制工作的组织领导。2021 年 3 月 1 日，国务院同意水利部调整完善全面推行河湖长制工作部际联席会议制度的请示，下发《国务院办公厅关于同意调整完善全面推行河湖长制工作部际联席会议制度的函》，在国家层面成立由国务院分管领导同志担任召集人的全面推行河湖长制工作部际联席会议制度。联席会议由水利部牵头，国家发展改革委、教育部、工业和信息化部、公安部、民政部、司法部、财政部、自然资源部、生态环境部、住房城乡建设部、交通运输部、农业农村部等 18 个部门组成。在流域层面，推动建立长江、黄河流域省级河湖长联席会议机制，水利部制定《2022 年河湖管理工作要点》，提出要强化流域统筹区域协同，七大流域全面建立省级河湖长联席会议机制，形成流域统筹、区域协同、部门联动、全社会关心参与的河湖管理保护格局。

（二）在法治建设方面取得的成绩

如上文所述，为全面推进河湖长制，国家层面出台或修订了相关法律和部门规章，出台了一系列政策文件，河湖长制的制度规则体系基本建立。在党中央、国务院的指导下，地方政府大胆探索，制定大量地方性法规、规章和规范性文件，建立上下游左右岸联防联控机制、部门协调联动机制、巡（护）河员制度、民间河长制度、社会共治机制，形成了强大工作合力。

除了地方上河湖长制制度规范建构以外，涉及各级管理单位及多项管理业务，与地方党委政府联系协调的流域管理机构，在河湖长制的法治建设过程中也取得了不俗成绩。在体制机制制度化方面，各流域机构成立了全面推进河长制工作领导小组并明确职责。如 2016 年 12 月 21 日，太

---

① 王浩、李晓晴：《河湖展新颜　清水润民心》，《人民日报》2022 年 6 月 9 日。

湖流域管理局（以下简称太湖局）第一时间制定出台《关于推进太湖流域片率先全面建立河长制的指导意见》，2017年底前，太湖流域片率先全面建成省、市、县、乡四级河长制。2017年2月，成立太湖局推进河长制工作领导小组，指导各地开展河湖长制工作，协调解决重点难点问题。①2017年1月，黄河水利委员会（以下简称"黄委"）制定《关于贯彻落实全面推行河长制的工作意见》，成立了全面推进河长制工作领导小组，先后向7省（区）人民政府发函，就全面推行黄河河长制提出建议。

在工作制度规范化方面，各流域管理机构不断建立完善河长制管理制度。一是建立省级河长制办公室协作机制。如黄委畅通与流域省（区）协调渠道，于2017年5月建立了黄河流域（片）省级河长制办公室联席会议制度，将黄河流域管理与区域管理有机结合，协调解决流域涉及上下游、左右岸的省际问题。长江委印发了《长江流域片河湖长制协作机制工作规则》，会同流域19省（自治区、直辖市）河长办建立了协作机制，推进流域管理与河湖长制工作深度融合。二是建立月报制度。如黄委制定了《推进河长制工作督导检查工作方案》，建立推进河长制工作月报制度。②三是探索建立信息共享制度。2021年4月，太湖局联合流域（片）5省市河长办出台《太湖局与苏浙沪闽皖省级河长制办公室协作机制信息共享工作方案(试行)》，细化并明确了信息共享的基本原则、范围、内容、频次、格式、方式和权限等具体要求，建立了信息共享制度。四是建立工作督导检查制度。松辽水利委员会推行河湖长制工作督导检查制度，检查指导流域内省区河湖长制工作落实情况，促进流域内在2018年底全面建立河湖

---

① 张军红、侯新：《河长制的实践与探索》，黄河水利出版社2017年版，第72—75页。
② 张军红、侯新：《河长制的实践与探索》，黄河水利出版社2017年版，第79页。

长体系。① 太湖局重视督导检查，2019 年共暗访近 400 条河流、80 多个湖泊，大量河湖问题得到妥善解决，河湖面貌改善明显。②

（三）在法治建设推进方面存在的问题

河湖长制自全面推广以来，从地方河湖到流域治理均发挥了巨大作用，河湖长制的法治建设进程也取得了积极成效，但仍存在一些问题亟待解决。一是国家层面法律依据不足。虽然《水污染防治法》和《长江保护法》为河长制的实施提供了法律依据，但河湖长制具体内容仍无详细的法律规定；涉及水资源保护、河湖水域岸线管理等相关法律法规也未同步修订，河湖长制的法律保障仍显不足。二是流域管理机构融合地方河湖长制的各项制度未完全建立。流域管理机构的治理目标是流域的整体性治理，而地方河湖长的治理目标更趋向于本区域的河湖治理；加之各地方政府的法规政策不尽相同，要协调各地政府进行流域治理困难重重。通过建立流域管理机构与区域协同、信息共享等机制，可以缩小两者目标追求存在的差异，充分发挥各自优势取长补短，协同推动河湖长制工作。目前流域管理机构尝试建立了省级河长制办公室协作机制、信息共享制度等河湖长制管理制度，但这些制度也还是在探索阶段，还存在各流域机构进展不平衡、制度不完善等问题。国家还需持续完善相关法规政策、规范制度体系，促进河湖长制规范运行。三是制度保障的问题。为实现流域一体化治理，需实现流域监测数据统一，但目前流域各种监测数据的不一致，对于跨界断面的管理可能会造成一定的混乱。现有法律法规之间也存在着地域、政策执行等方面的不一致，造成部门冲突，影响协同执法。

---

① 水利部河长制湖长制工作领导小组办公室、水利部发展研究中心编：《全面推行河长制湖长制典型案例汇编》，中国水利水电出版社 2020 年版，第 384 页。

② 水利部河长制湖长制工作领导小组办公室、水利部发展研究中心编：《全面推行河长制湖长制典型案例汇编》，中国水利水电出版社 2020 年版，第 397 页。

二、地方层面河湖长制法治保障实施

中国省份众多，限于篇幅和能力难以做到全方位评估，本书选取湖南省作为地方河湖长制实践考察的样本。从地方水资源总量看，湖南省居于全国第六位，境内拥有湘、资、沅、澧四水和洞庭湖。在地方立法层面，河湖长制已经写入了《湖南省湘江保护条例》《湖南省河道采砂管理条例》《湖南省洞庭湖保护条例》等地方性法规；在其他方面，湖南省创新性地发布了8号河长令，设置了省一级河长制工作委员会，并在实践中取得了一定成绩。基于其典型性和代表性，本书的社会调研选取了湖南省下辖的14个地级行政区中的7个——长沙市、常德市、郴州市、衡阳市、邵阳市、永州市、岳阳市，通过座谈、问卷调查、实地考察等手段得到了调研资料。

（一）湖南省河湖长制建设的基本情况

为了能够推动省内河湖长制的健康运行，近年来，湖南省在国家相关政策的指引下，加紧出台地方性法规和政策措施，主要的政策法规如下：

1. 省级层面政策法规

2017年以来，湖南省认真贯彻落实中央全面推行河长制湖长制各项决策部署，坚持"共抓大保护、不搞大开发"的理念，坚决落实党政同责，加强部门协调联动，引导社会广泛参与，深入推进河湖保护治理，以河长制促河长治的格局基本形成，从政策、法制两个方面强化了制度保障。①

（1）省级层面政策文件

从政策层面看，湖南省相继下发了一系列重要政策文件，推动河湖长制从无到有，由虚入实。2017年2月17日，中共湖南省委办公厅、湖南省人民政府办公厅印发《关于全面推行河长制的实施意见》。同年，湖南

———————

① 2018年湖南省人民政府《关于全省实施河长制湖长制情况的报告》。

省委办公厅、政府办公厅出台《湖南省实施河长制行动方案（2017—2020年)》指出，通过"十三五"时期的努力，实现用水总量严格控制、水域岸线有效保护、生态环境明显改善、管理制度逐步完善的目标。

2018年2月，湖南省人民政府办公厅印发《统筹推进"一湖四水"生态环境综合整治总体方案（2018—2020年)》（湘政办发〔2018〕14号），要求全面推行河长制，按照"统一领导、分级负责、联防联治"要求，构建责任明确、协调有序、监管严格、保护有力的"一湖四水"河湖管理机制。

2018年4月，中共湖南省委办公厅、湖南省人民政府办公厅印发《关于在全省湖泊实施湖长制的意见》的通知。该通知要求，2018年底前在全省所有湖泊全面建立湖长制。到2020年，全省地级城市建成区、县级城市建成区及乡（镇）黑臭水体消除比例达到95%以上，湖泊周边城乡污水处理率达到85%以上，城镇饮用水水源地水质达标率100%，湿地保护率稳定在72%以上，确保湖泊面积不萎缩、调蓄能力不降低、生态功能不退化。

同时，从2017年到2022年，湖南省创新性地发布了1—8号总河长令。其主要内容为：

表2　湖南省1—8号总河长令

序号	时间	文件名称	主要内容
1	2017.10.30	第1号总河长令	省、市、县、乡、村五级河长要迅速行动起来，带领相关责任单位开展巡河。原则上，省级河长每年巡河不少于1次，市级河长每季度巡河不少于1次，县级河长每月巡河不少于1次，乡级河长每周巡河不少于1次，村级河长每周巡河不少于1次。
2	2017.12.4	第2号总河长令	要求全省各地立即开展专项行动，全面清理整顿全省河道水域长期停泊不用、无人管理的船舶（即"僵尸船"），确保河道水域防洪、航运、生态安全，清除安全和污染隐患。

续表

序号	时间	文件名称	主要内容
3	2018.3.7	第3号总河长令	提出了6个方面的整治任务：一是依法关闭或拆除自然保护区核心区、缓冲区等敏感水域内入河排污口。二是完成洞庭湖及湘江流域24座城镇污水处理厂提标改造，全面达到一级A排放标准；完成63个乡镇污水处理设施建设，年内必须竣工运行。三是完成洞庭湖及湘江流域132个城镇黑臭水体治理，其中地级城市建成区30个，县级城市建成区61个，乡（镇）建成区41个，确保水质改善，消除黑臭现象。四是禁止在洞庭湖及湘江流域天然水域投肥养殖，依法拆除饮用水源地的网箱养殖，2018年12月底前，全面关停禁养区内污染排放不达标的畜禽养殖场。五是完成省级及以上工业园区集中式污水处理设施和配套管网建设，保持正常运行，确保达标排放；严厉打击非法排污行为，对偷排偷放、超标排污、不按证排污的企业依法严查。六是完成环洞庭湖18个船泊污染物岸上收集点建设，实现环洞庭湖三市一区范围内的船舶垃圾上岸处置。
4	2018.3.7	第4号总河长令	要求依法迁建、关闭或拆除县级以上地表水集中式饮用水水源一、二级保护区内的49个入河排污口；对先期完成整改的111个入河排污口开展回头看，巩固治理成效。完成县级以上地表水集中式饮用水水源保护区内的322个环境问题整治。严禁在全省163个县级以上地表水集中式饮用水水源保护区内新建入河排污口，禁止开展其他影响饮用水水源安全的行为和活动。
5	2018.9.4	第5号总河长令	旨在清理全省河湖范围内存在的围垦湖泊河道、侵占水域洲滩、种植碍洪林木及作物等"乱占"行为，非法采砂、取土等"乱采"行为，乱倒垃圾、填埋堆放固体废物等"乱堆"行为，违法违规建设涉河项目，修建阻碍行洪的建（构）筑物等"乱建"行为。第5号总河长令要求，9月20日前要全面排查河湖管理范围内的"四乱"行为，逐河逐湖建立问题清单；10月31日前完成非法采砂、堆砂场和涉砂船舶的整治工作；2019年5月31日前完成"清四乱"专项行动的集中整治。

续表

序号	时间	文件名称	主要内容
6	2019.9.30	第6号总河长令	一要建立对入湖运河口和电排口水质定期监测机制，推进各类污水处理达标排放，严厉打击环境违法行为。二要全面开展农村人居环境整治三年行动，建立日常保洁机制，推进农村垃圾处理设施建设与管理；完善乡镇污水处理设施及配套管网建设，2019年12月底前实现城乡污水处理全覆盖；全面推进"厕所革命"，农村户厕改造同步进行粪污处理。三要加大水生生物资源养护，推进水生植被修复。四要实施引水济湖，建设河湖连通工程，开展流域内河湖沟渠清淤疏浚。五要采取生态措施提升沟渠塘坝等小微水体水质，全面推进湖内生态修复和入湖口人工湿地建设，改善水域自然生态环境。六要加强农业面源污染治理，优化农业产业结构，推进水旱轮作，推广测土配方施肥和统防统治，减轻农药化肥面源污染对大通湖水质的影响。七要继续清理整治大通湖流域"四乱"问题，做到能清速清、应清尽清，不留死角。
7	2021.7.22	第7号总河长令	决定自即日起至2021年12月底，在省领导任河湖长的河湖开展入河排污口排查专项行动，为构建权责清晰、管理规范的河湖管护体系奠定基础，建立入河排污口档案，进一步推进湖南水环境治理和质量改善。
8	2022.4.14	第8号总河长令	在全省开展妨碍河道行洪突出问题排查整治，切实保障河道行洪通畅，守住防洪安全底线。

此外，湖南省河长制工作委员会办公室出台了诸如《湖南省河长制湖长制工作社会监督举报管理制度（试行）》的通知、《湖南省全面推行河长制湖长制联合执法制度》、《关于加强乡（镇）、村河长制湖长制建设的指导意见》、《样板河湖建设评估验收标准》、《样板河湖建设评估验收标准》等文件。每年还印发了《湖南省实施河长制湖长制工作要点》。

（2）省级层面法规规章文件

2018年4月，中共湖南省委办公厅、湖南省人民政府办公厅印发的《关于在全省湖泊实施湖长制的意见》通知中指出，"制定湖泊保护法规。加快推进《湖南省洞庭湖保护条例》《湖南省河道采砂管理条例》等立法进程，探索将湖长制纳入法规内容，通过地方立法将水环境治理工作覆盖到全流域，实现依法治湖"。之后，在河长制地方法治建设方面，湖南省迈出了坚实步伐。

首先是《湖南省湘江保护条例》的修订。湖南省第十三届人民代表大会常务委员会第八次会议决定对《湖南省湘江保护条例》进行修改。增加一条，作为第六条："湘江流域实行河长制管理"。"河长应当加强巡查，督促有关部门和下一级河长履行湘江保护相关职责；对未按照规定履行湘江保护职责的部门和下一级河长，可以约谈该部门负责人和下一级河长，也可以提请本级人民政府约谈该部门负责人和下一级河长。"

其次是《湖南省河道采砂管理条例》施行。该条例第四条规定："县级以上人民政府应当加强河道采砂管理工作的领导，建立健全组织领导、联合执法和区域合作机制；加强河道采砂管理能力建设和信息化建设，保障河道采砂管理工作经费，将河道采砂管理纳入河（湖）长制工作内容。"

最后是《湖南省洞庭湖保护条例》。2021 年 5 月 27 日，经湖南省第十三届人民代表大会常务委员会第二十四次会议通过，《湖南省洞庭湖保护条例》予以公布。该条例第五条规定："洞庭湖保护实行河湖长制。湖区各级河湖长依法履行河湖长职责，负责洞庭湖保护相关工作。"

2.地市级层面政策法规

在北大法宝上，对以"河长"为关键词的湖南省有关文件进行检索，得到检索结果 224 条。① 其中，株洲市 22 件，长沙市 21 件，湘西土家族苗族自治州 21 件，常德市 10 件，娄底市 9 件，衡阳市 8 件，益阳市 8 件，永州市 8 件，张家界市 8 件，邵阳市 7 件，湘潭市 6 件，怀化市 5 件，郴州市 5 件，岳阳市 4 件。总体来看，"河长"出现在湖南省地方政策法规中的次数在逐渐增多。

---

① 根据北大法宝检索得出的结果，检索时间 2022 年 6 月 22 日。

一方面，在地级市层面，地方性法规当中包含有河湖长制内容的文件越来越多。例如，《娄底市孙水河保护条例》第四条规定："孙水河保护实行河长制"。《邵阳市邵水保护条例》第六条规定："邵水保护实行河长制。河长的设立、具体职责和工作机制，按照国家和省、市有关规定执行。"《常德市城市河湖环境保护条例》第四条规定："城市河湖环境保护工作实行属地管理。市、区人民政府应当设立议事协调机构，统筹协调城市河湖环境保护工作中规划、管理、执法等方面的重大事项。市、区、乡（镇）人民政府和街道办事处应当明确主要负责人担任本行政区域内河湖的河长、湖长，并建立责任制。村（居）民委员会协助做好城市河湖的水面保洁工作，引导村（居）民自觉保持河湖水面及周边的环境卫生。"《湘西土家族苗族自治州酉水河保护条例》第四条规定："酉水河流域管理和保护实行河长制，河长制办公室承担河长制组织实施具体工作，落实河长确定的事项。"

另一方面，地级市层面规范性文件数量日益增多。例如，《怀化市人民政府办公室关于加强饮用水水源保护的实施意见》，《邵阳市人民政府关于严厉打击非法捕捞行为的通告》，长沙市水务局关于印发《长沙市河道湖泊排查清除违法违规设置阻水障碍物工作方案》的通知，娄底市人民政府关于印发《〈娄底市孙水河保护条例〉实施方案》的通知，《中共长沙市委办公厅 长沙市人民政府办公厅印发〈关于全面推行河长制的实施意见〉的通知》（长办〔2017〕25 号），岳阳市河长制工作委员会办公室印发《岳阳市河长制湖长制工作社会监督举报管理制度（试行）》的通知、《岳阳市乡镇"样板河湖"评估验收工作办法（试行）》的通知。

（二）湖南省在推进法治建设方面取得的成绩

显然，在湖南省委、省政府的积极推动下，湖南省逐步建立起了河湖长制的法治框架，促使河湖长制规范运行，积极施策，从而有力地推动了河湖长制的建设发展。除了制度规范体系建设以外，在法治建设的其他方面湖南省还取得了如下的成绩。

1. 体制机制制度化方面

首先，创新性设置了省一级河长制工作委员会并规定了其职责。湖南省《关于全面推行河长制的实施意见》规定："省委、省人民政府成立河长制工作委员会（简称省河长制委员会），委员会由总河长、副总河长及委员组成，在省委、省人民政府领导下开展工作。"

其次，明确了各级河长人选、职责。湖南省《关于全面推行河长制的实施意见》规定："省委副书记、省人民政府省长担任总河长，省委常委、省人民政府常务副省长及分管水利副省长担任副总河长。"在2018年6月，湖南省委、省政府决定调整湖南省河长制工作委员会组成人员。任命省委书记、省人大常委会主任为第一总河长，省委副书记、省人民政府省长为总河长。到2018年底，湖南省14个市州河委会均由市委书记担任主任，各县级河委会均由党委书记担任第一河长。①

再次，规定了河湖长工作机构设置。省河长制委员会办公室设在省水利厅，办公室主任由省水利厅主要负责人兼任。各市州、县市区设置相应的河长制工作委员会和河长制办公室。值得一提的是，湖南省怀化市将河长办设置在市政府内而不是在水利部门，加强了部门联动、沟通协调，起到了很好的效果。②湖南省株洲市把河长制工作从水利部门剥离出来与其他生态相关的职能整合，将市两型办、创建办、河长办、湘江办"四办合一"，组建市生态文明建设服务中心，归口市政府管理，统筹协调全市河长制工作。③

---

① 2021年5月，在湖南省7座城市河湖长制调研座谈会上的发言。
② 2021年5月，在湖南省7座城市河湖长制调研座谈会上的发言。
③ 株洲市河长制工作委员会办公室：《守护碧水清流　蕴出生态新貌——湖南省株洲市河长制工作纪实》，2021年9月1日，见 https://new.qq.com/omn/20210901/20210901A05NGW00.html。

此外，为了明确基层河湖长职责，湖南省娄底市出台《关于加强县乡村三级河长制建设的实施意见》，加强基层"一办两员"建设，乡级配齐配强专职工作人员，以村为单位每公里设置1名护河保洁员，落实护河保洁员1970名。① 湘潭市颁布2020年第1号总河长令——《关于落实基层河长制工作"一办两员"的决定》和《关于进一步加强基层乡（镇）、村河长制工作的通知》，推进基层河长制工作标准化、规范化；出台了《湘潭市2020年度县（乡）级河长履职评价办法》，进一步压实河长治河的主体责任。② 永州市开展基层河长制"六化"建设，评选"十佳乡镇""十差乡镇"，并纳入河长制工作考核督查内容，基层河长制"最后一公里"切实得到打通。③ 岳阳市建立河湖长制"四级网格六化管理"网格化体系，做到河湖管理和保护网中有格、格中定人、人负其责。④ 湘西自治州为了打通最后"一公里"，设立村级河道警长制度。在设立乡镇级河道警长的基础上，结合"一村一辅警"政策，还建立了河道警长制度，实现了全州799条河流、687座水库"河道警长"全覆盖。制度建立以来，化解了河库突出矛盾纠纷40余起，破获非法捕捞水产口案15起，抓获违法犯罪嫌疑人26人等，切实增加了水政执法力量，有效地维护了正常水事秩序。⑤

2.工作制度规范化方面

2017年10月，湖南省河长办就下发了《河长制工作督察制度（试行）》等四项制度。⑥ 一些地市在省文件基础上进一步作出了规定。例如，湖南省长沙市河长办组织修订完善了《长沙市河长制湖长制会办交办督办制度》

---

① 《2020年度湖南省河长制湖长制亮点工作》。
② 《2020年度湖南省河长制湖长制亮点工作》。
③ 《2020年度湖南省河长制湖长制亮点工作》。
④ 《2020年度湖南省河长制湖长制亮点工作》。
⑤ 《2020年度湖南省河长制湖长制亮点工作》。
⑥ 刘勇：《湖南省河长制工作考核办法等四项制度正式出台》，2017年11月1日，见http://www.yynanhu.gov.cn/29509/29515/29520/content_1161401.html。

《长沙市河长制湖长制信息共享制度（试行）》《长沙市河长制湖长制信息报送制度（试行）》《长沙市河长制湖长制督查制度（试行）》《长沙市河长制湖长制验收办法（试行）》等六项制度。湖南省永州市制定出台了《永州市河长会议制度》《永州市河长制信息共享制度》《永州市河长制工作督查制度》《永州市河库日常监管巡查制度》《永州市河长办主任会议制度》《永州市全面建立河长制验收办法》《永州市市级河长责任联系单位工作规则》等文件。湖南省岳阳市下发了《岳阳市河长制湖长制工作会议制度》《岳阳市河长制湖长制工作信息报送制度》《岳阳市河长制湖长制工作信息共享制度》《岳阳市河长制湖长制工作督查制度》《岳阳市河长制湖长制工作考核办法》《岳阳市湖长制工作验收评估办法》六项制度文件。湖南省常德市河长办制定了《市级河（湖）长会议制度》《河（湖）长制信息共享制度》《河（湖）长制工作督察制度》《河湖日常监管巡查制度》等制度文件。

3. 考核问责程序化方面

2017 年 10 月，湖南省河长办下发了《河长制工作考核办法（试行）》文件，开始规范河湖长的考核工作。① 各地市在省文件基础上进一步作出了规定。例如，湖南省长沙市河长办制定了《长沙市河长制湖长制工作考核问责与激励制度》。该文件明确考核对象为各区县（市）党委政府和各区县（市）第一总河（湖）长、总河（湖）长，还规定了考核主体、内容、步骤。② 湖南省永州市在全省率先制定出台了《河长制工作责任追究暂行办法（试行）》，③ 该文件规定了责任单位和责任单位主要领导、分管领导、

---

① 周帙恒：《湖南制定出台〈河长制工作考核办法〉以考核"指挥棒"确保河长制落地见效》，2017 年 9 月 8 日，见 http://www.yueyang.gov.cn/yykfq/28420/28430/28435/content_940307.html。

② 《长沙市河长制湖长制工作考核问责与激励制度》。

③ 严万达、欧春涛：《在全省率先出台河长制工作责任追究暂行办法》，2018 年 12 月 16 日，见 http://www.hunan.gov.cn/hnyw/szdt/201812/t20181216_5238605.htm。

工作人员的责任形式，明确了追究责任的十种情形，从重或者加重、从轻或者减轻的情节，为河长制从"有名有实"到"有力有效"保驾护航。2020 年以来，永州市纪委监委联合市河长办约谈县区政府分管领导 2 次，严肃追责问责 24 人。湖南省常德市制定了《河（湖）长制工作考核办法》，明确各区（县）市党委、政府、管理区党工委、管委会、县级河长湖长为考核对象，考核原则为强化协调、突出重点。取得优秀等次的区县（市）、管理区可分别获得 2 名优秀"河长"或"湖长"推荐权，排名末 2 位的区县（市）、管理区河长湖长通过约谈予以督促。2018 年，湖南省岳阳市严格责任追究，建立市级环境监察监管动态信息库并随机抽查，先后约谈区县（市）委书记 3 名，问责处理干部 16 名。①

实践中，一些地市的做法具备一定特色。例如，2020 年，张家界市成立了由 9 名市人大代表组成的评议团，对随机抽取市域范围内 7 条河流的县级河长进行履职评议。该项工作 8 月启动，9—10 月，市人大代表开展了暗访、现场调研等工作，11 月 27 日进行集中评议，由 7 名县级河长述职，人大代表面对面询问后，进行书面评议，充分发挥了人大代表依法监督职能，对持续改善河库面貌起到了极大的促进作用。同时，张家界市从 2020 年起每年对全市河长制工作前 5 名的优秀乡镇（街道）给予奖励：全市第一、第二名每个乡镇（街道）10 万元，第三名至第五名每个乡镇（街道）5 万元；对全市排名后三位的乡镇（街道）进行通报、黄牌警告、约谈，乡镇（街道）主要负责人在全市河长制会议上做检讨。② 邵阳市出台《对河长制工作真抓实干成效明显　县市区进一步加大激励支持力度的实施办法》，对优秀县市区、先进乡镇（街道）分别奖励 30 万元、5 万元。常德市建立和完善"市对县、县对乡、村对户"的考核评比制度，倒逼责任落

---

① 《2020 年度湖南省河长制湖长制亮点工作》。

② 《2020 年度湖南省河长制湖长制亮点工作》。

实。① 娄底市出台《娄底市河长制责任追究办法》《娄底市河长制正向激励措施》，市级财政每年拿出 200 万元奖补美丽河湖，50 万元奖励先进单位和个人，对涟源市 2 起典型案例进行通报、12 人次追责问。②

4. 保障机制规则化方面

在经费保障方面，湖南省常德市连续 3 年（2016—2018 年）每年安排 1 亿元专项资金，用于水利工程建设及河湖长制工作奖补。③ 娄底市投入 5000 多万元用于河道保洁，逐步实现"水清、河畅、岸绿、景美"目标。④ 湘潭市打造 68 条乡级样板河湖投入了 340 万元、10 条县级样板河湖投入了 100 万元、5 条市级样板河湖投入了 500 万元，1 条高标准幸福河湖投入了 500 万元，市、县、乡三级投入样板河湖资金共计 1440 万元。⑤

在联合执法方面，岳阳临湘市与湖北赤壁市签订《黄盖湖水环境综合治理联防联动工作方案》，共同配备 10 名执法人员，携手开展巡湖行动，对黄盖湖实行统一管理。岳阳市平江县成立河长制综合执法大队，全面整合水政、林业、渔政、环境、治安等水事执法力量，通过非诉执行机制、公益诉讼机制等，做到行政执法和刑事司法有效衔接，形成基层执法强大合力。⑥ 岳阳、常德、益阳三市签署《洞庭湖区域联合执法合作框架协议》，建立洞庭湖区联合执法机制，严厉打击洞庭湖水域涉水违法行为。⑦ 株洲市创新"4+1"轮值联合执法机制，生态环境、水利、交通、畜牧部门轮流牵头巡查执法＋市公安部门负责执法保障，有效遏制涉水违法行为；与

---

① 《2020 年度湖南省河长制湖长制亮点工作》。
② 《2020 年度湖南省河长制湖长制亮点工作》。
③ 《常德市财政局在市人大河湖长制调研座谈会上的发言》。
④ 《2020 年度湖南省河长制湖长制亮点工作》。
⑤ 《2020 年度湖南省河长制湖长制亮点工作》。
⑥ 《2019 年度湖南省河长制湖长制亮点工作》。
⑦ 《2018 年度湖南省河长制湖长制亮点工作》。

江西省萍乡市签订《渌水（萍水）流域综合治理水利工作合作协议》，实施渌水流域横向生态保护补偿，共同推进跨界河湖治理与保护。株洲市9个县市区河长办均成立了检察联络室。永州市成立公检法驻水利警务室和检察院驻河长办联络室，为河长制推行保驾护航。[①] 永州"河长＋检察长"协作机制：在全省率先出台《关于建立"河长＋检察长"合作机制的意见》，市、县（区）两级挂牌设立检察机关派驻检察联络室，各主要河流均明确一名"检察长"，促进私发与行政良性互动。各级"河长"与"检察长"共同巡河、共同研究解决问题、共同打造"水清、河畅、岸绿、景美"的幸福河。全年办理各类公益诉讼案件694件。[②]

在监测技术方面，湘潭市采用1∶2000高清底图制作电子水系图，实现全市河湖基本信息、河长制工作任务等信息精准落图，开发移动端采集信息、巡查、举报功能，提升管理效率。益阳市大力推进"智慧水利"平台建设，以河湖管理和水旱灾害防御为重点，充分利用中国铁塔的资源优势推进水利信息化，河湖管理初步实现了"天上看、网上管、地上查"的立体监控。怀化市开展无人机巡河，完成舞水干流首次全面扫描，并逐步在境内各流域推广，全面提升巡河效率和质量。常德武陵区给河堤安装电子围栏，实现河道、堤防管理范围全天候管控。邵阳市新宁县建设河道巡查信息监控中心，在夫夷江主河段、支流入河口、采砂河段等处安装监控设备66个，提高了监管效率；并在夫夷水一级支流入河口设置拦污栅13处，聘请保洁公司定期打捞，做到河道保洁不留盲点，垃圾不出境。[③]湖南省益阳市投入3053万元打造"智慧河湖"信息化平台，在全省率先开展智慧水利建设，得到上级的高度肯定，并被推荐为全国智慧水利先行

① 《2020年度湖南省河长制湖长制亮点工作》。
② 《2020年度湖南省河长制湖长制亮点工作》。
③ 《2020年度湖南省河长制湖长制亮点工作》。

先试试点市。① 湖南省邵阳市开展智慧河湖建设 2 年行动计划，今年投入 5000 余万元装设 500 余个高清摄像头，完成了系统平台建设和市县主城区河流全覆盖，实现无"盲区"无"死角"监管，河道保洁、"四乱"等问题持续好转。②

在社会监督方面，娄底市将河长制工作纳入各级领导班子和领导干部绩效考核内容，出台《河长举报投诉受理制度》，实行举报有奖。③ 永州市在全省率先通过市直主要媒体招募 10 名"记者河长"，强化对破坏水环境行为和各级河长履职的新闻监督。"记者河长"在各自媒体开辟了河长制宣传专栏，既积极宣传典型经验做法，又曝光涉河涉水违法事件。同时，永州市组建市、县和乡（镇）三级民间河长行动机构，带动企业、社区、学校和志愿者团队参与水环境治理和监督，初步构建了政府主导、企业参与、社会支持、志愿者监督的基层治水新格局。④ 张家界市开展河长制"六个最美"评选活动，评选"最美河长""最美河道警长""最美河道保洁员""最美水库""最美河流""最美征文"，通过活动的举办，在全市形成了护河爱河的良好氛围。邵阳市城步县建立全覆盖宣传工作制度，通过报纸、电视台、网站等多种渠道，向全社会传递爱水、护水正能量，开展专题宣传活动 150 余次，被水利部《河长制湖长制工作简报》专题推介。⑤

总之，湖南省在河湖长制法治化建设上迈出了重要步伐，在体制机制制度化、工作制度规范化、考核问责程序化、保障机制规则化等方面取得了积极成效。

---

① 《2020 年度湖南省河长制湖长制亮点工作》。
② 《2020 年度湖南省河长制湖长制亮点工作》。
③ 《2020 年度湖南省河长制湖长制亮点工作》。
④ 《2018 年度湖南省河长制湖长制亮点工作》。
⑤ 《2019 年度湖南省河长制湖长制亮点工作》。

（三）湖南省在推进法治建设方面存在的问题

随着中央政策法规与地方配套政策法规的出台，湖南省河湖长制发展实施基本实现了有据可依，并取得了一定的成绩，然而，也应清醒地看到，河湖治理是一个复杂的社会工程，涉及深层次的利益格局调整。河湖长制法治本身也可能存在不配套、不连贯甚至冲突的情况，所以，在具体的实施过程中，可能会出现一些与政策法规制定初衷不符的现象。本书试图归纳样本城市在法治实施过程中遇到的实际问题，以便为分析问题成因、提出解决方案提供现实依据。

1. 地方立法问题

（1）法规制度体系不够健全。尚未对河湖长制工作单独立法，虽然河湖长制已经写入了《湖南省湘江保护条例》等地方性法规，但是只以一句条文的形式明确了建立河湖长制。涉河建设项目管理、水域和岸线保护、水域占用补偿和岸线有偿使用等法规制度尚不健全，有待出台相关法规制度，为河湖长制提供支撑保障。

（2）尚未通过立法形式保障资金来源。法律条款尚未明确各级财政对河湖长制的资金保障义务。

2. 管理体制问题

（1）河长制统筹协调能力仍有待提升。一些部门利用河湖长制平台推动工作的意识还不够强。地方各级河长办机构人员配备不足的问题普遍突出。

（2）河长办法律定位的问题。一些地方反映，河长办是个临时机构，在人员配置上，区河长办三个人都是兼职，目前区河长办公室主任是由移民局办公室主任兼任。①

（3）运行模式问题。有地方反映，全省14个地州市的河长制做法不

---

① 2021年5月在湖南省7座城市河湖长制调研座谈会上的发言。

一，没有形成一种固定的治理模式，没有成为一个很成熟的制度化建设。①

3. 运行机制问题

（1）基层河长履责不到位。调研了解到，部分乡村级河湖长对习近平生态文明思想认识不够深，对推行河湖长制重大改革举措理解不透，巡河"走过场"，河湖管护责任意识不够强，履职担当不够。

（2）民间河长地位和待遇未明确。有地方反映，接触了很多民间河长，他们强烈要求政府将他们的工作合法化或者工作待遇上保证到位，立法要明确民间河长地位，要规范他的行为、申报程序、工作职责规范等。②

（3）考核评估体系与奖惩机制不健全。湖南省《关于全面推行河长制的实施意见》只强调对河长制的实施进行监督，却没有对河长制考核全过程的监督提出具体要求和措施。河长制绩效考核时，往往只注重考核结果的获得，而忽视了考核结果的科学运用，一方面，考核结果缺乏公开与反馈机制，不利于有关部门对考核结果进行分析并整改；另一方面，绩效考核结果运用单一，赏罚激励机制设置不到位，仅规定将河长制考核结果纳入对各市县综合考核中，对河长制本身考核结果优秀或不合格应采取何种奖罚措施不够明确。

（4）公众参与机制不完善。有地方认为，要发挥公众以及社会组织参与的力度，现在有一种错误的认识，把河长制认为就是党委、政府的事情，河长治理的根本在基层，在县里、镇里、村里，问题症结还是在乡镇、在村里，河里确实垃圾多，人力不够，资金不够，要让广大的社会力量，参与到这里面来。发动和调动，引导企业、社会组织、个人来共同参

---

① 2021年5月在湖南省7座城市河湖长制调研座谈会上的发言。
② 2021年5月在湖南省7座城市河湖长制调研座谈会上的发言。

与治理活动。①

4.制度保障问题

（1）河湖治理资金不足。有地方反映，要真正全面落实各项河长制工作，各县、村在河流巡查、保洁、购买河道保洁相应装备、聘请人员进行水面及河岸垃圾打捞等一系列方面都还存在资金缺口。因目前财政体制实行的是省直管县财政体制，市级资金主要向本级及两区倾斜，而河长制是全市一盘棋工作，财权与事权不相匹配。②

（2）河湖管护历史遗留问题较多。由于过去采取的是粗放型经济发展方式，全省河湖突出问题存量较大，由来已久，成因复杂，水质重金属超标、城市污水管网建设等历史遗留问题较多，整治工作及常态化监管仍任重道远。

（3）河湖日常管护能力不足。由于我省河湖战线长、范围广，加上基层河湖管护人员有限，巡查监管手段单一，河湖日常监管能力有待提升。

（4）技术设施方面要夯实。有地方反映，在加快建设乡镇污水处理厂，包括垃圾场、废弃厂建设的基础上，加强对乡村沿河两岸的污水处理设施建设，确保群众生活安全，从源头上保护河道。③

（5）基础信息仍不全面。湖南省5千米以上河流共计5341条，尽管出台了《湖南省河长制湖长制工作管理信息系统》，但涉河各行业监测网络覆盖面也仍不齐全，河湖长制信息平台基础数据等支撑体系建设有待加强。水资源监测能力不足，河流取用水台账不清晰，河流纳污能力核算欠准确，河流生态基流监测数据基本空缺，农村中小河流水质监测数据缺乏，农业面源污染的监测能力不足，水土流失基础数据也较缺乏。

---

① 2021年5月在湖南省7座城市河湖长制调研座谈会上的发言。
② 2021年5月在湖南省7座城市河湖长制调研座谈会上的发言。
③ 2021年5月在湖南省7座城市河湖长制调研座谈会上的发言。

第 五 章

河湖长制法治保障体系存在的问题及成因

河湖长制在具体实施过程中，出现的诸如结构失衡、规制失范、保障不足等问题，在一定程度上反映出河湖长制法治的不完善现状。之所以会出现这种情况，一方面是人们对河湖长制的产生、形成、发展、完善规律认识不够，制度实施经验不足；另一方面，河湖长制法治实质上是督政的制度创新，关涉到党政主要领导的职权、监督、考核、问责等诸多内容。基于此，本章将重点聚焦探索河湖长制法治困境及其成因，希望为未来的改进完善提供思路。

第一节　河湖长制法治保障体系存在的问题

从本质而言，河湖长制法治是对地方政府环境质量责任制的法治，是突出体现尽职履责，推动绿色发展、和谐发展的法治。经过若干年的实践探索，我国已初步形成了以《关于全面推行河长制的意见》《关于在湖泊实施湖长制的指导意见》两个重要文件为政策基础，以流域湖泊污染防治和生态保护为履责内容，涵盖河湖长委任、运行、监督、考核、问责等全过程的政策法规体系。但是，这一体系在结构上、具体制度内容上都不完善，亟待健全。

一、结构失衡问题

在法治化进程当中，河湖长制面临的首要问题是结构失衡问题。它不仅体现在前述的政策与法治路径选择上倚重政策指导，也体现在层级结构上中央与地方立法的不平衡，还反映在专门立法的滞后、程序性规范较少等诸多方面。这些结构失衡问题虽然不涉及具体制度规范细节，但却足以影响整个河湖长制法治转化进程，并给未来河湖长制运行造成困扰。

（一）在政策与法治选择上，政策依赖性特征明显

自 2007 年地方创新体制机制推进河湖长制以来，河湖长制的规范建构主要以政策为中心展开。根据北大法宝的不完全统计，涉及"河长"的中央政策法规文件已经达到 357 件，[①] 这其中除了《水污染防治法》和《长江保护法》两部法律对河长制作出了原则性规定以外，其余文件大部分都归类为规范性文件。

在地方层面也一样。至 2022 年 6 月底，我国除港澳台以外 31 个省级行政区就河湖长制出台的地方法规规章只有 9 部，只占 29%。[②] 以湖南省为例可以发现，政策仍然居于主导地位。湖南省除了《湖南省湘江保护条例》《湖南省河道采砂管理条例》《湖南省洞庭湖保护条例》三部地方性法规对河湖长制作出了原则性规定以外，其余都是由政策进行调整。其构成主要包括 2017 年 2 月，中共湖南省委办公厅、湖南省人民政府办公厅印发的《关于全面推行河长制的实施意见》和《湖南省实施河长制行动方案（2017—2020 年）》；2018 年 2 月，湖南省人民政府办公厅印发《统筹推进"一湖四水"生态环境综合整治总体方案（2018—2020 年）》（湘政办发〔2018〕14 号）；2018 年 4 月，中共湖南省委办公厅、湖南省人民

---

① 根据北大法宝检索得出的结果，检索时间 2022 年 6 月 22 日。

② 根据北大法宝检索得出的结果，检索时间 2022 年 2 月 25 日。

政府办公厅印发《关于在全省湖泊实施湖长制的意见》的通知，以及从 2017 年到 2022 年，湖南省创新性地发布了 1—8 号河长令。出台这些规范性文件的主体并不一致。既有省委办公厅、省政府办公厅共同下文，也有省政府办公厅单独下文，还有以第一总河长、总河长名义下发的河长令。同时，这些文件一般以"实施意见""行动方案""通知"等形式下发，政策法治化程度不高。

毋庸置疑的是，以政策为先导在河湖长制发展的初期阶段具备一定优势。河湖长制前一阶段的推进其实是依循地方先行先试，然后在总结经验的基础上再向全国推广普及的政策试验路径，它体现了"摸着石头过河"的改革创新精神，具有较强的弹性空间。它允许试错，鼓励革新，保有了多样性，有助于就重大改革事项化解分歧，形成共识。但政策先导应当是推行初期的主导策略，一旦河湖长制规范内容开始趋于稳定，制度要素逐步成型，稳定治理型的法治就应当占据主导，而现实情况还不能满足这一要求。除了《水污染防治法》《长江保护法》作出了原则性规定以外，中央层面并没有专门就河湖长制展开立法，容易导致难以形成相对成熟的制度体系，从而造成在政策与法治路径选择上的失序。

（二）在中央与地方层级结构上，地方先行先试立法居多

通过检索可以发现，在两办于 2016 年 12 月 11 日下发《关于全面推行河长制的意见》以前，一些地方性法规规章就已经将河湖长制的内容写进了文本。例如，2016 年 5 月 20 日通过的《珠海经济特区前山河流域管理条例》第五条规定："前山河流域实行属地行政首长负责制。"2016 年 9 月 28 日制定的《三亚市河道生态保护管理条例》第六条规定："河道生态保护管理实行河道（河段）责任人负责制，责任人统称为河长。"2016 年 11 月 26 日通过的《济宁市泗河保护管理条例》第八条规定："市人民政府主要负责人为泗河总河长。"2016 年 12 月 10 日发布的《扬州市河道管理条例》第三条规定："河道管理工作实行行政首长负责制，全面落实'河

长制'。"虽然这些文件并没有规定党政同责，但已经清晰地将河长制列入管理制度。

在 2016 年 12 月 11 日中共中央办公厅、国务院办公厅《关于全面推行河长制的意见》以后，地方推动河湖长制法治化的意愿进一步加强。例如，2017 年 9 月，广东省中山市政协十二届一次会议期间，中山市提出的《关于建立我市"河长制"治水管水制度的建议》（提案第 121236 号）。该提案指出，加快中山市"河长制"机制建设，既是贯彻落实《关于全面推行河长制的意见》精神和相关要求，也能有效促进我市水资源保护、水环境改善、水生态修复和水文化塑造。从现状看，截止到 2022 年 6 月底，我国省级层面地方性法规有 8 部，省级层面地方性政府规章有 1 部(见表3)。

表 3　省级层面地方法规规章

序号	时间	制定单位	名称	性质
1	2017 年 7 月 28 日	浙江省人民代表大会常务委员会	《浙江省河长制规定》	地方性法规
2	2018 年 9 月 30 日	海南省人民代表大会常务委员会	《海南省河长制湖长制规定》	地方性法规
3	2018 年 11 月 29 日 (2022 年 7 月 26 日修正)	江西省人民代表大会常务委员会	《江西省实施河长制湖长制条例》	地方性法规
4	2019 年 3 月 28 日	吉林省人民代表大会常务委员会	《吉林省河湖长制条例》	地方性法规
5	2019 年 7 月 30 日	辽宁省人民代表大会常务委员会	《辽宁省河长湖制条例》	地方性法规
6	2019 年 9 月 4 日	福建省人民政府	《福建省河长制规定》	地方政府规章
7	2020 年 12 月 3 日	重庆市人民代表大会常务委员会	《重庆市河长制条例》	地方性法规
8	2021 年 9 月 29 日	青海省人民代表大会常务委员会	《青海省实施河长制湖长制条例》	地方性法规
9	2021 年 11 月 25 日	四川省人民代表大会常务委员会	《四川省河湖长制条例》	地方性法规

在全国两会期间，已经有一些人大代表提出了河湖长制立法的提案。例如，浙江省人大代表的提案《关于加快开展河长制立法的建议》指出，应该积极地推进国家层面河湖长制立法，通过法律手段来健全河湖长体制机制，对河湖长管理活动予以规范。代表建议，应当依法明确河湖长职责、河湖长工作机构职责，明确联动执法机制，形成公众参与机制，进一步健全考核问责机制。①

（三）在专门立法与相关立法选择上，中央层面专门性立法还需加强

在中央层面，河湖长制的规定主要散落在相关立法当中，一般在法律文件中只有一条或者一款予以规定。例如，2017年《水污染防治法》增加了一条，其中第五条对河湖长制进行规定。2020年《长江保护法》在第五条中增加了一款规定："长江流域各级河湖长负责长江保护相关工作。"这一规定将河长扩展为河湖长，并要求各级河湖长负责长江保护相关工作。

显然，河湖长制相关规定如果只体现在立法当中，那么并不能满足河湖长制法治化发展的要求。2019年8月，全国人大执法检查组关于检查《水污染防治法》实施情况的报告进行专题询问。有委员就提出"河长制的法律责任和考核机制不完善，河长督促有关部门履行职责缺乏刚性手段，有的河长履职能力和水平还不够，有的河长有名无实或者有名有实但作用发挥不大"等问题，水利部回答时提到，争取把河道管理条例修改为河湖管理条例。② 换言之，有关部门也认为需要通过立法来进一步完善河湖长管理体制机制，明确河湖长职责、法律责任，规定河湖长管理机制。

---

① 编辑部：《盘点两会水运关键词》，《中国海事》2018年第4期。
② 水利部：《水利部答全国人大专题询问：河湖长制干什么、谁来干、怎么干、干不好怎么办》，2019年8月26日，见 https://m.thepaper.cn/newsDetail_forward_4256870。

二、规制失范问题

"失范"一词源于希腊词语"anomia"，意思是"没有法律的状况"。①
在此，规制失范问题并不是单纯地指法律缺失的情况，也指法律缺失情况
下的规制混乱、冲突情形。在河湖长制法治化过程中，无论是体制机制制
度化方面，还是工作制度规范化方面，或者考核问责程序化方面都存在一
些具体的制度规范问题。这些问题有的已经在法治运行实践中体现出来，
亟待重视解决。

（一）体制机制制度化方面存在的问题

河湖长管理体制主要涉及河湖长及其工作机构的设置以及职权分配。
在国家层面没有制定出台专门的河湖长制法律法规情况下，如何辨析河湖
长及其机构的法律性质，如何依法展开机构设置以及分配机构职权，如何
依法处理河湖长与现有的监管部门、流域管理机构之间的关系等问题都是
亟待解决的。

1. 河湖长及其工作机构的法律性质待明确

就机构性质而言，需要明确河湖长的法律性质、河湖长工作机构的法
律性质以及河湖长制成员单位的法律性质。

（1）河湖长是否是行政机关仍然存在争议

《水污染防治法》《长江保护法》虽然确立了河湖长制，但没有规定河
湖长的机构属性；只是规定了河湖长组织领导流域湖泊治理工作，却没有
明确河湖长以什么身份来展开工作。同样，中共中央办公厅、国务院办公
厅出台的《关于全面推行河长制的意见》和《关于在湖泊实施湖长制的指
导意见》也只是规定设立河湖长及其工作职责，并没有具体指出河湖长的

---

① 张威：《改革开放以来我国犯罪问题的宏观分析》，中国政法大学出版社 2018 年版，第
68 页。

机构定位。在这种情况下，关于河湖长的法律性质问题就成为一个有争议的话题。有观点认为，河湖长的性质是行政机关，而不是带"长"的个人。根据这样的解释，地方党委负责人可以担任河湖长，因为《水污染防治法》《长江保护法》已经确立了河湖长制，地方党委负责人担任河湖长说明他们是依法选任的河湖长这一行政机关的代表。[①] 当然，机构说的问题在于，无法回避可能产生的行政诉讼情形。如果河湖长是行政主体，那么不久的将来就可能看到担任河长的地方党委负责人成为行政诉讼被告的情况出现。[②] 还有一些观点则认为，河湖长并不是行政机构，它只是使用了权力行使人的概念而已。[③] 地方党政负责人以河湖长身份参与流域湖泊治理，只是起到领导、督促、协调的作用，他们行使职权只作用于行政体系内，而不会直接与行政相对人发生具体事务上的联系。具体的行政管理问题，仍然应该由各监管部门依法解决。

（2）河湖长工作机构的法律性质亟待清晰化

中共中央办公厅、国务院办公厅《关于全面推行河长制的意见》只是规定应"设置相应的河长制办公室"，并没有明确河长制办公室的法律属性，而且文件规定设置方案由"各地根据实际确定"。水利部《河长湖长履职规范（试行）》则模糊地规定由总河长审定"本级河长制办公室职责"。具体来看，主要的问题在于：

第一，河长制办公室究竟是职能部门还是办事机构？在《最高人民检察院发布16起检察机关服务保障长江经济带发展典型案例（第三批）》中提到，"依托'河长＋检察长'执法司法协作机制，与市河长制办公室、

---

① 戚建刚：《河长制四题——以行政法教义学为视角》，《中国地质大学学报（社会科学版）》2017年第6期。

② 李森：《"河长制"的实施难题及其法治进路探析》，硕士学位论文，江西财经大学法学院，2019年。

③ 史玉成：《流域水环境治理"河长制"模式的规范建构——基于法律和政治系统的双重视角》，《现代法学》2018年第6期。

市农业农村局、市生态环境局等职能部门共同开展'金沙江网箱养鱼问题专项督导行动'"。按照这一说法，市河长制办公室与市农业农村局、市生态环境局一样都是政府职能部门。然而，从河长制办公室的机构定位看，它并不在政府部门序列当中；从职责清单看，它的主要工作职责是接收巡河反映的问题、排查突出问题，组织编制"一河（湖）一策"方案，开展随机性抽查、重大问题蹲点检查、对有关单位进行明查暗访、征询有关地方需要协调解决的重大问题、了解基层干部职工和群众意见，组织河湖长考核等。[①] 换言之，河长制办公室的职责主要是协调、督促、考核。这些与职能部门的定位略有不同。因此，河长制办公室究竟是职能部门还是办事机构还存在争议。

第二，河长制办公室究竟是独立机构还是附属机构？从目前实践的做法来看，河长制办公室在各地的设置存在两种情况。一是设置在党委政府下面作为一个相对独立的协调机构。例如，湖南省株洲市将市两型办、创建办、河长办、湘江办"四办合一"，组建市生态文明建设服务中心，归口市政府管理，统筹协调全市河长制工作。[②] 二是设置在水利部门。一般而言，河长制办公室设在水利部门，由市一级领导担任河长制办公室主任，水利部门领导担任副主任，办公室成员由水利部门抽调形成。

两种设置河湖长办公室的做法各有优劣。设置在党委政府下面相对独立，直接对河湖长负责，从相对超脱的地位与各职能部门进行协调。其缺点则在于另起炉灶，新设机构需要增加机构经费、编制和人员，同时还需要面对专业性不足的问题。设置在水利部门运行成本相对较低，专业性结合较好，其不足则在于协调能力会减弱，人员配置紧张。例如，有地方反映，这个责任太重大了，承担不起，水利部门做点具体事，还是要党委政

---

① 　根据《河长湖长履职规范（试行）》归纳。

② 　株洲市河长制工作委员会办公室:《守护碧水清流　蕴出生态新貌——湖南省株洲市河长制工作纪实》，2021 年 9 月 1 日，见 https://new.qq.com/omn/20210901/20210901A05NGW00.html。

府去牵头。水利局河长办现在具体做事的有 8 个人，只有 1 个人是正式有编有岗的，其他的同志都是借调来的，但是今后人家是要回去的。要通过法律的形式把它固定，形成一个比较稳定的机制体制架构。①

第三，河长制办公室究竟是临时机构还是常设机构？通过调研发现，基层对于河长制办公室究竟是临时机构还是常设机构存有疑问。例如，一些地方反映，河长办是个临时机构，也不是固定机构，没有法律地位，作用难以发挥。② 有地方反映，河长办是市委市政府的一个协调机构，它不是一个常设机构，也不是一个正式正规的机构，只能说是市委市政府的议事协调机构，不负责具体工作。③

（3）村级设河湖长的合法性问题待明确

不同的文件对是否在村一级设置河湖长有不同的规定。一些文件没有规定设置村级河湖长。例如，中共中央办公厅、国务院办公厅下发的《关于全面推行河长制的意见》《关于在湖泊实施湖长制的指导意见》两个文件对于河湖长层级的规定都是省、市、县、乡四级河长体系，并没有规定在村一级设立河湖长。还有一些文件提到了设置村级河湖长。例如，水利部印发的《实施意见》规定，村级河长承担村内河流"最后一公里"的具体管理保护任务。水利部《河长湖长履职规范（试行）》则要求，各地因地制宜设立的村级河长湖长参照省、市、县、乡级河长湖长执行，④ 村级河长湖长组织订立河湖保护村规民约，开展河湖日常巡查，对发现的涉河湖违法违规行为进行劝阻、制止，不能解决的问题及时向相关上级河长湖长或河长制办公室、有关部门（单位）报告；完成上级河长湖长交办

---

① 2021 年 5 月在湖南省 7 座城市河湖长制调研座谈会上的发言。
② 2021 年 5 月在湖南省 7 座城市河湖长制调研座谈会上的发言。
③ 2021 年 5 月在湖南省 7 座城市河湖长制调研座谈会上的发言。
④ 《河长湖长履职规范（试行）》第二条。

的任务。①

应当说，在村一级设置河长湖长确实具有积极意义。因为村一级是河湖的最基层管理组织，是流域湖泊治理的"最后一公里"。村一级的管理者具备地方治理的信息优势，只有充分调动他们的积极性才能够更为翔实地了解流域湖泊环境状况，动态掌握河湖健康状况，及时协调解决河湖管理和保护中的问题；才能迅速掌握突发情况，及时采取应急措施。然而，从法理的角度看，根据《中华人民共和国村民委员会自治法》，村民委员会是基层群众性自治组织。② 换言之，村民委员会并不是层级序列当中的行政机关，不具备政府的管理职权，其主要职能是实现村级内部的民主管理和民主监督。在这种情况下，容易造成一种治理矛盾，即河湖长制的推进离不开村一级基层组织，但偏偏村一级基层组织不是行政机关，没有经法律授权的行政管理权限，所以，在村一级设置河湖长的合法性仍然存在疑问。

2. 河湖长与水环境管理部门之间的关系待理顺

河湖长制是为了化解"九龙治水"困局而产生的，但河湖长制产生以后，由于产生了新的主体——河湖长，这时河湖长就需要面对与治水部门之间的关系问题。

（1）需要处理河长办与水利部门之间的关系

河湖长本身是党委政府的负责人，自然具有主管或者分管水利部门的职权，因此，两者是比较清晰的上下级关系；但河湖长同时也是流域湖泊治理的责任人，他开展工作依赖的主要不是层级关系，而是依靠办事机构——河湖长办公室，再经由办公室与各监管部门发生联系。因此，河湖长制建设需要处理河长办与水利部门的关系问题。

---

① 《河长湖长履职规范（试行）》第十二条。
② 《中华人民共和国村民委员会自治法》第二条。

实践中，由于河长办一般设在水利部门，因此，容易造成河长办挤占部门资源的情况。例如，有地方反映，虽然目前市、县两级均成立了河长制工作委员会办公室，但都与水利部门河道业务科室合署办公，人手少、事情多、责任重、压力大成了各级河长办的工作常态。特别是乡镇一级河长办，乡镇机构改革后，基本为 1 个水管员负责具体日常工作。河长办工作队伍的能力建设已成为河长制工作最大的薄弱环节。① 还有地方反映，河长办或者河湖中心，跟原来的水利局职能部门职能科室有冲突交叉。例如，调查发现，河湖长办现在就是 3—10 人，人手不够，暗访的时候以水利部门河道业务科室为主。②

（2）需要处理与作为河湖长制成员单位的部门之间的关系

中共中央办公厅、国务院办公厅下发的《关于全面推行河长制的意见》规定，"各有关部门和单位按照职责分工，协同推进各项工作"。但在实践当中由于整合不足，协同推进还存在一些问题。有的地方反映，从纵向来看，形成了市、县、乡、村四级河长；从横向看，水利、发改、生态环境、农业等相关职能部门都有一定的管理权限，但还是缺乏一些协调机制，联动性还是不太强。③ 还有的地方反映，现在河长制下有 23 个部门，挂了一大堆。但是有工作任务的，也就是那几个，怎么有效地把部门组合起来，部门工作职责需要明确规定，哪个部门干什么事，对工作任务应该有一个清晰认识。④

（3）需要处理河湖长治理体制与现有监管体制之间的关系

根据《水法》《水污染防治法》的规定，我国现行水生态环境监督管理体制是统一监管与分级、分部门监管相结合的体制。在纵向上，《环境

---

① 2021 年 5 月在湖南省 7 座城市河湖长制调研座谈会上的发言。
② 2021 年 5 月在湖南省 7 座城市河湖长制调研座谈会上的发言。
③ 2021 年 5 月在湖南省 7 座城市河湖长制调研座谈会上的发言。
④ 2021 年 5 月在湖南省 7 座城市河湖长制调研座谈会上的发言。

保护法》规定了区县、市、省、国家部委四级；在横向上，由生态环境或者水行政主管部门作为统管部门，自然资源、农业农村、交通运输等部门为分管部门。河湖长治理体制则摆脱了部门治理的桎梏，由党委或政府主要负责同志担任河湖长，分为省、市、县、乡、村五级河长体系。两者开展环境管理的对象基本一致，监管的重点，如水污染防治、水资源保护、水域岸线管理、非法采砂、破坏航道等也基本相同。如此一来，容易出现两套系统针对同一治理对象重复监管的问题。有学者就指出，两套系统的监管存在两处悖论。一是集中与分散的悖论。河湖长制将流域湖泊治理权力相对集中于地方党政负责人，而统一监管与分级、分部门监管相结合的体制则坚持分散的多部门管理。这样一来，河湖长制有从制度层面削弱现有监管体制的意味。因此，有学者提出，河湖长制的出台是否已经形成对监管部门法定职责事实上的改变？[1]二是组织逻辑困境。河湖长制是为了消解现有"九龙治水"体制协调性不足这一问题而产生的，但正如本节所言，新增加的组织体系——河湖长，又将面临新的与现有监管部门之间的协调问题。

3. 河湖长与流域管理机构之间的关系待明晰

根据 2002 年修订的《水法》，我国在黄河、长江、珠江、淮河、海河、松辽设立水利委员会，在太湖流域设置管理局，形成了"流域管理与行政区域管理相结合的管理体制"[2]。由于流域管理机构的存在，当河湖长制诞生以后，自然需要处理河湖长与流域管理机构之间的关系。

现有政策法规已经注意到这一点。2018 年，中共中央办公厅、国务院办公厅印发《关于在湖泊实施湖长制的指导意见》，该文件要求流域管理机构要充分发挥协调、指导和监督等作用。2018 年，水利部印发的《实施

---

① 史玉成：《流域水环境治理"河长制"模式的规范建构——基于法律和政治系统的双重视角》，《现代法学》2018 年第 6 期。

② 2002 年《水法》第十二条。

意见》指出，流域管理机构的主要作用在于监测、监督、指导和协调，可以对地方河湖长制实施情况进行督查暗访，对问题进行督导，将监测结果通报相关部门和地方，作为河湖长制评价依据。

然而，现存的体制机制还是存在两个方面的问题。一方面，河湖长对参与跨区域流域湖泊治理内在动力不足。河湖长制是地方政府环境责任制的贯彻落实。根据《环境保护法》第六条的规定，"地方各级人民政府应当对本行政区域的环境质量负责"。因此，作为地方党政负责人的河湖长当然具备法定义务实施保护水生态环境，改善流域湖泊生态环境质量的各种措施。但是，这样的规定也有不足。它带有深深的"守土有责"的味道，为河湖长的职责划定了行政区域的范围边界，在某种程度上反倒容易限制河湖长跨区域治理行为。而且，河湖长的考核问责也主要针对行政区域内的施政情况，很少有将跨区域协作写入考核内容的。在这种情况下，河湖长参与跨区域流域湖泊治理可能更多地需要上一级政府的参与，与流域管理机构之间的合作就难以深入。

另一方面，流域管理机构由于只是水利部的派出机构，其层级定位决定了流域管理机构事实上很难承担完成机构设置目标。虽然流域管理机构也想充分发挥协调、指导、监督、监测作用，相继在一些政策文件中规定了涉及河湖长制的内容，但其职级、职权决定了其工作的难易度。从职级来看，2002 年《水法》修订将七大流域管理机构定位为国务院水行政主管部门的派出机构，而不是独立的监管部门；从职权来看，七大流域管理机构获得的授权为，"在所管辖的范围内行使法律、行政法规规定的和国务院水行政主管部门授予的水资源管理和监督职责"①，应当说授权并不充分。由此可见，当流域管理机构需要与同级别或高于自己级别的部门协调时，可能会存在一定的难度。

---

① 2002 年《水法》第十二条。

此外，还应提出的是，在体制机制方面，河湖长制存在的问题除了河湖长及其工作机构的法律性质待明确，河湖长与水环境管理部门之间的关系待理顺，河湖长与流域管理机构之间的关系待明晰等以外，还涉及河湖长的人选选任资格问题，河湖长委任、变动程序问题、河湖长公示程序等问题。

（二）工作制度规范化方面存在的问题

《环境保护法》是针对行政相对人提出的基本制度，如许可证制度、环境影响评价制度等。河湖长制法治建设需要针对河湖长提出具体的履职规范，例如，河湖长巡河制度、工作督察制度、重大问题报告制度等，由此形成了河湖长的工作制度体系。不过，从现状看河湖长制工作制度法治建设方面仍然存在以下问题。

1. 河湖长工作制度的法治化程度不高

作为落实两办文件精神、推进河湖长制的主要部门——水利部已经清晰地意识到将工作制度规范化的意义，强调像福建、浙江、江西等省应在2017年底前出台制度，其他省市应在2018年6月前出台制度。① 但从实施现状看，仍然不尽如人意。

在国家层面，《水污染防治法》《长江保护法》只是对河湖长制进行了原则性规定，并没有具体规定河长会议、信息共享、工作督察、考核问责和激励、验收等工作制度。目前来看，规范各项工作制度的任务主要仍由政策文件进行。例如，国务院办公厅《全面推行河湖长制工作部际联席会议制度》，水利部办公厅、原环境保护部办公厅《关于建立河长制工作进展情况信息报送制度的通知》，水利部办公厅《关于印发全面推行河长制工作督导检查制度的函》等。

---

① 《水利部办公厅关于加强全面推行河长制工作制度建设的通知》（办建管函〔2017〕544号）。

在地方层面，有关河湖长工作制度的规定只在出台了河湖长制专门法规规章的省市文件中才能看到。例如，《浙江省河长制规定》《吉林省河湖长制条例》等。但到2022年6月，此类省一级河湖长制的专门性、地方性法规规章才出台9部，即使在这9部文件当中，有关河湖长工作制度的规定也只是不多的几个条款。更多的规定还是以规范性文件的形式呈现而不是以法律法规的形式规定。

2. 尚未形成各项工作制度的通用规则

从现状看，上述工作制度的制定容易造成部门或者层级重复工作。例如，单是信息报送制度，水利部一个部门就下发了若干文件。2013年，水利部办公厅下发《关于建立深化小型水利工程管理体制改革信息报送制度的通知》；2014年，水利部办公厅下发《关于建立大中型病险水闸除险加固信息报送制度的通知》；2015年，水利部办公厅下发《关于建立节水供水重大水利工程进度信息报送制度的通知》；2017年，水利部办公厅、原环境保护部办公厅下发《关于建立河长制工作进展情况信息报送制度的通知》。单是河湖长会议制度，各层级也分别制定了相应的河湖长会议规范性文件。例如，2021年3月，国务院办公厅规定了《全面推行河湖长制工作部际联席会议制度》；2017年7月，江西省人民政府办公厅印发了《江西省河长制省级会议制度》；2017年10月，江西省上饶市人民政府办公厅下发了《上饶市河长制市级会议制度》。从规则制定层面看，这种部门或者层级重复现象的出现实际上表明在这一领域尚未形成有效的通用规则。

水利部下发的《河长湖长履职规范（试行）》也没有对各项工作制度作出详细安排。2021年5月，水利部河湖管理司印发的《2021年河湖管理工作要点》的通知（办河湖〔2021〕132号）指出，制定河长湖长履职规范。提请全面推行河湖长制工作部际联席会议审议通过后印发实施，进一步促进各级河长湖长及相关部门履职尽责。2021年，水利部关于印发《全面推行河湖长制工作部际联席会议2021年工作要点的通知》（水河湖函〔2021〕71号）也指出，研究制定河长湖长履职规范，细化各级河长湖长主要职责、履职方式等，进一步指导各地压紧压实河湖长制责任。然而，实际出台的《河长湖长履职规范（试行）》只对河湖长的主要职责、主要任务、履职方式等内容作出了规定，并没有细致地对各项工作制度作出详尽要求。

3. 现有工作制度的具体规定不尽完善

第一，河湖长会议制度存在的问题。例如，《江西省河长制省级会议制度》在提到"省级河长会议制度"时规定："会议根据需要召开"，而不是定期或者不定期召开，增加了会议召开的随意性。又如，《江西省河长制省级会议制度》并未就议事规则、决议实施形式、信息公开等内容作出规定。此外，一些地方并未规定省级总河长会议在每年年初召开。这样一来，下一级地市的当年工作重点就难以把握。因此，有地方反映，河长制就像箩筐，什么都往筐里装。河长制的工作内容没有进一步的细化和规范，如果每一年基本上是一样的，大家就知道做什么了。[①]

第二，河湖长信息共享和报送制度存在的问题。首先，信息共享和报送制度缺乏必要的整合。一些地方将河湖长信息共享和报送制度一并规定，例如，湖北十堰市只规定了《十堰市河长制信息工作制度》；江西上饶市也只规定了《上饶市河长制信息工作制度》。但还有一些地方将河湖长信息共享和报送制度分别规定，例如，湖南省岳阳市既规定了《岳阳市河长制湖长制工作信息报送制度》，又规定了《岳阳市河长制湖长制工作信息共享制度》；山东威海市既规定了《威海市河长制工作信息报送制度》，又规定了《威海市河长制工作信息公开共享制度》。如此一来，两个相关内容的制度被分开规定，造成了政策资源的浪费。其次，信息报送共享制度与信息公开制度没有作出必要的区分。根据《水利部办公厅关于加强全

---

① 2021年5月在湖南省7座城市河湖长制调研座谈会上的发言。

面推行河长制工作制度建设的通知》（办建管函〔2017〕544 号）的规定，信息共享机制包括信息共享、信息公开和信息通报等内容。而事实上，信息共享制度主要存在于科层架构当中，表现为行政系统内上下级间信息报送、通报和共享；信息公开制度则面向社会公开河长名单、河长职责、河湖管理保护情况等。两者对象、内容、标准是不一致的。将两者合并在一起进行规定，一方面容易使工作人员搞混，另一方面加大了甄选难度。因此，一些文件会规定，"拟对外公开的信息，须经市河长制办公室主任审定签发后，由市河长制办公室通过市水利局门户网站、河长制信息管理平台、微信公众号等方式进行公开；市河长制办公室各成员单位在向媒体公开涉及河长制工作的重大事项信息前，应与市河长制办公室沟通"[①]。再次，河湖长信息共享和报送制度在规范内容上有缺失。现有文件主要围绕信息报送范围、对象、内容、频次等展开，很少有对信息报送质量的规定，更缺乏对报送不及时、不达标、不准确情况下的处罚措施。

第三，河湖长巡查制度存在的问题。所谓河湖长巡查制度是指各级河长通过对责任河湖进行巡回检查，及时发现问题，并予以解决或提交有关职能部门处理，或向上级河长办公室、上级河长报告要求协调解决的制度。[②] 在实践中，该制度存在的主要问题为：首先，河湖长巡查的内容有待明确。一些文件就只是概略性地提到需要重点督查江河湖库的水污染防治和水生态环境保护等工作，[③] 却没有明确当河湖长到实地巡查时应该听什么、看什么、做什么。其次，程序化、可操作化仍需加强。河湖长巡查不应该是理论型的，而应该是问题导向型的。但现有文件大都偏重各级河湖长巡河职权规定，忽略或者不重视巡河的程序性规定，削弱了河湖长巡查的实际效果。再次，河湖长巡查缺乏技术保障。河湖长是各级地方党

---

① 《威海市河长制工作信息公开共享制度》。

② 《三亚市河长巡查制度》。

③ 《南京市河长巡查督办制度（试行）》。

委、政府负责人，其行政管理能力都非常强，但河湖巡查是一个技术活。需要信息化数据，还需要解读数据的专家，而不能只是靠肉眼观察。此外，河湖长巡查制度还存在如何对河湖长巡河实施考核奖励，如何结合社会团体相关人员、志愿者共同开展河湖巡查，当出现河湖长因故不能开展巡查等问题。

第四，河湖长督办制度存在的问题。所谓河湖长督办制度是指对严重影响、危害河流生态安全的违法案件，由上级河长提出明确要求，督办下级河长依法履行职责，限期完成案件查处任务的一种行政手段。① 该制度存在的主要问题为：首先，督办和督察混淆。一些文件区分了督办和督察，如《宜春市河长制工作督办制度》《宜春市河长制工作督察制度》，《上饶市河长制工作督办制度》《上饶市河长制工作督察制度》等；一些文件则将两者合在一起进行规定，如《威海市河长制工作市级督察督办制度》。事实上，督办是巡查发现线索后将问题交由下级解决的制度，督察则是对河湖长制工作推进情况的检查，两者并不一致。其次，一些文件对督办机制的内容规定较为简略。如《上饶市河长制工作督办制度》只规定了督办范围、实施督办主体、督办对象、督办要求四条，而对督办方式、程序、时限以及督办结果通报等并未作出规定。也未对一些特殊情况，如涉及多个责任单位、存在重大意见分歧且难以实施的情况作出规定。再次，未明确规定督办不力的责任。对于无故拖延、敷衍塞责或拒不办理的、不按挂牌督办要求办理的、未在规定期限内完成执法任务，且未书面申请延长办理期限② 等情况未规定相应的罚则。

第五，河湖长工作督察制度存在的问题。河湖长工作督察制度是对河湖长制实施情况和河湖长履职情况展开督察的制度。现存的问题主要为：

---

① 《十堰市重大违法案件河长挂牌督办制度》。

② 《十堰市重大违法案件河长挂牌督办制度》。

首先，督察主体范围较窄。一般由市河长制办公室牵头，市直有关单位参与，组成督察组。① 由于省市委、省市政府、省市人大、省市政协没有参与，因此，督察的权威性、效力就会大打折扣。其次，应更重视督察结果反馈。一些文件只是简单地要求督察结束后，督察人员应及时撰写督察报告，然后汇总备案，对于督察中不能有效落实的事项，采取督办方式督促落实，却并没有提到将督察结果纳入全市河长制工作年度考核，作为河长制工作年度考核和奖励的依据。再次，应对督察中发现的问题及时追责。一些地方文件没有将追责的内容放入文件当中，应当明确规定责任追究方式，包括责令整改、警示约谈、通报批评、年度考核扣分、实施处罚、提请追责等。

第六，河湖长工作验收制度存在的问题。河湖长工作验收制度是对各地河湖长工作推进情况按照一定标准进行检验的制度。现存的主要问题在于：首先，验收主体局限于河湖长办公室。一些地方文件指出，市河长制办公室会同市级有关责任单位组成考核验收组，对县、市、区河长制工作进行考核验收。事实上，验收也需要河湖长的参与，依托河湖长开展验收工作。其次，验收方式不能只规定为抽查验收。例如，青海果洛州人民政府办公室《关于印发果洛州全面推行河长制有关工作制度的通知》第二条规定："州河长制办公室负责对各县建立河长制工作进行抽查验收。"再次，应该对验收过程中发现的问题进行整改落实。一些地方文件缺乏对整改落实方案的规定，应当规定限期整改意见、约谈、提交整改报告、对整改情况进行督查、重新验收等措施。

（三）考核问责程序化方面存在的问题

河湖长制本质上是地方党政负责人流域湖泊治理责任制。如果没有细化、规范的考核问责程序，明晰的责任形式，严厉的责任措施就会导致河

---

① 《忻州市河长制湖长制工作督察制度（试行）》。

湖长制流于形式。因此，在某种意义上，河湖长制建设的关键在于形成考核客观、问责明确的机制。然而，该机制现在还存在一些问题。

1. 河湖长考核机制尚待健全

第一，河湖长考核程序方面存在的问题。首先，考核缺乏述职环节。2019 年水利部办公厅印发的《关于进一步强化河长湖长履职尽责的指导意见的通知》指出，各地可对河长湖长述职作出规定，述职内容应当包括所负责河湖的年度目标任务完成情况、个人履职情况等。但现实情况却是许多地方考核文件并未将其纳入考核程序当中。其次，考核结果未要求向社会公开。只有少数几个文件规定将考核结果向社会公开，①事实上应当适时将河长制工作进展情况向社会公布，接受社会监督。再次，缺乏约谈的规定。应当在程序上设置约谈规则，当出现未履行职责或者履行职责不力情况时，上级河长应当对下级河长进行约谈。

第二，河湖长考核方式上存在的问题。例如，《南京河长制工作考核办法（试行）》规定，"每年开展一次综合考核，并不定期开展日常抽查"，主要以行政体系内部考核为主，缺乏第三方评估。只有《河北省 2020 年度河湖长制工作考核实施细则》中提到了将第三方评估与实地考核相结合。

第三，考核对象设定方面存在的问题。一些文件直接将考核对象设定为政府，例如，《上饶市河长制工作考核问责办法》将考核对象规定为"各县（市、区）人民政府"。一些文件将考核对象设定为党委、政府，而不是各级河湖长。例如，《廊坊市 2017 年全面建立河长制工作考核验收实施方案的通知》（廊政办字〔2017〕129 号）规定，考核对象为 10 个县（市、区）党委、政府，廊坊开发区工委、管委。这样一来，就缺少了对河长制办公室成员单位的考核，也缺失了对河长制办公室的考核。此外，考核对象的

---

① 例如《吉林省河湖长制条例》第三十七条规定："河长制办公室负责考核的组织协调工作，统计公布考核结果。"

另一个问题在于对省一级河湖长缺乏考核要求,因为《河长湖长履职规范(试行)》只要求"总河长组织对本级河湖长制组成部门(单位)和下一级地方落实河湖长制情况进行考核,县级及以上河长湖长组织对相应河湖的下一级河长湖长履职情况进行考核"①。

第四,考核指标体系设计方面存在的问题。一般而言,河湖长制考核结果将作为地方领导干部综合考核评价及自然资源资产离任审计的依据。有地方反映,河湖长制工作在市政府绩效考核里面比例较低。污染防治攻坚战占考核的3%,河湖长制占污染防治攻坚战的3%,换言之,河湖长的工作对区县市考核只占0.09%。②

2. 河湖长问责奖励机制尚待完善

第一,对河湖长问责机制的规定以转引为主。例如,《江西省河长制工作考核问责办法》规定,责任追究纳入《江西省党政领导干部生态环境损害责任追究实施细则(试行)》执行。这样的规定虽然避免了重复,但也容易导致忽略河湖长问责的特殊性,在趋利避害的心理因素影响下容易导致责任淡化甚至不追责情形的出现。第二,责任追究威慑力不足。一些文件简单地列举了问责形式,例如,《忻州市河长制湖长制工作考核问责和激励制度(试行)》规定,需要承担责任的河湖长取消评优评先,并不得提拔、转任。这样的问责只规定了这些责任形式,属于比较弱化的问责方式,其威慑力显然不足。第三,正向奖励制度与负向问责机制未能较好融合。现有文件主要以负向激励即问责机制建立为主。例如,《云南省河(湖)长制工作问责办法(试行)》等,规定了问责主体、对象、程序、情形、从重从轻情形等,却未从正向激励角度思考如何激励那些开展河湖长工作表现优秀的单位和个人,从而容易导致激励失衡。

---

① 《河长湖长履职规范(试行)》第二十九条。
② 2021年5月在湖南省7座城市河湖长制调研座谈会上的发言。

三、保障不足问题

在河湖长制法治建设过程当中，除了存在结构失衡、规制失范的问题以外，还存在保障不足的问题。在《土壤污染防治法》《法律援助法》中相继专章规定"保障和监督"以后，保障机制法治化问题逐渐凸显出来，未来应当围绕经费保障机制、技术保障机制、宣传教育机制、社会监督和参与机制、协作联动机制等展开持续建设。

（一）经费保障机制方面存在的问题

在这方面，中央和地方都在持续努力。例如，在中央层面，根据有关文件，2019 年中央从财政水利发展基金里调配 5000 万元用于奖励；2020年奖励每个市 4000 万元；2021 年奖励市 2000 万元，区县 1000 万元。在地方层面，以湖南省为例，目前，湖南省水利厅已请求省委、省政府制定激励机制，安排 5000 万元河长制以奖代补资金。[①]

但这种激励是临时性的政策安排，还没有上升为常规制度，也没有要求将河湖长制工作专项经费纳入年度财政预算，更加没有细化中央和地方此类支出的分担比例，以及具体的经费数量、用途。如此，在 2021 年湖南省 7 座城市河湖长调研座谈会上，有地方反映，这两年关于河长制这一块的资金安排，主要是 2020 年从水利建设基金之中安排的河长制奖补资金，从农业专项资金里面安排的河长制工作经费和河长制会议及专题片的一个制作经费。2020 年是 165 万元，其中河长制的工作经费是 35 万元。2021 年的市级水利建设基金还没有安排，从省级转移支付的水利资金里面安排了河长制的奖补资金，还有很多资金没有安排，像农业专项资金、水利建设基金也没有安排。[②] 有地方反映，各类资金整合困难。河长

---

① 《湖南省人民政府办公厅关于印发 2020 年真抓实干督查激励措施的通知》（湘政办发〔2020〕7 号）。

② 2021 年 5 月在湖南省 7 座城市河湖长制调研座谈会上的发言。

制工作资金涉及生态环境、农业、水利、林业等多个部门资金，各类资金到项目的量可能都不大，但因没有相关政策整合，基本属于"撒胡椒面"，无法充分发挥资金效益。① 有地方反映，当前市水利局在切块资金中拿出了一部分用于市管河湖的综合治理，但资金保障仍存在一定缺口，特别是河湖日常保洁管护方面，建议市、县、乡三级财政设立河湖长制专项资金。② 还有地方反映，"河长制"工作资金投入仍以各级政府财政投入为主，投资渠道单一。如某市作为欠发达地区，财力非常有限，特别是 2020 年受疫情和复杂的国际形势影响，市本级的财政很难再拿出更多的、更充足的资金用于河长制工作，2018 年和 2019 年市本级财政专门用于河长制的专项工作经费有 200 万元一年，但是 2020 年只拿出来 50 万元。③

（二）技术保障机制方面存在的问题

河湖长制的尽职履责离不开技术保障。但现在的技术保障体制还存在一些问题。

首先，巡河的技术运用还需要加强。2017 年，湖南省第 1 号总河长令要求，省级层面的河长需要一年度巡河一次，市级层面的河长需要一季度巡河一次，区县一级需要一个月巡河一次，乡镇一级需要一旬巡河一次，村一级河长则要求每一周巡河不低于一次。这份文件只规定了巡河频次，对巡河应注重的质量问题没有规定。从技术层面看，河湖长巡河不应该局限于"肉眼"巡河，而应该是有质量地巡河。换言之，流域湖泊治理的专业性很强，河湖长巡河需要增加专业性的知识。在这方面，河湖长大多是当地党政负责人兼任，在专业性上远不如职能部门、技术专家。因此，需在巡河队伍中增加咨询专家成员。

其次，河湖划定技术标准还需要规范。据地方反映，该市有 526 条

---

① 2021 年 5 月在湖南省 7 座城市河湖长制调研座谈会上的发言。
② 2021 年 5 月在湖南省 7 座城市河湖长制调研座谈会上的发言。
③ 2021 年 5 月在湖南省 7 座城市河湖长制调研座谈会上的发言。

河，其中，200 平方公里以上的有 113 条。国家规定，500 平方公里以上称之为大江大河，200 平方公里到 500 平方公里为中小河流，那 200 平方公里以下的叫什么呢？没有这个概念，中央财政没有，省财政没有，市财政也没有，200 平方公里以下的河流基本上没人管。2021 年人大代表纪检委员就提出了这个问题。①

再次，河湖信息公开技术维护仍然需要加强。以微信公众号"广东智慧河长"为例，该公众号包含了河湖信息、河长动态、投诉建议三大类功能，公众可以在公众号上查询。然而，实际使用后可以发现，很多功能使用不了。②

（三）社会参与机制方面存在的问题

首先，民间"河长"制亟待法律法规确认。《水污染防治法》《长江保护法》虽然从法律层面确立了河湖长制，但并没有详细规定河湖长制的具体规范内容，自然也没有对民间"河长"制予以确认。现实中，民间"河长"制的做法在许多地方得到积极推广。例如，湖南省某市率先构建了"党政河长＋民间河长"双河长制模式，要求落实"五个一"工作制度，包括一周一上报、一月一统计、一月一晒单、一季一考核、一年一评选五个方面。同时，招募了 10 名"记者河长"，强化对破坏水环境行为和各级河长履职的新闻监督。"记者河长"在各自媒体开辟了河长制宣传专栏，既积极宣传典型经验做法，又曝光涉河涉水违法事件。虽然这些做法产生了非常好的效果，但其活动开展一直缺乏法律依据。在调研中，有的地方反映，一些民间组织应通过立法赋予他们职能身份，引入有技术力量的第三方来参与巡逻，提供整改意见。③

---

① 2021 年 5 月在湖南省 7 座城市河湖长制调研座谈会上的发言。

② 曾娜：《广东省河长制的理论与实践探索》，硕士学位论文，江西财经大学财税与公共管理学院，2020 年。

③ 2021 年 5 月在湖南省 7 座城市河湖长制调研座谈会上的发言。

其次，公众参与的相关制度仍需进一步明确。这些制度主要包括信息公开制度、投诉举报制度、公众参与考核制度等。一些文件已经涉及相关内容。例如，《江西省河长制信息工作制度》规定，"县级以上河长制办公室负责定期向社会公开应让公众知晓的河长制相关信息。（一）公开的内容：河长名单、河长职责、河湖管理保护情况……（三）公开的频次：河长名单原则上每年公开一次；其他信息按要求及时更新"。这样的规定当然有助于让公众知情参与，但其公开的内容、质量仍然需要加强。例如，在公开的内容上，应重点突出流域湖泊现存的主要生态环境问题以及解决情况，而不是概述河湖管理保护情况；从公开的质量上，应考虑公众特别是附近居民对环境信息的需求，以一种便利、准确且易于理解的方式进行信息公开。

再次，公众参与也需要一定保障。在调研过程中，有的地方反映，对于民间河长和志愿者的参与，大家的积极性很高，很多人都愿意报名。然而，人员安全仍然成问题。由于没有给民间河长买保险，如果不小心掉到河里面，出了事怎么办？如果给他们买保险，那么，保险的费用谁来出，从哪个项目中开支。①

（四）协作联动机制方面存在的问题

一方面，行政管辖区域内的协作联动机制仍不完善。河湖长制度的重要作用在于开展跨部门的协调，通过河湖长的组织领导较好地实现多部门联合执法，将各部门力量整合起来。从现状看，大多数地方没有出台相关联合执法文件，少部分地方虽出台了文件，但规定得不够详细。例如，2018年，湖南省河长办与湖南省公安厅联合印发《湖南省全面推行河长制湖长制联合执法制度》。这一文件的不足在于，首先，下文的单位只有两个部门，但规范约束的部门却有8个部门之多。其次，规范内容较为简

①　2021年5月在湖南省7座城市河湖长制调研座谈会上的发言。

单，并未规定联合执法准备、联合执法内容、联合执法方式、联合执法工作要求、联合执法行动保障等内容。再次，对具体联合执法的操作性规定较少。例如，联合执法行动方案、执法内容、步骤、时间安排、参与部门等事项都要交由牵头单位临时安排，并未形成程序性制度。

另一方面，跨区域协作联动机制建设不完善。全国跨省界河湖超过2800 条（个），跨省界河湖联防联控是河湖长制工作的薄弱环节。从现状看，国家层面尚未出台跨省界河湖联防联控的指导性意见；地方层面已经有一些省份签署了相关协议，但协议仍不完善。以《湘赣边区域河长制合作协议》为例。该协议是 2019 年 8 月由江西省河长办与湖南省河长办共同签署的。其缺点在于协议指导性、框架性意味比较浓。例如，协议累计规定了八个方面的内容，但每一部分的内容都只有寥寥数笔。协议第二点是建立协同管理机制，协议只规定："建立协同管理机制跨省河流上下游系统开展综合整治，制定综合整治方案应充分考虑防洪、生态、群众生产生活等因素，征求上下游意见，实现人与自然和谐共生、河流治理保护与经济社会发展有机融合"[1]。这些内容都相对空泛，没有具体的措施。

第二节　河湖长制法治保障体系存在问题的成因

河湖长制法治存在的一些问题，其背后的成因是复杂的。一方面，河湖长制是一个新生制度，对其形成发展与健全完善的规律人们认识不够，制度实施经验不足，不易在短期内形成良好的制度建构；另一方面，河湖长制法治实质上是督政的制度创新，关涉到党政主要领导的职权、监督、考核、问责等诸多内容，试图通过一个政策、一部法律进行规范、协调，

---

[1] 《湘赣边区域河长制合作协议》。

达到相当好的结果有一定难度。况且，河湖长制运行过程当中关涉许多利益，如何协调好政府、公众、企业间的利益关系是摆在河湖长制建设面前的一道重要问题。

一、创新发展实践先行经验不足

河湖长制是新时期伟大的制度创新。面对这一制度创新，我们用较短的时间就在全国推广铺开，取得了非常好的绩效。2007 年 8 月，江苏省无锡市开始改革创新推行河长制。2008 年 6 月，江苏省政府决定在太湖流域推广无锡的河长制，江苏省政府办公厅印发《关于在太湖主要入湖河流实行双河长制的通知》（苏政办发〔2008〕49 号），每条河由省、市两级领导共同担任河长，双河长进行分工合作，共同处理太湖及河道治理重任。之后，在江苏的近邻浙江，河长制也得到高度重视。2008 年，湖州市长兴县就借鉴公路"路长"管理模式，在水口乡和夹浦镇试行"河长制"，随后，在嘉兴、温州、金华、绍兴等地陆续推行。2013 年，浙江省在调研省内外"河长制"实践的基础上，出台了《中共浙江省委 浙江省人民政府关于全面实施河长制进一步加强水环境治理工作的意见》（浙委发〔2013〕36 号），浙江省水利厅制定了《浙江省水利厅贯彻落实〈中共浙江省委 浙江省人民政府关于全面实施"河长制"进一步加强水环境治理工作的意见实施方案〉》，提出全省省级、市级、县级、乡镇级河道河长制全覆盖。①

2014 年，水利部发布《关于深化水利改革的指导意见》及《关于加强河湖管理工作的指导意见》，意味着中央部委对河湖长制的认可。在习近平总书记亲自部署和推动下，2016 年中央全面深化改革领导小组明确由水利部牵头制定《关于全面推行河长制的意见》。10 月 11 日，审

---

① 吴文庆：《河长制湖长制实务》，中国水利水电出版社 2019 年版，第 7—8 页。

议通过《关于全面推行河长制的意见》。从效果看，水利部按照党中央、国务院安排部署，会同有关部门采取了各种措施，提前完成了全国建设目标。①

透过这一历程我们可以发现，从 2007 年到 2016 年再到 2021 年，短短 14 年间河湖长制从无到有、由虚到实，取得了显著的成绩。但客观地说，这一推进速度确实比较快，制度的建设当然会摸着石头过河，不断探索。所以，处在初创期的河湖长制会如那些崭新的改革制度那样存在不完善的地方，在法定职责、管理体制、运行机制、监督机制、问责考核机制等方面会有一些问题。而且，由于实践的时间周期较短，从实践中探索解决问题，进而完善改革方案和制度，再指导实践的良性改进循环还有待提升，所以，存在一些问题也在所难免。

二、涉及的河湖生态环境问题具有特殊性

流域湖泊生态环境保护是一个系统工程，不仅涉及上游与下游地区，还涉及左右岸以及跨区域问题。同时，在湖泊实施湖长制具有五个方面的特殊性：第一，湖泊管理需要考虑河湖关系，通盘统筹；第二，湖泊由于水体相连，通过监测手段区分行政管理范围较难；第三，湖泊沿线存在大量开发利用活动，需要处理环境保护与开发利用活动的关系；第四，湖泊相对流动交换时间较长，污染后难以修复治理；第五，湖泊的生态功能突出，一旦遭受污染和破坏影响较大。

在这种情况下，要妥善处理好相关问题，实现一河一湖一策颇为不易。水利部曾指出，河长制实施进展虽然超出预期，但在实施的过程中还存在三个方面的问题：第一是思想方面的问题。有些地方急于求成，想把

---

① 钱启蒙：《"河长制"实施中的问题及其解决对策研究》，硕士学位论文，苏州大学政治与公共管理学院，2020 年。

长期积累下来的河湖问题一下全部通过河长制来解决；有的地方把过程当成了目的，认为河长制建立了就完成了任务，河湖的管理保护是一项艰巨而长期的任务，建立河长制也只是刚刚开始，还有许多后续工作有待落实。河长既要集中力量打好攻坚战，也要解决好当前存在的突出问题，做好打持久战的准备。第二，各地进度不一致。河长制在有的地方实行比较早，已经取得了明显的成效；有的地方，河长履职才刚刚开始，还没有去巡河检查；有的地方，河长刚刚明确，并没有完全制定出一河一策。第三，有些问题未及时整改。有的河长在巡河的过程中，发现了一些问题，树立了河长公示牌后，群众也反映了一些问题。对于这些问题，有的地方非常重视，进行及时整改、见到成效，有的地方整改不及时。① 事实是：河湖长制法治是一个复杂事物，难以一蹴而就。

三、以督政考核为指引具有复杂性

与以往的环境管理制度以督企为主不同，河湖长制实质上是一种督政的制度。在河湖长工作的制度设计中，河湖长将是流域湖泊治理的第一责任人，其发挥作用的方式不是亲自对行政管理相对人发号施令，而是通过发现相关问题，以督办的形式要求相关部门去化解这些问题。换言之，河湖长制的治理模式已经从过去的"督企"转换到"督政"，其着眼点在于督促相关部门主动作为、积极作为去化解流域湖泊生态环境问题。

它的核心逻辑是授权、运行、考核、问责，尤其是问责。在国新办举办的实施湖长制新闻发布会上，水利部阐释了对湖长制责任追究的考量，认为湖泊作为水生态系统的重要组成部分，对湖泊的损害应实行终身追究制。湖长由各级党政领导担任，而党政领导有可能在一个地方担任湖长没

---

① 《国新办举行实施湖长制新闻发布会图文实录》，2018 年 1 月 5 日，见 http://www.scio.gov.cn/xwfbh/xwbfbh/wqfbh/37601/37732/wz37734/Document/1615417/1615417.htm。

多久就被调走了，该湖长任职期间，如果对河湖造成一些损害，在当时可能不会显现，数年后才有可能看得出来。当发生损害的时候，不管这个湖长在任还是不在任，是否调到其他地方任职，都要追究当时任湖泊湖长的责任。① 在此意义上，河湖长制法治建构实质上是责任的法治建构，是党和政府对各级党政主要领导的考核问责。显然，还须不断健全完善。

---

① 《国新办举行实施湖长制新闻发布会图文实录》，2018 年 1 月 5 日，见 http://www.scio. gov.cn/xwfbh/xwbfbh/wqfbh/37601/37732/wz37734/Document/1615417/1615417.htm。

第 六 章

河湖长制法制体系的建构完善

河湖长制法治贯穿于立法、执法、监督、保障的全过程，但完备的法律规范体系是实现高效的法治实施、严密的法治监督和有力的法治保障的基础。因此，本书将着重从法律规范体系层面，对河湖长制的法制体系和核心制度两个方面进行建构完善。一方面需要不断地完善立法体系。这就需要思考如何立法，是采用专项立法还是在相关立法中规定？建构理念与基本框架怎么设计？另一方面是河湖长核心制度如体制机制、工作制度、考核问责制度等如何构建完善，在制度化、规范化、程序化方向进一步迈进。显然，河湖长制法治保障的实现需要从这两方面着力。本章将从专门立法推进和相关立法完善的角度探讨河湖长制法制体系的建构完善。

第一节　我国河湖长制立法的基本思路

就河湖长制法治保障体系而言，其重要的一步是加强河湖长制立法体系的构建，包括专门立法的推进、相关立法的完善和地方层面法规规章的建设三个方面。河湖长制的法律化需要在这三个方面着力，同时还需要在它们之间形成内在统一、相互协调的法律法规体系，以发挥法治化的系统效应。

一、河湖长制专门立法的构想

一般而言，当一项制度在全国各地推广实施一段较长时间后，当其制度要素趋于稳定，制度构成渐趋明朗，制度实践中遇到的问题逐步得到解决时就可以考虑对其进行立法。这样既便于克服政策的短期性、不稳定性的问题，又可以进一步增强人们的活动预期，规范河湖长制各项管理活动，从而提升工作效率。正是基于此种考量，河湖长制专门立法特别是中央层面的立法应当适时启动。河湖长制立法模式的选择主要包括如下问题：首先，河湖长制立法是采取分散立法模式还是专门立法模式；其次，河湖长制立法的形式是法律、行政法规还是其他；再次，在体系衔接上，如何与河湖长具体工作制度方面的立法衔接。

河湖长制现有的立法模式主要为两种。一种模式是对河湖长制进行专门立法。专门立法的优势在于，通过制定出台一部专门的法律法规，将河湖长制可能涉及的内容予以统一规定。现有的河湖长制专门立法，主要集中在地方法规规章上。例如，在省级层面，《福建省河长制规定》《浙江省河长制规定》等。它们都冠以"河长制""河长制湖长制"的名称，内容涉及总则、组织体系、工作职责、工作机制、监督考核等内容。

另一种模式是在相关法中写入河湖长制的内容。它又可以界分为两种类型。一是在水环境管理法当中写入河湖长制的内容。例如，2017年修订的《水污染防治法》的规定。还有一些地方法规规章中也包含河湖长制的内容。例如，《甘肃省水污染防治条例》（2020年）、《内蒙古自治区水污染防治条例》（2020年）、《江苏省水污染防治条例》（2020年）等。二是在流域湖泊保护或者管理法当中写入河湖长制的内容。这种情形又可以区分为两种情况。一种是在重点流域湖泊保护法当中进行规定。例如，《长江保护法》第五条的规定；《黄河保护法》第六条规定："黄河流域建立省际河湖长联席会议制度。各级河湖长负责河道、湖泊管理和保护相关工作。"另一种是在流域湖泊管理法当中进行规定。例如,《安徽省湖泊管理保护条例》(2018年修正)、《宁夏回族自治区河湖管理保护条例》(2019年)、《北京市河湖保护管理条例》(2019年修正)都对河湖长制进行了规定。

本书认为,对河湖长制进行专门立法有其必要性和可行性,其理由在于如下几个方面。

第一,河湖长制实践的全面铺开亟须一部专门的法律法规对其予以规范。社会需要是产生立法的基本动力,回应社会需要积极展开相应立法则是立法机关应尽的职责。就我国而言,河湖长制实践经历了从无到有、从自发到规范、从试点到普遍关注的发展过程,中央主导与地方积极执行正融合生成具有中国特色的河湖长制政策实践。从全国推广情况看,到2018年6月,全国省级行政区域都已经建立起河长制体系,明确了30余万名河长,逐步建立起了河长会议制度等工作制度,形成了齐抓共管的工作格局。[①]从地方推广情况看(以湖南省为例),到2018年5月,湖南省市、县、乡、村各级河长巡河12.79万人次。其中市级河长巡河58人次,县级河长巡河1351人次,乡级河长巡河28544人次,村级河长巡河97956人次。县级河长密集巡河,其中长沙85人次,衡阳73人次,株洲78人次,湘潭43人次,邵阳83人次,岳阳121人次,常德158人次,张家界13人次,益阳101人次,郴州77人次,永州222人次,怀化144人次,娄底83人次,湘西70人次。[②]这些河湖长制实践的展开迫切地需要以立法的形式明确参与各方的权利义务,为河湖长工作提供规范指引。

第二,河湖长制前期的各项准备工作为专项立法确立了基础。首先,《水污染防治法》《长江保护法》已经在法律层面确立了河湖长制。2017

---

① 《水利部办公厅、生态环境部办公厅关于印发全面推行河长制湖长制总结评估工作方案的通知》(办河湖函〔2018〕1509号)。

② 吕菊兰:《湖南省各级河长严实履职 一个月巡河近13万人次》,2018年6月3日,见http://www.hunan.gov.cn/hnyw/sy/hnyw1/201806/t20180603_5026825.html。

年《水污染防治法》修正时，已经写入河湖长制的内容；①2020 年《长江保护法》则将河长扩展为河湖长，并要求各级河湖长负责长江保护相关工作。其次，有两会代表提出了河湖长制专门立法的提案。2018 年，一位全国人大代表在两会期间提出了《关于加快开展河长制立法的建议》，指出，应该加快国家层面的河湖长制立法，通过法律手段完善体制机制，明确职责范围，规范各项管理工作。② 再次，前述地方河湖长制专门立法。如《辽宁省河长湖长制条例》《浙江省河长制规定》等，不仅保障了地方河湖长制实践的顺利进行，也为未来中央层面立法打下了良好基础。

第三，专项立法更切合我国的实际情况。一方面，在相关法当中进行规定的形式不可能全面系统地对河湖长制涉及的主要内容进行表述。《水污染防治法》规定了一条，《长江保护法》规定了一款。值得一提的是，2020 年《合肥市河道管理条例》设置了专章规定"河长制"，共列出了 9 条，规定了机构设置、职责、河长会议制度、工作考核、约谈机制、监督机制等内容，但也很难全面系统地对河湖长制进行规定。另一方面，分散立法容易导致整合、集聚效力不够，从而陷入"部门立法"的泥沼。事实上，河湖长制已经成为流域湖泊治理的抓手，并延伸拓展至各领域，形成了趋同治理现象。③ 在这种情况下，更应该注重其法治化发展，从专门化角度推动其制度化、规范化、程序化发展，以满足实际的需求。

总之，与分散的相关立法相比，针对河湖长制展开专门立法的优势将更为明显。这种立法需求源自社会治理需要，更贴合中国实际，且具备一定的实现条件。

---

① 陆浩：《中华人民共和国水污染防治法解读》，中国法制出版社 2017 年版，第 24 页。

② 《盘点两会水运关键词》，《中国海事》2018 年第 4 期。

③ 胡亮：《趋同式环境治理——基于"林长制"实践的分析与反思》，《南京工业大学学报（社会科学版）》2021 年第 3 期。

二、专门立法的形式应当是行政法规

河湖长制专门立法将以何种形式呈现，存在几种可供选择的方案。一种是以法律的形式，另一种是以行政法规的形式。有观点认为，应提请全国人大及其常委会制定法律。① 还有观点认为，应该适时出台《全国河长制管理规定》这一行政法规。②

本书认同后一种观点，河湖长制应该以行政法规的形式制定，其理由如下。

第一，由全国人大及其常委会制定法律来规定河湖长制，条件还不成熟。作为当代中国法的形式的一种，法律并不是各种法的总称。法律是依据法定程序与职权由全国人大及其常委会制定、修改的，调整具有根本性社会关系的法，其效力仅低于宪法而高于其他的法，是形式体系中二级大法。显然，运用法律规定重点流域、湖泊乃至水资源保护等事项是适合、恰当的。但运用法律规定流域湖泊治理的一个子制度——河湖长制却是"大材小用"，与法律所调整的根本性社会关系或基本问题并不对称。

第二，如果由水利部等部门制定部门规章来规范河湖长制其实施效果将会受到影响。首先，水利部并不是法律法规授权的河湖长制管理部门。《水污染防治法》《长江保护法》都只是确立了河湖长制的基本制度地位，并未具体规定由谁来负责推行这一制度。因此，水利部至多是河湖长制工作的依托部门，而不是河湖长制工作的管理部门。其次，河湖长制涉及部门众多，水利部出台部门规章难以规范和约束其他部门。这些部门包括发改委、科技部门、财政部门、国土资源部门、生态环境部门、住房城乡建

---

① 刘芳雄、何婷英、周玉珠：《治理现代化语境下"河长制"法治化问题探析》，《浙江学刊》2016年第6期。

② 郭顺：《环境法视域下河长制的法律机制构建》，硕士学位论文，桂林电子科技大学法学院，2019年。

设部门、交通运输部门、林业部门等。大家都是河湖长制成员单位，级别也对等，因此，水利部出台部门规章其权威性可能会受到质疑。再次，河湖长制建设还涉及各级地方政府，水利部以指导身份来推进河湖长制可能更为适合。例如，水利部《河长湖长履职规范（试行）》第五条就明确规定："本规范为指导性文件，各地可结合实际进一步细化实化，增强实践性和指导性，促进各级河长湖长依法依规履行职责。"

第三，以国务院行政法规的形式规定类似制度已经有先例。河湖长制的立法与一般性的环境管理立法不同。它通过规定体制机制、工作制度、考核问责程序、保障措施来明确地方党政负责人的流域湖泊治理职责，突出工作重点，监督工作绩效，激励和惩罚其工作表现，因此，它的着眼点不在于督企而在于督政。对于督政活动的法治化问题，通过国务院行政法规的形式进行规定已经有先例。例如，2020年12月1日，国务院第116次常务会议通过了《政府督查工作条例》。河湖长制也可以借鉴《政府督查工作条例》的形式，对河湖长制的内容进行规定。

总之，最合适的立法形式选择应当是行政法规。因为，由国务院制定《河湖长制实施条例》既可以防止多个监管部门职责不清、争权避责，又可以由国务院对各个部门、地方的行动进行整合。

三、应与河湖长工作制度体系相协调

在未来河湖长制度体系中，除了国务院制定的《河湖长制实施条例》担纲以外，还需要规划出台有关河湖长工作制度的部门规章。这些工作制度主要包括河湖长工作督察制度、会议制度、考核问责和激励制度、验收制度、信息共享制度、河长巡查制度、重大问题报告制度、工作督办制度、民间河长制度、部门联合执法制度等，从而形成河湖长制度体系。

未来《河湖长制实施条例》如何与这些工作制度方面的规制相协调衔接呢？

首先，在效力上，《河湖长制实施条例》高于这些部门规章。行政法规由国务院制定并在全国颁布实施，而部门规章由国务院部门制定，其效力要低于行政法规。部门规章不能够与行政法规相抵触。

其次，在体系上，《河湖长制实施条例》是河湖长专项法制体系的核心。这一体系不仅包括《河湖长制实施条例》，还包括一系列工作制度规章，如《河湖长巡查工作规定》《河湖长工作督办规定》《河湖长工作督察规定》《河湖长考核问责和激励工作规定》等。因为主要涉及具体程序问题，水利部将是制定这些制度规章的适宜主体。

再次，在内容上，《河湖长制实施条例》更为原则、弹性，而各项工作制度规章将更为具体、翔实，更具操作性。《河湖长制实施条例》可以对河湖长制目的、基本原则、体制机制、主要制度、保障措施、法律责任等内容作出规定。而各项工作制度规章可以对河湖长某一事项的工作流程、实施主体、对象、具体措施等内容作出规定。两者将各有侧重，不但不矛盾还可以相互补充，相得益彰。应当说，多层次的制度体系将有助于提升河湖长治理的制度绩效。

第二节　河湖长制立法的建构与完善

河湖长制专门立法应秉持职权法定原则、程序正当原则、监督问责原则，其结构为总则、组织体系、工作职责、工作机制、考核问责、附则等部分。相关立法方面，《环境保护法》须明确河湖长制等带"长"字的有关制度，《水法》《渔业法》修订时应增加河湖长制的内容，如果将《河道管理条例》修改为《河湖管理条例》的情况，则需要在《河湖管理条例》中专章规定"河湖长制"。

一、立法原则规定

立法理念作为先导决定着法的精神面貌，是拟定具体制度、设计法律规范的内在观念。河湖长制立法也是如此，清晰明确的制度建构理念将显性化为具体的制度、程序和操作规范，使法律法规内在统一、相互协调。河湖长制专门立法的建构理念应立基于"建构"之上，确立那些对于搭建、构筑制度基本框架有重要意义的观念和方法。他们主要应包括：职权法定原则、程序正当原则、监督问责原则等。

（一）职权法定原则

职权法定原则的基本要义在于，行政权力及其行使来源于"法定"而非"意定"。[①] 这意味着国家行政机关以及其他组织的行政职权不能随意地增减改变，必须由法律予以规定或者授予；国家行政机关的设置、职能、权限、程序、责任等都需要有法律依据，由法律事先设定。

河湖长制的专门立法也应遵循职权法定原则，将河湖长治理河湖的职权、职责纳入法律规定。有观点认为，职权职责的法定，是一种再合法化、再类型化。所谓的再合法化是指河湖长流域湖泊治理的职权应当源自《水污染防治法》《长江保护法》等法律的授权，而不是来自政策文件的规范。法律的作用在于授权，政策文件的作用在于通过整理、组合形成相对完整的河湖长职权（责）清单。所谓再类型化是指对河湖长职权予以量化，将河湖长职权（责）按照一定逻辑进行整合归纳。[②]

如果以主体为轴线来考虑职权法定问题，也可以将其概括为河湖长职权、河湖长办事机构职权、河湖长成员单位职权等。首先，需要依法明确

---

① 《行政法与行政诉讼法学》编写组编：《行政法与行政诉讼法学（第二版）》，高等教育出版社 2017 年版，第 29 页。

② 戚建刚：《河长制四题——以行政法教义学为视角》，《中国地质大学学报（社会科学版）》2017 年第 6 期。

河湖长职权。应当按照分类细化的原则，依法规定省、市、县级总河长及省、市、县、乡级河长湖长的具体职责和任务，突出每一级河湖长流域湖泊治理任务的重点，明确各级河湖长组织领导方式、具体履责形式、法律责任。其次，需要依法明确河湖长办事机构职权。河湖长办事机构需要承担河湖长制组织实施的具体工作，落实河湖长确定的事项，及时地进行信息共享。既要具体收集河湖生态环境问题，又要协调职能部门关系，还要及时向河湖长汇报，并配合执行考核问责事项。再次，需要依法明确河湖长成员单位职权。依法确定河湖长成员单位名单以及各部门工作任务，进行信息共享、报送，参与巡河，解决督办任务等。

（二）程序正当原则

因为法律的正义不仅仅是实体正义，也包括程序正义，甚至有时候程序正义本身就具有某种实体正义的意味。"行政主体行使行政职权和履行行政职能时无疑需要经历一个时空过程，在该过程中行政主体应如何具体行动，关系行政相对人合法权益之实现。从充分保障公共利益和行政相对人的合法权益角度考虑，行政主体在行政过程中必须遵循程序正当原则。""程序正当是任何一个法治国家都公认的行政法基本原则之一。"① 在河湖长制立法设计过程中，也特别需要注重程序正当原则的适用，使河湖长从委任、运行到监督、考核、问责各环节都有章可循；一方面规范河湖长管理活动，另一方面也让公众知悉、了解流域湖泊治理情况，从而更好地促进河湖长工作的绩效。

首先，程序正当原则要求河湖长管理工作需要具备完善的管理程序。例如，河湖长会议制度需要事先确定会议流程，包括确定讨论重点、出席人员、议事规则、决议实施形式等内容；河湖长信息共享制度需要明确共

---

① 《行政法与行政诉讼法学》编写组编：《行政法与行政诉讼法学（第二版）》，高等教育出版社 2017 年版，第 33 页。

享实施方案，包括信息共享的实现途径、范围、流程等；河湖长信息报送制度需要规定报送的形式、范围、内容等；河湖长工作督察制度需要明确督察的启动、范围、形式、程序、督察结果应用等内容；河湖长考核问责制度需要规定考核指标、程序、考核结果应用等内容。

其次，程序正当原则要求河湖长管理工作做到信息公开。《环境保护法》已经专章规定了"信息公开和公众参与"，生态环境部也已经专门制定了《环境信息公开办法（试行）》和《企业事业单位环境信息公开办法》。对于河湖长制立法而言，也需要加强信息公开。向社会公开河湖长名单，在相应河段设置河湖长公示牌，规范公示牌信息内容；向社会公开河湖长权力清单，督办管理情况，并进一步明确公开的程序。

再次，程序正当原则要求加强河湖长管理过程中的公众参与。公众参与原则除了要求信息公开透明以外，还要求充分保障公众的参与机会，给予当事人陈述与申辩的权利，建立保障公众参与权实现的救济机制。[1] 对于河湖长制立法而言，也需要加强公众参与。通过设立民间河长制，规范民间河长运行以加强社会监督；通过设立投诉反馈机制收集流域湖泊治理存在的迫切问题，并及时予以化解反馈。

（三）监督问责原则

无论是从行政法的基本目的和根本宗旨出发，还是从建设法治政府、责任政府的要求出发，都需要确立对行政机关或者其他行政公务组织及其行政活动进行监督和救济的原则。[2] 监督必然与问责联系。《党政领导干部生态环境损害责任追究办法（试行）》已经明确了相关的问责原则、形式、措施。在河湖长工作领域也是如此。河湖长制能够发挥作用的重要因

---

[1] 《行政法与行政诉讼法学》编写组编：《行政法与行政诉讼法学（第二版）》，高等教育出版社 2017 年版，第 34 页。

[2] 《行政法与行政诉讼法学》编写组编：《行政法与行政诉讼法学 （第二版）》，高等教育出版社 2017 年版，第 40 页。

素在于考核问责，只有问责机制建立完善起来，才能够真正给河湖长带来触动，进而带动流域湖泊治理推进绿色发展。

首先，监督问责原则要求对河湖长工作进行有效监督。从形式上看，它主要包括工作督察、工作验收等机制。工作督察旨在对河湖长制实施情况和河湖长履职情况展开督察，通过明确督察主体、对象、形式、程序、结果反馈等保障督察效果。工作验收旨在对各地河湖长工作推进情况按照一定标准进行检验，需要进一步明确验收的程序、参与人员、验收标准、发现问题的整改等来有序推进河湖长制工作。从主体看，监督的主体应当包括行政体系内的监督和行政体系外的监督。体系内的监督是上级机关、监察、审计等部门的监督，从而对违法或者不当的行政行为进行及时纠正；体系外的监督是人大及其常委会、政协、人民法院、人民检察院依法实施的监督，也包括来自人民群众的监督。

其次，监督问责原则要求对河湖长工作进行科学考核。河湖长制的考核涉及考核主体、对象、程序、方式、指标体系设计等诸多方面。考核程序一般按照方案制定、地方自评、部门初评、综合考核、报批与通报等步骤展开，考核结果分为 4 个等级，分别为优秀、良好、合格、不合格。发生重大污染事故的、被国家有关部门点名通报批评的，考核结果一律为不合格。考核内容则包括组织体系、能力建设、日常考评、举报投诉处理、宣传发动、主要任务等几个方面，突出对主要任务的考核。有些地方还会设置加分项，将创新做法、典型经验受到党中央国务院表彰、国家部委和省委省政府表彰等情况纳入指标体系。

再次，监督问责原则要求对河湖长工作进行依法问责。应该采取责令整改、警示约谈、通报批评、提请问责等方式严格责任追究。对因监管不力，在落实河长制工作中发生重大问题，造成人民群众生命财产损失或群体性事件，产生恶劣社会影响的；不配合组织调查，拒不承认存在的问题或错误的；提供虚假证据，推卸、转嫁责任等情形予以追责。

二、框架结构设计

现阶段，对于河湖长制专门立法可供借鉴的文件主要是水利部《河长湖长履职规范（试行）》和一些地方河湖长制专门立法。水利部《河长湖长履职规范（试行）》分为四章，分别是第一章总则、第二章主要职责、第三章主要任务、第四章履职方式。其中，第四章履职方式又包括五节，分别是第一节加强组织领导、第二节开展河湖巡查调研、第三节整治突出问题、第四节推动跨行政区域河湖联防联治、第五节组织总结考核。《吉林省河湖长制条例》分为六章，分别是第一章总则、第二章组织机构、第三章工作职责、第四章巡查监管、第五章考核问责、第六章附则。《重庆市河长制条例》也分为六章，分别是第一章总则、第二章组织体系、第三章工作职责、第四章工作机制、第五章监督考核、第六章附则。比较而言，水利部《河长湖长履职规范（试行）》后面三章的内容——主要职责、主要任务、履职方式有趋同重复的感觉，并且并未就体制机制作出规定。相反，地方两部法规规章结构基本一致，涵盖了总则、组织机构、工作职责、工作机制、监督考核、附则六个部分。本文将以此为基本框架对《河湖长制实施条例》展开制度设计。

第一章：总则。作为《河湖长制实施条例》的统领性内容，总则应当对立法目的和依据、适用范围、相关术语作出规定，这些术语包括：河流、湖泊、河湖长、河湖长制、河湖管理保护等。还应该明确条例的基本原则，如生态优先、综合治理、公众参与、依法追责等。此外，还可以规定宣传教育、技术创新、社会监督等内容。

第二章：组织机构。本章主要规定河湖长的纵向、横向机构设置。从纵向看，可以设置为四级，分别是省、市州、区县、乡镇，在村一级设置河湖专管员或巡查员；从横向看，可以设置河湖长协调委员会、河湖长办公室、河湖长组成部门。在此章节，可以进一步明确河湖长委任机制、河湖长公示制度等内容。

第三章：工作职责。这一章一般以主体为逻辑线索，分别针对省、市州、区县、乡镇四级河长的具体工作职责设定不同的履职内容，对村级河湖专管员或巡查员设定其相应的管理职责。

第四章：工作机制。这一章将会融入河湖长制的基本工作制度，包括河长会议制度、河湖长巡查制度、信息共享和重大问题报告制度、河湖长督办制度、工作督察制度、部门联合执法制度、验收制度等。

第五章：监督考核。这一章可以规定述职制度、差异化考核评价制度、考核结果应用机制、约谈制度、责任追究制度。

第六章：附则。规定生效时间。

三、河湖长制相关立法的修订

河湖长制相关立法是河湖长制法制体系的重要组成部分。在目前情况下，由于全国人大及其常委会没有出台河湖长制的专门法律，因此，相关立法仍然是开展河湖长制实践最主要的法律依据。这些立法涉及综合性环境保护基本法、水环境保护法、流域湖泊环境保护法等有关的法律法规。随着我国河湖长制实践的纵深推进，相关立法应适时修订完善，以适应实践发展的需要。

（一）综合性环境保护基本法

《环境保护法》历经 1979 年试行、1989 年颁布、2014 年修订等过程，形成了以污染防治和生态保护为重点的规范制度体系，在我国环境保护事业中起到了重要的作用。由于河湖长制在国家层面提出时间较晚，因此，河湖长制并未纳入 2014 年《环境保护法》修订。换言之，《环境保护法》并未确立河湖长制的基本法律制度地位。未来，《环境保护法》需要从两个方面对其修订完善。

1.依法明确河湖长制等带"长"字的有关制度

在河湖长制成为流域湖泊治理抓手以后。其政策效应迅速扩张并延伸拓展至各领域，形成了"湖长制""草长制""林长制""滩长制""湾长制"等N类"某长制"，进而产生了以"某长制"为代表的趋同治理现象。①在这种情况下，作为综合性环境保护基本法的《环境保护法》理应适时将这一情况纳入法律规范的范围。但如果单独在《环境保护法》当中规定河长湖长制，又容易导致综合性环境保护法调整单要素生态环境问题的弊端，因此，可行的做法是将"湖长制""滩长制"等N类"某长制"用一定的术语归纳总结，就此统一在《环境保护法》当中作出规定，以避免出现前述的问题，也简化法律的重复规定。

2.强化对地方政府环境质量责任制的规定

2014年《环境保护法》修订，在第六条第二款当中规定，"地方各级人民政府应当对本行政区域的环境质量负责"。这一条可以说是实施河湖长制的直接法律依据。但这一条并没有直接联系到河湖长等带"长"字的制度，因此，仍然可以进一步明确和强化。一方面，应当将责任进一步明晰化。进一步明确地方党政负责人的环境质量责任。另一方面，应当从守土有责的狭隘观念上升到对本行政区域和跨行政区域环境质量负责的一体化概念，从而为河湖长协同管理提供法律依据。

（二）水生态环境保护单行法

水生态环境保护单行法涉及的立法较多。从现状看，只有《水污染防治法》规定了四级河长制，要求分级分段组织领导流域湖泊治理事务，而其他法律法规并没有明确规定。

从已经出台的政策看，其他法律法规修订时也应增加河湖长制的内

---

① 胡亮：《趋同式环境治理——基于"林长制"实践的分析与反思》，《南京工业大学学报（社会科学版）》2021年第3期。

容。例如,《国务院办公厅关于加强长江水生生物保护工作的意见》《水利部关于河道采砂管理工作的指导意见》《水利部、国家发展改革委、生态环境部、国家能源局关于开展长江经济带小水电清理整治标准的通知》都对河湖长制作出了规定。这些政策文件都指向在《水法》修订时应该增加河湖长制的内容。又如,农业农村部关于印发《"中国渔政亮剑 2020"系列专项执法行动方案》的通知指出,"加强与水利部门的合作,落实将执法行动纳入地方'河长制''湖长制'绩效考核体系相关工作"。这实际上指向了《渔业法》的修订内容。因此,未来在水生态环境保护单行法还需要查漏补缺,在《水法》《渔业法》等涉水法律中补充河湖长制相应规定。

(三)流域湖泊保护立法

流域湖泊保护立法又可以分为两类。一类是一般性的流域湖泊管理法,如《安徽省湖泊管理保护条例》(2018 年修正)、《宁夏回族自治区河湖管理保护条例》(2019 年)、《北京市河湖保护管理条例》(2019 年修正)等;另一类是重点流域保护法,如《长江保护法》等。就河湖长制法治化而言,需要在这两类立法当中进行规定。一方面,在重点流域保护法里面进行规定。如 2022 年通过的《黄河保护法》第一章第六条进一步明确规定河湖长制:"黄河流域建立省际河湖长联席会议制度。各级河湖长负责河道、湖泊管理和保护相关工作。"另一方面,如果出现将《河道管理条例》修改为《河湖管理条例》的情况,那么,就需要在《河湖管理条例》中专章规定"河湖长制",对河湖长体制机制、职权配置、工作机制、考核问责等内容作出较为详细的规定。

第七章　河湖长制核心制度的构建完善

除了法制体系建构，具体制度完善亦是推进河湖长制法治保障建设的重要方面。就制度构建而言，河湖长制的核心制度主要是与河湖长运行直接相关的制度及其保障措施。可以将其分为两大块：一是核心机制的构建完善，包括体制机制、工作制度、考核问责制度的规范构建问题；一是保障制度的构建完善，包括经费保障、技术保障、社会参与、协作联动机制的构建完善。只有两者都朝着制度化、规范化、程序化方向发展，河湖长制法治保障建构才能切实落地。

第一节　河湖长制核心机制的完善

完善河湖长制的核心机制是河湖长制法治保障建构的关键。河湖长制的长效运行，关键在于实施的效果，这就需要一套完善的工作机制和制度，以明确河湖长及其工作机构的性质，明晰与部门监管、流域管理之间的关系，形成一系列包括河湖长会议制度、信息共享和报送制度、督查制度、考核激励制度等完整有效的制度体系。

一、依法确立职权明确的体制机制

（一）明确河湖长及其工作机构的法律性质

第一，应当明确河湖长并不是新设的行政机关。在行政实践中，我国行政主体分类主要为十类，但河湖长并不在十类当中，不是独立的行政机关。那么，如何理解河湖长的法律属性？本文认为，河湖长制的作用在于将带有一定模糊性的地方政府责任清晰化，使地方党政负责人承担起流域湖泊生态环境治理责任。也就是说，河湖长的身份——地方党政负责人是河湖长治理权威的来源，而地方党政负责人的职权源于法律授权。流域湖泊生态环境治理本就应属于地方党政负责人的职权范围，河湖长制制度建设只是将原本不太清晰的责任明确化。所以，设置河湖长不是新设国家行政机关，而是借用"权力行使人"范畴① 而已。它只对行政体系内发生作用，不会与行政相对人直接产生联系。

第二，河湖长办公室的性质应当属于协调机构。首先，河湖长办公室不是职能部门。它不在政府部门序列当中，也不具备直接的监督管理权限，其作用对象是政府职能部门，职责主要在于协调、督促、考核。其次，河湖长办公室具体设置并不影响其协调机构性质。即使河湖长办公室设置在水利部门，也不会自然而然地成为水利部门的一个处室，而仍然是对河湖长负责的办事机构。不过，当设置在水利部门时，应当给予足够的资金、编制、人员保障。在具体设置方案上，还是应该由各地根据实际确定。再次，河湖长办公室应该是常设机构而不是临时机构。《水污染防治法》《长江保护法》已经从法律层面确立了河湖长制，而河湖长办公室是河湖长的办事机构和河湖管理事项的议事协调机构，因此，自然也将长期

---

① 史玉成：《流域水环境治理"河长制"模式的规范建构——基于法律和政治系统的双重视角》，《现代法学》2018 年第 6 期。

存在。只是还需要在今后的法律修正过程中，将河湖长办公室的内容写进法律文本。

第三，在法律层面规定时，应当只设置省、市、区县、乡镇四级河湖长，而在村一级设置河湖专管员或巡查员。由于我国地方行政层级设计只规定了省、市、区县、乡镇四级，对应地方四级政府，而没有设置村一级，加之《中华人民共和国村民委员会组织法》将村一级认定为基层群众性自治组织，因此，在未来制定《河湖长制实施条例》时不宜在村一级设置河湖长。同时，为了化解流域湖泊治理"最后一公里"的难题，可以借鉴《海南省河长制湖长制规定》，"市县（区）或者乡镇可以根据实际情况聘请村级河湖专管员或巡查员，对河湖进行日常巡查。村级河湖专管员或巡查员协助乡、镇、街道级河长、湖长开展工作，接受乡、镇、街道级河长、湖长的领导和管理"①。也就是在村一级设置河湖专管员或巡查员，并给予资金保障。

（二）理顺河湖长管理与部门监管体制之间关系

第一，依据"不改变原有行政管理体制"原则，处理河湖长管理与部门监管体制之间的关系。对于前面提到的集中与分散的悖论。有学者提出，河湖长制将流域湖泊治理权力相对集中于地方党政负责人，而统一监管与分级、分部门监管相结合的体制则坚持分散的多部门管理。这样一来，河湖长制有从制度层面削弱现有监管体制的意味。② 而事实上，河湖长制的出台并不会改变既有的部门监管体制。因为河湖长的整合、集中是相对于部门监管高一层级的整合，它不是另起炉灶建设的与部门监管平级的新系统。应当说，部门监管是河湖长制实施的基础，而河湖长制的实施可以起到对多部门整合协调的作用。"河长制是凝聚各方合力的工作机制，

---

① 《海南省河长制湖长制规定》第十八条。

② 史玉成：《流域水环境治理"河长制"模式的规范建构——基于法律和政治系统的双重视角》，《现代法学》2018 年第 6 期。

主要在河流管理保护工作中发挥组织领导、统筹协调作用，并不改变原有行政管理体制，也不替代政府及有关部门原有的职责。""生态环境、交通、水利、农业农村等部门需要按照法律法规规定，积极主动履行法定职责。"①

第二，设定河湖长制成员单位工作规则，进一步明确河湖长办、职能部门之间的关系。为了避免河湖长办与河湖长制成员单位以及河湖长制成员单位之间职责的冲突，可以进一步制定河湖长制成员单位工作规则。可资借鉴的是山西省《忻州市市级河长制成员单位工作规则（试行）》。该文件的目的在于"全面推行河长制工作领导组成员单位间的联系沟通和协调配合，有效推动河长制湖长制各项工作顺利开展"，其主要内容包括总则、联络员会议、公文及信息共享、联合办公、督导和考核等。通过清晰明确的规则使各成员单位的积极性被调动起来，同时也增加了部门间的信息共享与互动，减少部门间的摩擦。

（三）理顺河湖长管理与流域管理机构之间的关系

第一，应该进一步明确流域管理机构在河湖长管理事务中的职权。《水法》《水污染防治法》等涉水立法没有明确规定流域管理机构在河湖长管理事务中的职权。2018年，中共中央办公厅、国务院办公厅印发《关于在湖泊实施湖长制的指导意见》，该文件要求流域管理机构要充分发挥协调、指导和监督等作用。基于此，未来在立法中可以将流域管理机构的职权定位在"协调""指导""监督""监测"等职能上，并提出建立沟通协商机制的要求。

第二，应丰富地方政府环境质量责任制的内涵，使之不仅做到守土有责，还能够做到整体协调。可以修改《环境保护法》第六条第二款的规定，

---

① 战海峰：《重庆立法让河长制有名有实》，2021年1月31日，见 https://m.gmw.cn/baijia/2021-01/31/1302082845.html。

改为"地方各级人民政府应当对本行政区域的环境质量负责，并且有义务协调处理跨区域环境问题"。

二、依法形成操作性强的工作制度

（一）健全河湖长会议制度

首先，需要整合河长会议制度和联席会议制度。虽然两者有不同，但出于文件简化、整合的需要，可以将两者合并成为一个制度。在一个文件当中既规定河长会议制度又规定联席会议制度。其次，需要进一步规范河湖会议制度，包括明确参会人员、议事规则、议事范围、决议实施形式、部门联动方式等。再次，需要完善河湖长会议制度的一些细节问题。例如，召开省级河湖长会议的时间可以规定在年末或者第二年年初。这样既可以对当年的河湖长工作情况进行总结，又可以制定出台新的一年的工作要点，从而方便地市、区县、乡镇循着工作重点进行安排部署。又如，应在程序上加强，规定河湖长议事规则、决议实施形式、信息公开等内容。

（二）健全河湖长信息共享和报送制度

首先，应将信息共享和信息报送制度整合成一个制度。在《水利部办公厅关于加强全面推行河长制工作制度建设的通知》（办建管函〔2017〕544号）中提到了河湖长信息共享和信息报送两个制度。由于两者都是关于信息管理方面的，因此，可以将两者整合成河湖长信息管理工作制度。其次，将信息共享制度与信息公开制度分离。信息共享制度主要是一个行政体系内部的信息资源合作管理机制，而信息公开制度则需要面对社会群体。两者公开的对象、标准、要求并不一致。所以，有必要将两者区分开来，再次，细化河湖长信息共享和报送制度。包括信息管理主体、程序、范围、频次、形式、信息主要内容、审核要求等，同时对信息报送质量作出具体规定，对报送不及时、不达标、不准确情况应设置罚则。可以借鉴《钦州市河长制信息共享制度》的规定，当出现未按规定要求向共享平台及时提供共享信息；向共享平台提供的信息未及时更新或提供的信息不符合规定要求时要求其整改，未完成整改的，均报河长制工作领导小组。①

（三）健全河湖长巡查制度

首先，应当进一步明确河湖长巡查的内容。可以借鉴郑州市的做法规定巡河应该做到"一访两看三巡"。一访：访问沿河湖群众，了解河湖治理情况、存在问题及意见建议。两看：一是观察水体颜色、气味，水生动植物是否正常；二是看河长公示牌是否有丢失、缺损，信息是否更新及时。三巡：一是巡查河道，是否有入河排污、电毒炸鱼及非法采砂、围垦河道、垃圾堆积等四乱问题；二是巡查岸线，是否存在涉河违建、新增排污企业及其他侵犯河湖的行为、现象或隐患；三是巡查支流，是否存在汇流处水质不达标、垃圾漂浮问题。②

其次，进一步明确河湖长巡查程序规定。在巡查前的准备阶段，确定巡查河段、重点巡查对象、巡查陪同人员名单、巡查技术装备，如无人机等；巡查过程中做到"一访两看三巡"，做好巡查记录，形成巡查报告；巡查后落实问题整改。③

再次，加强河湖长巡查技术力量。组建巡查专家团队，与河湖长一起巡河，分析解读环保数据、发现问题的性质、严重程度，整合专家建议，完善河湖治理方案。

最后，还应规定河湖长巡河考核奖励制度，鼓励社会团体相关人员、志愿者开展河湖巡查协查工作，规定河（湖）长因故不能开展巡查的，应委托其他工作人员代为开展巡查，巡查情况及时报告河（湖）长。④

---

① 《钦州市河长制信息共享制度》第二十四条。
② 《郑州市人民政府关于印发郑州市市级河长履职尽责"两函四巡三单两报告"工作法和郑州市河湖长制工作督察制度的通知》（郑政文〔2020〕52号）。
③ 《郑州市人民政府关于修订郑州市河长制工作河湖库巡查制度的通知》（郑政文〔2019〕54号）。
④ 《忻州市河（湖）长巡查工作制度（试行）》。

（四）健全河湖长督办制度

首先，区分督办和督查制度。督办和督查性质不同，不宜放在同一个文件当中一并规定。例如，《威海市河长制工作市级督察督办制度》。需要将两者拆分开来，分别行文。

其次，围绕督办单具体规定制度内容。可以参照《十堰市重大违法案件河长挂牌督办制度》的规定，第一步确定重大违法案件挂牌督办情形；第二步限期办结挂牌督办案件；第三步审查挂牌督办结果。

再次，明确罚则。例如，可以规定存在下列情形的，由挂牌督办河长制办公室责令改正，情节严重的，可依照有关规定建议追究相关部门和人员的行政责任。（一）无故拖延、敷衍塞责或拒不办理的；（二）不按挂牌督办要求办理的；（三）未在规定期限内完成执法任务，且未书面申请延长办理期限的；（四）未履行督办职责的；（五）不按照本制度要求报送案件进展情况和结案报告，或者报送情况弄虚作假的。①

（五）健全河湖长工作督察制度

首先，应拓展督察主体范围。可以将督察主体由河湖长办拓展到地方党委、政府、人大、政协。其次，更加重视督察结果的反馈。应当将督察结果纳入河长制工作年度考核，作为河长制工作年度考核和奖励的依据，并将督察结果抄报河长制市级责任部门；下发督办函，并抄报上级河长，必要时进行通报。② 再次，加强督察问责。明确规定责任追究方式，包括责令整改、警示约谈、通报批评、年度考核扣分、实施处罚、提请追责等。

（六）健全河湖长工作验收制度

首先，应当拓宽验收主体范围。现有文件将验收主体规定为河湖长办

① 《十堰市重大违法案件河长挂牌督办制度》第十四条。
② 《上饶市河长制工作督查制度》。

公室，除此之外还可以增加河湖长、相关部门，如纪检监察等。其次，验收方式应当是逐个检查与抽查的结合。只规定抽查方式不利于河湖长工作的全面推进。再次，增加对验收过程中发现问题及时整改落实的规定。可以参照《三亚市河长制工作验收办法》规定，市河长办公室应该在对各区政府、生态区管委会河长制验收工作结束后 10 个工作日内，出具验收达标或不达标报告。对不达标的行政区，由市河长办公室提出限期整改意见，并由市总河长或副总河长对该行政区主要负责人进行约谈。不达标的行政区应当根据市河长办公室发出的整改意见书，建立问题台账和责任清单，明确整改责任单位、责任人员，抓好整改落实，并将整改报告报市河长办公室。市河长办公室组织督查组对各行政区整改情况进行督查，将督查情况反馈被验收单位，并书面报告市总河长、副总河长。不达标的行政区在整改任务完成后，认为已符合验收条件的，可以向市河长办公室申请重新验收。经市河长办公室组织重新验收达标后，由市河长办公室出具验收报告。[①]

三、依法建立奖惩分明的考核激励制度

（一）健全河湖长考核制度

第一，完善河湖长考核程序。首先，将述职制度纳入考核环节内。述职内容主要包括流域湖泊年度重点任务完成情况、个人履职情况、存在的问题与不足等。个人述职后，上级河湖长应对其履职情况进行点评，述职应在一定范围公开，接受监督。其次，规定考核结果向社会公开。可以借鉴《吉林省河湖长制条例》的做法，规定："河长制办公室负责考核的组织协调工作，统计公布考核结果"[②]。再次，加入约谈的规定。对未履行职

---

① 《三亚市河长制工作验收办法》。
② 《吉林省河湖长制条例》第三十七条。

责或者履行职责不力的，上级河湖长应当约谈本级河湖长、河长制办公室成员单位及有关部门主要责任人、下级总河湖长；河湖长应当及时约谈本级有关部门主要责任人、下级河长；河长制办公室负责人可以约谈下级河长制办公室负责人。①

第二，应拓宽考核对象、逐步加重考核占地方领导干部综合考核评价的权重。在考核对象设定上，国家层面应设置对省一级河湖长的考核。只有这样才能形成考核的全覆盖。由于两办《关于全面推行河长制的意见》只要求上级河长对下级河长进行考核，而没有规定省一级总河长的考核问题，从而形成了缺漏。未来，应明确规定省级河长的考核应当由国务院授权水利部来实施，如果考核不合格，则由水利部报国务院追究省级河长责任。此外，考核应涵盖河长制成员单位，规定由上级河长对下级河长进行考核，各级河长对河长制成员单位进行考核。在考核占比权重上，应适当增加河湖长制工作在市政府绩效考核里的比例，增加一票否决项。

第三，融入第三方评估机制，完善考核方式。应当规定考核方式为综合考核，即日常考核＋年终考核，日常不定期抽查，年终总体考察。应当加入第三方评估机制。可以借鉴《河北省2020年度河湖长制工作考核实施细则》规定："第三方评估由省河湖长制办公室委托第三方机构每季度进行评估，评估结果通报各地。"

（二）健全河湖长激励制度

第一，应当就河湖长制工作责任追究制定专门文件。从现状看，一些地方已经制定出台了专门文件，例如，《云南省河（湖）长制工作问责办法（试行）》《永州市河长制工作责任追究暂行办法（试行）》《娄底市河长制工作责任追究办法的通知（试行）》等。未来，还可以从中央层面制定

---

① 《辽宁省河长湖长制条例》。

相关考核问责文件。

第二，应当将正向激励与负向问责相结合。从中央层面看，国务院已经连续下发了多项相关文件，例如，《国务院办公厅关于对 2020 年落实有关重大政策措施真抓实干成效明显地方予以督查激励的通报》（国办发〔2021〕17 号）、《国务院办公厅关于对 2019 年落实有关重大政策措施真抓实干成效明显地方予以督查激励的通报》（国办发〔2020〕9 号）、《国务院办公厅关于对 2018 年落实有关重大政策措施真抓实干成效明显地方予以督查激励的通报》（国办发〔2019〕20 号）、《国务院办公厅关于对真抓实干成效明显地方进一步加大激励支持力度的通知》（国办发〔2018〕117 号）等。从地方层面看，一些地方还制定了专门文件。例如，湖南省娄底市制定出台了《娄底市河长制工作正向激励措施》。未来，还应该加强正向激励措施。一方面，稳定奖补资金，明确奖补条件，单列奖补经费；另一方面，推动全面奖励，建立从物质到精神的奖励体系，例如，设定"最美河湖长"荣誉称号等。

第三，应加大惩处力度提升威慑力。责任形式不仅包括责令写出检查、通报批评、诫勉谈话，还应包括停职检查、党纪政务处分、组织调整或者组织处理、责令辞职，情节严重的移送司法机关。

第四，健全专门监督机关对河长的监督。这些机关包括司法机关、审计机关、行政监察机关等。审计机关、行政监察机关可以根据《行政监察法》《审计法》等法律的规定实施监督。但法律需要强化这些机关对生态文明建设工作监督的力度，规范程序，明确职责。对于司法机关，首先，应该明确检察机关、司法机关对河长的监督职权；其次，应尝试让检察机关、司法机关进入这一监督领域，积累典型案例；再次，明确监督的范围、程序、对象以及责任追究的办法。

第二节　河湖长制保障机制的完善

为了保证河湖长制核心机制能够持续有效地运行，需要在保障机制上不断优化和提升，通过健全经费、技术、社会参与和协作联动机制，给予河湖长制强有力的支持，以确保真正实现河湖长制的常态化和长效化，进一步保障其制度权威与执行力。

一、健全经费保障机制

第一，应当更加重视资金保障制度建设。但是从现状看，一些地方并未真正重视河湖长制的经费问题。例如，2017 年 7 月 28 日，浙江省第十二届人民代表大会常务委员会出台的《浙江省河长制规定》；2018 年 9 月 30 日，海南省第六届人民代表大会常务委员会制定的《海南省河长制湖长制规定》等，并未对财政资金保障问题作出规定。未来，在国务院制定《河湖长制实施条例》时可以对此作出规定："国家建立、健全河湖长工作资金保障机制，加大财政转移支付力度。有关地方人民政府应当落实保障资金，确保其用于流域湖泊生态保护"①。

第二，应给予基层河湖长以资金补助。通过调研可以发现，一些地市、县乡、村在河流巡查、保洁、设备、聘请人员进行水面及河岸垃圾打捞等一系列工作方面还存在资金缺口。② 可以借鉴《江西省实施河长制湖长制条例》的规定，"各地应当根据河流长度或者水域面积，聘请河湖专管员或者巡查员、保洁员，负责河湖的日常巡查和保洁"。

第三，积极鼓励社会资本参与流域湖泊治理。可以参照《重庆市河长

---

① 《吉林省河湖长制条例》。
② 2021 年 5 月湖南省 7 座城市河湖长制调研座谈会记录。

制条例》的规定，明确"市、区县（自治县）人民政府应当统筹使用河流管理保护资金，保障一河一策实施，将河长制工作经费纳入本级政府预算。鼓励社会资本参与河流管理保护"。

二、健全技术保障机制

第一，在《河湖长制实施条例》中明确规定技术保障机制。参照目前的做法主要有三种形式：第一种形式是在总则部分进行规定，其目的在于鼓励相关技术开发利用。例如，《重庆市河长制条例》第七条规定："鼓励和支持河流管理保护科学研究、技术创新、人才培训，推动科技成果转化。"第二种形式是在规定河长制办公室职责时进行规定。例如，《吉林省河湖长制条例》第二十二条规定："河长制办公室主要职责如下……（六）组织建立和应用河湖管理保护信息系统平台；（七）为河湖长履行职责提供必要的技术支撑"。第三种形式是结合信息管理制度进行规定。例如，《辽宁省河长湖长制条例》第十七条规定，"建设全省河长湖长制管理信息系统，运用现代信息技术手段加强监管、巡查、处置和考核"。本文则认为，除了以上三种形式以外，还可以借鉴吸收《土壤污染防治法》的规定，在未来的《河湖长制实施条例》中设置专章——"保障和监督"，然后，在这一章当中来规定专家咨询机制、信息管理机制、技术支持机制等技术保障机制。同时，在规定河湖长办公室职责时强调，"为河湖长履行职责提供必要的技术支撑"。这样一来，既实现了保障机制的专章化，又强调了河湖长办的职责，保障了河湖长履职的技术能力。

第二，出台流域湖泊划定、技术应用方面的标准和文件。在流域湖泊划定方面，虽然已经出台了系列文件，但缺乏具体的流域湖泊划定标准。2014年8月，水利部印发了《水利部关于开展河湖管理范围和水利工程管理与保护范围划定工作的通知》（水建管〔2014〕285号）；2018年12月，水利部印发了《水利部关于加快推进河湖管理范围划定工作的通知》。这两个文件只是明确了《水法》《土地管理法》《河道管理条例》《水库大坝安全管理条例》《大中型水利水电工程建设征地补偿和移民安置条例》等法律法规依据，并没有具体规定划定的技术规范标准。相关法律法规并没有具体规定划定的技术规范标准。未来，应当从中央层面出台文件对划定行为进一步规范。在专家咨询方面，应组建河湖长制专家咨询委员会。选拔该领域资深专家、技术人员作为咨询委员，共同巡河，就重点事项、疑难问题进行咨询，整合专家建议，以进一步提升河湖长制的专业性和科学性。在公众信息化保障方面，应积极开发和宣传地方智慧河湖长微信公众号、App，主动发布河湖长制的政策方针、法律法规。强化微信公众号、App 的使用效能，做到相关功能能用、好用，进行长期维护，接受公众投诉，并及时进行反馈处理。

三、健全社会参与机制

第一，出台河湖长制社会监督举报受理文件。发动群众参加环保是实现公众参与、推动流域湖泊治理的重要措施。在这方面，已经有部分省市出台了相关文件，例如，《黑龙江省河湖长制举报受理制度（试行）》《山东省河湖长制社会监督举报奖励办法（试行）》等。未来，应当借鉴这些地方的做法，借助河湖长督办巡查平台接受公众投诉、建议。出台相关文件建立社会监督员制度；规定公众举报制度，规定举报渠道、举报内容、举报受理程序、举报处理程序、情况反馈、举报信息保密、奖励机制、追责问责等内容。

第二，制定"民间河长"管理制度文件。水利部印发的《实施意见》明确指出，"要加强对民间河长的引导"。从实践情况看，民间河长已经成长为守护流域湖泊生态环境的重要社会力量。以某市为例，单 2020 年，全市民间河长累计巡河 3200 余次、里程 2.2 万余公里，有效解决涉河涉水大小问题 290 余个；评选全市"最美民间河长"20 名，优秀民间河长行动中心 3 个,其中 1 名同志荣获全国河长制工作先进个人,1 名河长荣获全国优秀河长,1 名基层民间河长入围"全国最美河湖卫士"提名人选,4 名官方河长获得全省优秀河长,"双河长制"治水模式被多家中央媒体宣传报道。[①] 在这种情况下,更应该加强对"民间河长"的引导和管理。可以在法律法规中明确规定"民间河长",确认其合法地位;适时出台《"民间河长"暂行管理办法》《"民间河长"志愿服务活动实施方案》对"民间河长"的组织体系、功能定位、工作机制、保障机制、考核制度等作出具体规定。

四、健全协作联动机制

第一,构建完善行政管辖区域内多部门协作联动机制。首先,应当在规定河湖长及其机构职责时明确规定协同推进职责。可以在未来的《河湖长制实施条例》中规定,河湖长应明确本行政区域、跨行政区域河湖管理责任。[②] 其次,应进一步充实完善河湖长制联合执法制度。应当由政府层级或者多部门联合下发《全面推行河湖长制联合执法制度》文件,明确规定联合执法准备、联合执法内容、联合执法方式、联合执法工作要求、联合执法行动保障等内容,同时加强操作性对联合执法行动方案、步骤、时间安排、参与部门等事项作出具体规定。再次,建立和完善行政执法与刑事司法衔接机制。逐步完善"河湖长 + 检察长",规定检察机关加强对河流管理保护工作的法律监督,依法提出检察建议、开展公益诉讼。同时,按照《最高人民法院关于全面加强长江流域生态文明建设与绿色发展司法保障的意见》(法发〔2017〕30 号)依法审理涉江河湖泊治理的行政及非诉行政执行案件,推动、规范和保障河湖长制的执

---

① 《2019 年湖南省市县河长制湖长制部分典型经验做法》。

② 《吉林省河湖长制条例》。

行，促进水环境治理。

第二，健全跨区域协作联动机制。一方面，建立跨省流域湖泊联防联控机制。全国跨省界河湖超过 2800 条（个），跨省界河湖联防联控是河湖长制工作的薄弱环节。[①] 建议在运行一段时间以后，将《生态环境部、水利部关于建立跨省流域上下游突发水污染事件联防联控机制的指导意见》（环应急〔2020〕5 号）的内容进一步规范化，由多部门联合下文形成部门规章。其内容不仅应规定应急情况下的联防联控问题，更应注重日常稳定的省际间流域湖泊协作治理。发挥国家部委的统筹协调作用，率先在重要流域湖泊，例如长江、黄河流域建成跨省流域湖泊联防联控机制。可以参照跨省流域生态补偿的做法，中央指导、地方参与达成以协议形式确定双方、多方权利义务。在河湖长部际联席会议基础上，增加地方政府参会人员，形成自上而下与自下而上结合的建议渠道。另一方面，完善省域内流域湖泊联防联控机制。建议在河湖长制地方性法规规章中规定省级河湖长责任，"省级河长、湖长负责组织对其责任范围内河湖的管理保护工作，督促实施河湖管理保护方案，推动和督促建立跨市县协调联动机制，协调和督促解决河湖管理保护中涉及跨市县的上下游、左右岸等重大问题"[②]。建议将建立省内流域湖泊联防联控机制写入考核内容，在省一级、市一级河湖长的协调下根据各地的实际情况加快建立起可操作性的制度，最终按照《水污染防治法》的四个统一要求进行防治。[③]

总之，河湖长制法治化是一个推动各项要素制度化、规范化、程序化发展的过程。未来，应进一步加强河湖长制专门立法，修正相关立法，并

---

① 水利部长江水利委员会：《关于"河湖长制下跨界河湖联防联控制度研究"征询意向公告》，2020 年 6 月 16 日，见 http://www.cjw.gov.cn/zwzc/gsgg/47563.html。

② 《海南省河长制湖长制规定》。

③ 《水污染防治法》第二十八条。

紧紧围绕河湖长制的运行制度和保障制度，推进体制机制、工作制度、考核问责机制、保障机制的规范建构，形成依法授权、运行有序、考核客观、严格问责的河湖长法治体系。只有这样才能够确保河湖长制规范运行，也才能进一步推动实现我国流域湖泊的可持续发展。

参考文献

一、中文文献

（一）著作

蔡守秋:《河流伦理与河流立法》,黄河水利出版社 2007 年版。

陈德敏:《环境资源法学理论与实践研究》,重庆大学出版社 2012 年版。

陈海嵩:《国家环境保护义务论》,北京大学出版社 2015 年版。

陈海嵩:《解释论视角下的环境法研究》,法律出版社 2016 年版。

陈宏伟:《安徽省河湖长制知识百科》,黄河水利出版社 2020 年版。

陈林林、夏立安:《法理学导论》,清华大学出版社 2014 年版。

陈天力:《"河长制"工作百题问答》,浙江科学技术出版社 2017 年版。

鞠茂森主编:《河长制政策及组织实施云南分册》,中国水利水电出版社 2019 年版。

陈晓东等:《河（湖）长概论》,中国水利水电出版社 2019 年版。

陈晓景、董黎光:《中国流域管理法律问题基础研究》,河南人民出版社 2006 年版。

樊清华:《海南湿地生态立法保护研究》,中山大学出版社 2013 年版。

方国华等:《河（湖）长制考核》,中国水利水电出版社 2018 年版。

傅涛作:《解码河长制践行河长制　读懂弄通做实河长制》,中国水利水电出版社 2020 年版。

高鸿钧:《现代法治的出路》,清华大学出版社 2003 年版。

葛安平:《"河长制"知识读本》,中国水利水电出版社 2020 年版。

郭红欣:《环境风险法律规制研究》,北京大学出版社 2016 年版。

韩德培、陈汉光:《环境保护法教程（第 8 版)》,法律出版社 2018 年版。

胡若隐:《从地方分治到参与共治》,北京大学出版社 2012 年版。

黄亮：《河长制》，广东科技出版社 2020 年版。

晋海：《河湖长制执法监管》，中国水利水电出版社 2020 年版。

李爱年、肖爱：《法治保障生态化 从单一到多维》，湖南师范大学出版社 2015 年版。

李国炎：《当代汉语词典》，上海辞书出版社 2001 年版。

李军鹏：《公共管理学》，首都经济贸易大学出版社 2017 年版。

李龙、汪习根：《法理学》，武汉大学出版社 2011 年版。

李龙主编：《法理学》，武汉大学出版社 2011 年版。

李琪等：《中国特大城市政府管理体制创新与职能转变》，上海人民出版社 2010 年版。

李四林：《水资源危机：治理模式研究》，中国地质大学出版社 2012 年版。

李原园等：《国外流域综合规划技术》，中国水利水电出版社 2009 年版。

刘超：《环境政策与环境法律的协同机制研究》，世界图书出版广东有限公司 2013 年版。

刘奕：《公共危机系统管理》，上海人民出版社 2012 年版。

鲁敏：《当代中国政府概论》，天津人民出版社 2019 年版。

陆浩：《中华人民共和国水污染防治法解读》，中国法制出版社 2017 年版。

吕世伦：《法的真善美——法美学初探》，法律出版社 2004 年版。

吕忠梅等：《长江流域水资源保护立法研究》，武汉大学出版社 2006 年版。

毛如柏：《世界环境法汇编（美国卷一）》，中国档案出版社 2007 年版。

毛如柏：《世界环境法汇编（美国卷二）》，中国档案出版社 2007 年版。

毛如柏：《世界环境法汇编（美国卷三）》，中国档案出版社 2007 年版。

梅宏：《滨海湿地保护法律问题研究》，中国法制出版社 2014 年版。

莫衡：《当代汉语词典》，上海辞书出版社 2001 年版。

牟国义主编：《江苏年鉴》，江苏年鉴社 2009 年版。

牛最荣、张永胜：《河长制网格化管理信息系统研究与应用》，黄河水利出版社 2020 年版。

潘增辉：《河湖长制体系建设与实践》，河北科学技术出版社 2019 年版。

秦天宝等：《碧水蓝天中的百姓环境权益：生活中的环境法》，武汉大学出版社 2007 年版。

全国人民代表大会常务委员会法制工作委员会：《中华人民共和国环境保护法释义》，法律出版社 2014 年版。

上海市环境保护局：《环境保护在您身边 环保知识视窗》，中国环境科学出版社 2008 年版。

史玉成：《环境法的法权结构理论》，商务印书馆 2018 年版。

水利部河长制湖长制工作领导小组办公室、水利部发展研究中心编：《全面推行河长制湖长制典型案例汇编》，中国水利水电出版社 2020 年版。

谈珊：《断裂与弥合：环境与健康风险中的环境标准问题研究》，华中科技大学出版社 2016 年版。

唐德善等：《河长制湖长制评估系统研究》，河海大学出版社 2020 年版。

汪劲：《中国环境法原理》，北京大学出版社 2000 年版。

王彬辉：《基本环境法律价值：以环境法经济刺激制度为视角》，中国法制出版社 2008 年版。

王灿发：《中华人民共和国水污染防治法阐释》，中国环境科学出版社 1997 年版。

王腊春等：《水资源学》，东南大学出版社 2014 年版。

王岚：《风险社会中的环境责任制度研究》，中国财政经济出版社 2016 年版。

王人博、程燎原：《法治论》，山东人民出版社 1989 年版。

王树义等：《环境法前沿问题研究》，科学出版社 2012 年版。

韦彬：《跨域公共危机整体性治理研究》，知识产权出版社 2019 年版。

吴季松：《治河专家话河长——走遍世界大河集卓识 治理中国江河入实践》，北京航空航天大学出版社 2017 年版。

吴文庆：《河长制湖长制实务》，中国水利水电出版社 2019 年版。

吴勇：《环境审判机制创新研究》，法律出版社 2019 年版。

《行政法与行政诉讼法学》编写组编：《行政法与行政诉讼法学（第 2 版）》，高等教育出版社 2017 年版。

熊文、彭贤则等：《河长制 河长治》，长江出版社 2017 年版。

徐辉等：《流域水污染防治立法研究 以黄河流域甘肃段为例》，兰州大学出版社 2004 年版。

徐明：《我是河长》，江西人民出版社 2017 年版。

徐显明、刘瀚：《法治社会之形成与发展（上）》，山东人民出版社 2003 年版。

叶樱：《河长记》，云南美术出版社 2011 年版。

袁弘任等：《水资源保护及其立法》，中国水利水电出版社 2002 年版。

张辉：《美国环境法研究》，中国民主法制出版社 2015 年版。

张加雪等：《河长制下泰州引江河及里下河湖区水生态水环境保护研究》，河海大学出版社 2019 年版。

张建伟：《政府环境责任论》，中国环境科学出版社 2008 年版。

张军红、侯新:《河长制的实践与探索》,黄河水利出版社 2017 年版。

张蕾等:《中国湿地保护和利用法律制度研究》,中国林业出版社 2009 年版。

赵宝璋:《水资源管理》,水利电力出版社 1994 年版。

赵焱等:《水资源复杂系统协同发展研究》,黄河水利出版社 2017 年版。

中国社会科学院语言研究所词典编辑室:《现代汉语词典(第 7 版)》,商务印书馆 2016 年版。

周文夫:《京津冀协同发展框架下河北生态环境建设研究》,河北人民出版社 2015 年版。

周小春:《〈安徽省湿地保护条例〉释义》,合肥工业大学出版社 2018 年版。

周训芳、吴晓芙:《生态文明视野中的环境管理模式研究》,科学出版社 2013 年版。

朱建国、王曦:《中国湿地保护立法研究》,法律出版社 2004 年版。

[德] 菲利普·塞尔兹尼克:《田纳西河流域管理局与草根组织 一个正式组织的社会学研究》,李学译,重庆大学出版社 2014 年版。

[法] 亚力山大·基斯(Alexandre Kiss):《国际环境法》,张若思编译,法律出版社 2000 年版。

[美] 布莱克·D. 拉特纳:《流域管理 东南亚大陆山区的生活和资源竞争》,杨永平等译,云南科学技术出版社 2000 年版。

[美] 大卫·利连索尔:《民主与大坝 美国田纳西河流域管理局实录》,徐仲航译,上海社会科学院出版社 2016 年版。

[美] 丹尼尔·A. 法伯、罗杰·W. 芬德利:《环境法精要(第 8 版)》,田其云、黄彪译,南开大学出版社 2016 年版。

[美] 理查德·B. 斯图尔特等:《美国环境法的改革 规制效率与有效执行》,王慧编译,法律出版社 2016 年版。

[美] 理查德·拉撒路斯:《环境法的形成》,庄汉译,中国社会科学出版社 2017 年版。

[美] 罗伯特·V. 珀西瓦尔:《美国环境法 联邦最高法院法官教程》,赵绘宇译,法律出版社 2014 年版。

[美] 詹姆斯·韦斯特维尔特:《流域管理的模拟建模》,程国栋等译,黄河水利出版社 2004 年版。

[日] 交告尚史等:《日本环境法概论》,田林、丁倩雯译,中国法制出版社 2014 年版。

（二）论文

编辑部：《盘点两会水运关键词》，《中国海事》2018 年第 4 期。

曹新富、周建国：《河长制促进流域良治：何以可能与何以可为》，《江海学刊》
2019 年第 6 期。

常轶军、元帅：《"空间嵌入"与地方政府治理现代化》，《中国行政管理》2018 年
第 9 期。

陈海嵩：《国家环境保护义务的溯源与展开》，《法学研究》2014 年第 3 期。

陈庆秋：《试论水资源部门分割管理体制的弊端与改革》，《人民黄河》2004 年第 9 期。

陈涛：《治理机制泛化——河长制制度再生产的一个分析维度》，《河海大学学报
（哲学社会科学版）》2019 年第 1 期。

崔晶：《从传统到现代：地方水资源治理中政府与民众关系研究》，《华中师范大学
学报（人文社会科学版）》2017 年第 2 期。

邓铭江等：《塔里木河下游水量转化特征及其生态输水策略》，《干旱区研究》2017
年第 4 期。

范仓海、芮韦青：《环境政策执行组织结构碎片化的整体性治理》，《领导科学》
2020 年第 16 期。

傅思明、李文鹏：《"河长制"需要公众监督》，《环境保护》2009 年第 9 期。

高家军：《"河长制"可持续发展路径分析——基于史密斯政策执行模型的视角》，
《海南大学学报（人文社会科学版）》2019 年第 3 期。

龚家国等：《中国水危机分区与应对策略》，《资源科学》2015 年第 7 期。

龚珺夫等：《基于 SWAT 模型的延河流域径流侵蚀能量空间分布》，《农业工程学
报》2017 年第 13 期。

郭建宏：《中山市河湖管护实施河长制的思考与建议》，《人民长江》2017 年第 14 期。

郝天奎：《论新〈水法〉确立的水资源管理新体制》，《治淮》2002 年第 12 期。

郝亚光、万婷婷：《共识动员：河长制激活公众责任的框架分析》，《广西大学学报
（哲学社会科学版）》2019 年第 4 期。

郝亚光：《"河长制"设立背景下地方主官水治理的责任定位》，《河南师范大学学
报（哲学社会科学版）》2017 年第 5 期。

郝亚光：《公共责任制：河长制产生与发展的历史逻辑》，《云南社会科学》2019 年
第 4 期。

贺东航、贾秀飞：《制度优势转为治理效能：中国生态治理中的政治势能研究——
以"河长制"政策为案例》，《中共福建省委党校（福建行政学院）学报》2020 年第 3 期。

胡亮：《趋同式环境治理——基于"林长制"实践的分析与反思》，《南京工业大学学报（社会科学版）》2021 年第 3 期。

黄爱宝：《"河长制"：制度形态与创新趋向》，《学海》2015 年第 4 期。

黄俊尧：《作为政府治理技术的"吸纳型参与"——"五水共治"中的民意表达机制分析》，《甘肃行政学院学报》2015 年第 5 期。

姜明栋等：《江苏省河长制推行成效评价和时空差异研究》，《南水北调与水利科技》2018 年第 3 期。

蒋廉洁：《黄河流域水污染分析与水环境保护措施》，《水资源保护》2006 年第 1 期。

金祖睿、金太军：《基层政府治理的碎片化困境及其消解》，《江汉论坛》2020 年第 1 期。

雷明贵：《流域治理公众参与制度化实践："双河长"模式——以湘江治理保护实践为例》，《环境保护》2018 年第 15 期。

黎元生、胡熠等：《流域生态环境整体性治理的路径探析——基于河长制改革的视角》，《中国特色社会主义研究》2017 年第 4 期。

李波、于水：《达标压力型体制：地方水环境河长制治理的运作逻辑研究》，《宁夏社会科学》2018 年第 2 期。

李汉卿：《行政发包制下河长制的解构及组织困境：以上海市为例》，《中国行政管理》2018 年第 11。

李利文：《模糊性公共行政责任的清晰化运作——基于河长制、湖长制、街长制和院长制的分析》，《华中科技大学学报（社会科学版）》2019 年第 1 期。

李美存等：《河长制长效治污路径研究——以江苏省为例》，《人民长江》2017 年第 19 期。

李奇伟、李爱年：《论利益衡平视域下生态补偿规则的法律形塑》，《大连理工大学学报（社会科学版）》2014 年第 3 期。

李奇伟：《我国流域横向生态补偿制度的建设实施与完善建议》，《环境保护》2020 年第 17 期。

李强：《河长制视域下环境分权的减排效应研究》，《产业经济研究》2018 年第 3 期。

李强：《河长制视域下环境规制的产业升级效应研究——来自长江经济带的例证》，《财政研究》2018 年第 10 期。

李松：《三峡库区次级河流水质变差》，《经济参考报》2011 年 5 月 23 日。

李涛等：《天狼星无人机航测技术在河湖划界中的应用》，《测绘通报》2019 年第 3 期。

李伟民：《知识产权行政执法与司法裁判衔接机制研究》，《中国应用法学》2021

年第 2 期。

李轶：《河长制的历史沿革、功能变迁与发展保障》，《环境保护》2017 年第 16 期。

李永健：《河长制：水治理体制的中国特色与经验》，《重庆社会科学》2019 年第 5 期。

李云生：《从流域水污染防治看"河长制"》，《环境保护》2009 年第 9 期。

梁缘毅、吕爱锋：《中国水资源安全风险评价》，《资源科学》2019 年第 4 期。

刘超：《环境法视角下河长制的法律机制建构思考》，《环境保护》2017 年第 9 期。

刘芳雄等：《治理现代化语境下"河长制"法治化问题探析》，《浙江学刊》2016 年第 6 期。

刘鸿志等：《关于深化河长制制度的思考》，《环境保护》2016 年第 24 期。

刘晓星、陈乐：《"河长制"：破解中国水污染治理困局》，《环境保护》2009 年第 9 期。

刘长兴：《广东省河长制的实践经验与法制思考》，《环境保护》2017 年第 9 期。

戚建刚：《河长制四题——以行政法教义学为视角》，《中国地质大学学报（社会科学版）》2017 年第 6 期。

钱翔：《"网格化"安全生产责任落实体系在垃圾焚烧电厂的应用》，《科学与信息化》2017 年第 19 期。

任敏：《"河长制"：一个中国政府流域治理跨部门协同的样本研究》，《北京行政学院学报》2015 年第 3 期。

沈坤荣、金刚：《中国地方政府环境治理的政策效应——基于"河长制"演进的研究》，《中国社会科学》2018 年第 5 期。

沈满洪：《河长制的制度经济学分析》，《中国人口·资源与环境》2018 年第 1 期。

沈晓梅、姜明栋：《基于 DPSIRM 模型的河长制综合评价指标体系研究》，《人民黄河》2018 年第 8 期。

史玉成：《流域水环境治理"河长制"模式的规范建构——基于法律和政治系统的双重视角》，《现代法学》2018 年第 6 期。

孙金华等：《水问题及其治理模式的发展与启示》，《水科学进展》2018 年第 5 期。

唐见等：《河长制在促进完善流域生态补偿机制中的作用研究》，《中国环境管理》2019 年第 1 期。

唐见等：《河湖长制下流域统筹能力建设研究》，《长江科学院院报》2022 年第 7 期。

唐新玥等：《基于云模型的区域河长制考核评价模型》，《水资源保护》2019 年第 1 期。

陶逸骏、赵永茂等：《环境事件中的体制护租：太湖蓝藻治理实践与河长制的背景》，《华中师范大学学报（人文社会科学版）》2018 年第 2 期。

田家华等:《河流环境治理中地方政府与社会组织合作模式探析》,《中国行政管理》2018年第11期。

涂敏:《基于水功能区水质达标率的河流健康评价方法》,《人民长江》2008年第23期。

《完善水治理体制研究》课题组:《水治理及水治理体制的内涵和范畴》,《水利发展研究》2015年第8期。

Tom Christensen、Per Laegreid、张丽娜等:《后新公共管理改革——作为一种新趋势的整体政府》,《中国行政管理》2006年第9期。

王灿发:《地方人民政府对辖区内水环境质量负责的具体形式——"河长制"的法律解读》,《环境保护》2009年第9期。

王东等:《论河长制与流域水污染防治规划的互动关系》,《环境保护》2017年第9期。

王洛忠、庞锐:《中国公共政策时空演进机理及扩散路径:以河长制的落地与变迁为例》,《中国行政管理》2018年第5期。

王书明、蔡萌萌:《基于新制度经济学视角的"河长制"评析》,《中国人口·资源与环境》2011年第9期。

王树义、赵小姣:《长江流域生态环境协商共治模式初探》,《中国人口·资源与环境》2019年第8期。

王伟、李巍:《河长制:流域整体性治理的样本研究》,《领导科学》2018年第17期。

王秀富:《落实绿色发展理念 打造创新驱动经济强市》,《河北水利》2017年第8期。

王园妮、曹海林:《"河长制"推行中的公众参与:何以可能与何以可为——以湘潭市"河长助手"为例》,《社会科学研究》2019年第5期。

吴勇、熊晨:《湖南省河长制的实践探索与法制化构建》,《环境保护》2017年第9期。

武雪萍等:《黄河流域农业水资源与水环境问题及技术对策》,《生态环境》2007年第1期。

肖显静:《"河长制":一个有效而非长效的制度设置》,《环境教育》2009年第5期。

熊烨、周建国:《政策转移中的政策再生产:影响因素与模式概化——基于江苏省"河长制"的QCA分析》,《甘肃行政学院学报》2017年第1期。

熊烨:《跨域环境治理:一个"纵向—横向"机制的分析框架——以"河长制"为分析样本》,《北京社会科学》2017年第5期。

熊烨:《我国地方政策转移中的政策"再建构"研究——基于江苏省一个地级市河长制转移的扎根理论分析》,《公共管理学报》2019年第3期。

徐祖信等:《我国城市河流黑臭问题分类与系统化治理实践》,《给水排水》2018

年第 10 期。

许光建、卢允子：《论"五水共治"的治理经验与未来——基于协同治理理论的视角》，《行政管理改革》2019 年第 2 期。

颜海娜、曾栋：《河长制水环境治理创新的困境与反思——基于协同治理的视角》，《北京行政学院学报》2019 年第 2 期。

颜海娜：《技术嵌入协同治理的执行边界——以 S 市"互联网 + 治水"为例》，《探索》2019 年第 4 期。

杨桂山、马荣华等：《中国湖泊现状及面临的重大问题与保护策略》，《湖泊科学》2010 年第 6 期。

杨雯等：《基于输出系数模型的琼江流域（安居段）农村非点源污染负荷评估》，《环境工程》2018 年第 10 期。

于桓飞等：《基于河长制的河道保护管理系统设计与实施》，《排灌机械工程学报》2016 年第 7 期。

袁麒翔等：《象山港流域河流形态特征定量分析》，《海洋学研究》2014 年第 3 期。

詹国辉：《跨域水环境、河长制与整体性治理》，《学习与实践》2018 年第 3 期。

詹国辉、熊菲：《河长制实践的治理困境与路径选择》，《经济体制改革》2019 年第 1 期。

张成福：《责任政府论》，《中国人民大学学报》2000 年第 2 期。

张复明：《资源型区域面临的发展难题及其破解思路》，《中国软科学》2011 年第 6 期。

张嘉涛：《江苏"河长制"的实践与启示》，《中国水利》2010 年第 12 期。

张强、蔡俊雄等：《我国生态环境损害司法鉴定发展历程与问题研究》，《中国司法鉴定》2021 年第 4 期。

张艳：《善待水环境就是善待人类自己》，《群众》2014 年第 7 期。

张玉林：《承包制能否拯救中国的河流》，《环境保护》2009 年第 9 期。

张铮、包涵川：《属地管理：一个关于行政层级延长的分析框架——基于对 Z 街道办事处的观察》，《中国行政管理》2018 年第 6 期。

张治国：《河长制立法：必要性、模式及难点》，《河北法学》2019 年第 3 期。

郑容坤：《水资源多中心治理机制的构建——以河长制为例》，《领导科学》2018 年第 8 期。

郑雅方：《论长江大保护中的河长制与公众参与融合》，《环境保护》2018 年第 21 期。

钟茂初：《经济增长——环境规制从"权衡"转向"制衡"的制度机理》，《中国地质大学学报（社会科学版)》2017 年第 3 期。

周建国、熊烨:《"河长制":持续创新何以可能——基于政策文本和改革实践的双维度分析》,《江苏社会科学》2017年第4期。

朱玫:《中央环保督察背景下河长制落实的难点与建议》,《环境保护》2017年第9期。

朱玫:《太湖流域治理十年回顾与展望》,《环境保护》2017年第24期。

左其亭等:《河长制理论基础及支撑体系研究》,《人民黄河》2017年第6期。

二、外文文献

(一) 著作

Heathcote, I.W., *Integrated Watershed Management : Principles and Practice,* John Wiley & Sons, 2009.

Lyon, J.G., *GIS for Water Resources and Watershed Management,* CRC Press, 2002.

Mitchell B., Shrubsole D., *Ontario Conservation Authorities, Myth and Reality,* University of Waterloo, Department of Geography, 1992.

Murty J. V. S., *Watershed Management,* New Age International, 1998.

Randhir T., *Watershed Management,* IWA Publishing, 2006.

Ritter W. F. & Shirmohammadi A.(Eds.), *Agricultural Nonpoint Source Pollution, Watershed Management and Hydrology,* CRC Press, 2000.

Sabatier P. A., Focht W., Lubell M., Trachtenberg Z. & Vedlitz A. (Eds.) , *Swimming Upstream, Collaborative Approaches to Watershed Management,* MIT press, 2005.

Satterlund D.R. & Adams P.W., *Wildland Watershed Management,* John Wiley & Sons Inc., 1992.

(二) 论文

Agency E.P., National Primary Drinking Eater Regulations, Long Term 1 Enhanced Surface Water Treatment Rule, Final Rule, *Federal Register,* Vol.67, No.9 (2002).

Alaerts G.J., Institutions for River Basin Management : The Role of External Support Agencies (International Donors) in Developing Cooperative Arrangements, *A Paper for the International Bank for Reconstruction and Development,* (1999).

Bayer L.J., Murcott S., The Danube River Basin, International Cooperation or Sustainable Development, *Natural Resources Journal,* Vol.36, No.3 (Summer 1996).

Browder G., Ortolano L., The Evolution of an International Water Resources

Management Regime in the Mekong River Basin, *Natural Resources Journal,* Vol.40, No.3（Summer 2000）.

Coase R.H., The Problem of Social Cost, *Journal of Law and Economics,* Vol.56, No.2（1960）.

Dale E.G., The Dublin Statement on Water and Sustainable Development, *Environmental Conservation,* Vol.19, No.2（Summer 1992）.

Dales J.H., Land, Waterand Ownership, *Canadian Journal of Economics,* Vol.1, No.4（Nov. 1968）.

Hatton T. J., Refugees and Asylum Seekers, The Crisis in Europe and the Future of Policy, *Economic Policy,* （2017）.

Li Y., Tong J. & Wang L., Full Implementation of the River Chief System in China, *Outcome and Weakness, Sustainability,* Vol.12, No.9（2020）.

Liu D. & Richards K., The He-Zhang（River chief/keeper）System：An Innovation in China's Water Governance and Management, *International Journal of River Basin Management,* Vol.17, No.2（2019）.

Liu H., Chen Y. D., Liu T. & Lin L., The River Chief System and River Pollution Control in China：A case Study of Foshan, *Water,* Vol.11, No.8（2019）.

Liu X., Pan Y., Zhang W., Ying L. & Huang W., Achieve Sustainable Development of Rivers with Water Resource Management-Economic Model of River Chief System in China, *Science of The Total Environment,* Vol.708（March 2020）.

Nigel W., Integrated River Basin Management, A Case for Collaboration, *International Journal of River Basin Management,* Vol.2, No.4（2004）.

Ouyang J., Zhang K., Wen B. & Lu Y., Top-Down and Bottom-Up Approaches to Environmental Governance in China：Evidence from the River Chief System（RCS）, *International Journal of Environmental Research and Public Health,* Vol.17, No.19（2020）.

Overbay J. C., Ecosystem management, *Taking an Ecological Approach to Management,* （1992）.

Qian B., Xiao X. etal., The New Situation of Diatom Bloom in the Middle and Lower Reaches of Hanjiang River under River Chief System, *Proceedings of the International Association of Hydrological Sciences,* （2020）.

QING Y. & LONG F., Water Environment Management of the East Dongting Lake Based on the 'River Chief System', *Journal of Jishou University（Natural Sciences Edition）,* Vol.39,

No.4（2018）.

Roberts M.J., River Basin Authorities, A National Solution to Water Pollution, *Harvard Law Review*, Vol.83, No.7（1970）.

She Y., Liu Y., Jiang L. & Yuan H., Is China's River Chief Policy effective? Evidence from a quasi-natural experiment in the Yangtze River Economic Belt, China, *Journal of Cleaner Production*, Vol.220,（May 2019）.

Stewart J. G., Tolbert R.C., Decentralization and Initiative: TVA Returns to Its Roots, *International Journal of Public Administration*, Vol.16, No.12（1993）.

Wang L., Tong J. & Li Y., River Chief System（RCS）：An Experiment on Cross-Sectoral Coordination of Watershed Governance, *Frontiers of Environmental Science & Engineering*, Vol.13, No.4（2019）.

Wu C., Ju M., Wang L., Gu X. & Jiang C., Public Participation of the River Chief System in China, Current Trends, *Problems and Perspectives, Water*, Vol.12, No.12（2020）.

Xu X., Wu F., Zhang L. & Gao X., Assessing the Effect of the Chinese River Chief Policy for Water Pollution Control Nnder Uncertainty-Using Chaohu Lake as a Case, *International Journal of Environmental Research and Public Health*, Vol.17, No.9（2020）.

Zhang Y., S. Wang, How does Policy Innovation Diffuse Among Chinese Local Governments?A Qualitative Comparative Analysis of River Chief Innovation, *Public Administration and Development*, Vol.41, No.1（2021）.

Zhou Q., Wang Y., etal., Does China's River Chief Policy Improve Corporate Water Disclosure? A Quasi-Natural Experimental, *Journal of Cleaner Production*（2021）.

附录　河湖长制相关地方性法规和规章

附录 1　浙江省河长制规定

浙江省人民代表大会常务委员会公告

（第 60 号）

《浙江省河长制规定》已于 2017 年 7 月 28 日经浙江省第十二届人民代表大会常务委员会第四十三次会议审议通过，现予公布，自 2017 年 10 月 1 日起施行。

浙江省人民代表大会常务委员会

2017 年 7 月 28 日

浙江省河长制规定

（2017 年 7 月 28 日　省第十二届人民代表大会常务委员会第四十三次会议通过）

第一条　为了推进和保障河长制实施，促进综合治水工作，制定本规定。

第二条 本规定所称河长制，是指在相应水域设立河长，由河长对其责任水域的治理、保护予以监督和协调，督促或者建议政府及相关主管部门履行法定职责、解决责任水域存在问题的体制和机制。

本规定所称水域，包括江河、湖泊、水库以及水渠、水塘等水体。

第三条 县级以上负责河长制工作的机构(以下简称河长制工作机构)履行下列职责:

(一)负责实施河长制工作的指导、协调，组织制定实施河长制的具体管理规定;

(二)按照规定受理河长对责任水域存在问题或者相关违法行为的报告，督促本级人民政府相关主管部门处理或者查处;

(三)协调处理跨行政区域水域相关河长的工作;

(四)具体承担对本级人民政府相关主管部门、下级人民政府以及河长履行职责的监督和考核;

(五)组织建立河长管理信息系统;

(六)为河长履行职责提供必要的专业培训和技术指导;

(七)县级以上人民政府规定的其他职责。

第四条 本省建立省级、市级、县级、乡级、村级五级河长体系。跨设区的市重点水域应当设立省级河长。各水域所在设区的市、县(市、区)、乡镇(街道)、村(居)应当分级分段设立市级、县级、乡级、村级河长。

河长的具体设立和确定，按照国家和省有关规定执行。

第五条 省级河长主要负责协调和督促解决责任水域治理和保护的重大问题，按照流域统一管理和区域分级管理相结合的管理体制，协调明确跨设区的市水域的管理责任，推动建立区域间协调联动机制，推动本省行政区域内主要江河实行流域化管理。

第六条 市、县级河长主要负责协调和督促相关主管部门制定责任水域治理和保护方案，协调和督促解决方案落实中的重大问题，督促本级人民政府制定本级治水工作部门责任清单，推动建立部门间协调联动机制，督促相关主管部门处理和解决责任水域出现的问题、依法查处相关违法行为。

第七条　乡级河长主要负责协调和督促责任水域治理和保护具体任务的落实，对责任水域进行日常巡查，及时协调和督促处理巡查发现的问题，劝阻相关违法行为，对协调、督促处理无效的问题，或者劝阻违法行为无效的，按照规定履行报告职责。

第八条　村级河长主要负责在村（居）民中开展水域保护的宣传教育，对责任水域进行日常巡查，督促落实责任水域日常保洁、护堤等措施，劝阻相关违法行为，对督促处理无效的问题，或者劝阻违法行为无效的，按照规定履行报告职责。

鼓励村级河长组织村（居）民制定村规民约、居民公约，对水域保护义务以及相应奖惩机制作出约定。

乡镇人民政府、街道办事处应当与村级河长签订协议书，明确村级河长的职责、经费保障以及不履行职责应当承担的责任等事项。本规定明确的村级河长职责应当在协议书中予以载明。

第九条　乡、村级和市、县级河长应当按照国家和省规定的巡查周期和巡查事项对责任水域进行巡查，并如实记载巡查情况。鼓励组织或者聘请公民、法人或者其他组织开展水域巡查的协查工作。

乡、村级河长的巡查一般应当为责任水域的全面巡查。市、县级河长应当根据巡查情况，检查责任水域管理机制、工作制度的建立和实施情况。

相关主管部门应当通过河长管理信息系统，与河长建立信息共享和沟通机制。

第十条　乡、村级河长可以根据巡查情况，对相关主管部门日常监督检查的重点事项提出相应建议。

市、县级河长可以根据巡查情况，对本级人民政府相关主管部门是否依法履行日常监督检查职责予以分析、认定，并对相关主管部门日常监督检查的重点事项提出相应要求；分析、认定时应当征求乡、村级河长的意见。

第十一条　村级河长在巡查中发现问题或者相关违法行为，督促处理或者劝阻无效的，应当向该水域的乡级河长报告；无乡级河长的，向乡镇人民政府、街道办事处报告。

乡级河长对巡查中发现和村级河长报告的问题或者相关违法行为，应当协调、督促处理；协调、督促处理无效的，应当向市、县相关主管部门，该水域的市、县级河长或者市、县河长制工作机构报告。

市、县级河长和市、县河长制工作机构在巡查中发现水域存在问题或者违法行为，或者接到相应报告的，应当督促本级相关主管部门限期予以处理或者查处；属于省级相关主管部门职责范围的，应当提请省级河长或者省河长制工作机构督促相关主管部门限期予以处理或者查处。

乡级以上河长和乡镇人民政府、街道办事处，以及县级以上河长制工作机构和相关主管部门，应当将（督促）处理、查处或者按照规定报告的情况，以书面形式或者通过河长管理信息系统反馈报告的河长。

第十二条　各级河长名单应当向社会公布。

水域沿岸显要位置应当设立河长公示牌，标明河长姓名及职务、联系方式、监督电话、水域名称、水域长度或者面积、河长职责、整治目标和保护要求等内容。

前两款规定的河长相关信息发生变更的，应当及时予以更新。

第十三条　公民、法人和其他组织有权就发现的水域问题或者相关违法行为向该水域的河长投诉、举报。河长接到投诉、举报的，应当如实记录和登记。

河长对其记录和登记的投诉、举报，应当及时予以核实。经核实存在投诉、举报问题的，应当参照巡查发现问题的处理程序予以处理，并反馈投诉、举报人。

第十四条　县级以上人民政府对本级人民政府相关主管部门及其负责人进行考核时，应当就相关主管部门履行治水日常监督检查职责以及接到河长报告后的处理情况等内容征求河长的意见。

县级以上人民政府应当对河长履行职责情况进行考核，并将考核结果作为对其考核评价的重要依据。对乡、村级河长的考核，其巡查工作情况作为主要考核内容，对市、县级河长的考核，其督促相关主管部门处理、解决责任水域存在问题和查处相关违法行为情况作为主要考核内容。河长履行职责成绩突出、成效明显的，给予表彰。

县级以上人民政府可以聘请社会监督员对下级人民政府、本级人民政府相关主管部门以及河长的履行职责情况进行监督和评价。

第十五条　县级以上人民政府相关主管部门未按河长的督促期限履行处理或者查处职责，或者未按规定履行其他职责的，同级河长可以约谈该部门负责人，也可以提请本级人民政府约谈该部门负责人。

前款规定的约谈可以邀请媒体及相关公众代表列席。约谈针对的主要问题、整改措施和整改要求等情况应当向社会公开。

约谈人应当督促被约谈人落实约谈提出的整改措施和整改要求，并向社会公开整改情况。

第十六条　乡级以上河长违反本规定，有下列行为之一的，给予通报批评，造成严重后果的，根据情节轻重，依法给予相应处分：

（一）未按规定的巡查周期或者巡查事项进行巡查的；

（二）对巡查发现的问题未按规定及时处理的；

（三）未如实记录和登记公民、法人或者其他组织对相关违法行为的投诉举报，或者未按规定及时处理投诉、举报的；

（四）其他怠于履行河长职责的行为。

村级河长有前款规定行为之一的，按照其与乡镇人民政府、街道办事处签订的协议书承担相应责任。

第十七条　县级以上人民政府相关主管部门、河长制工作机构以及乡镇人民政府、街道办事处有下列行为之一的，对其直接负责的主管人员和其他直接责任人员给予通报批评，造成严重后果的，根据情节轻重，依法给予相应处分：

（一）未按河长的监督检查要求履行日常监督检查职责的；

（二）未按河长的督促期限履行处理或者查处职责的；

（三）未落实约谈提出的整改措施和整改要求的；

（四）接到河长的报告并属于其法定职责范围，未依法履行处理或者查处职责的；

（五）未按规定将处理结果反馈报告给河长的；

（六）其他违反河长制相关规定的行为。

第十八条　本规定自 2017 年 10 月 1 日起施行。

附录 2　海南省河长制湖长制规定

海南省人民代表大会常务委员会公告

(第 14 号)

《海南省河长制湖长制规定》已由海南省第六届人民代表大会常务委员会第六次会议于 2018 年 9 月 30 日通过，现予公布，自 2018 年 11 月 1 日起施行。

海南省人民代表大会常务委员会

2018 年 9 月 30 日

海南省河长制湖长制规定

(2018 年 9 月 30 日海南省第六届人民代表大会常务委员会第六次会议通过)

第一条　为加强河湖管理保护，保障河长制、湖长制实施，根据有关法律法规，结合本省实际，制定本规定。

第二条　本省全面实行河长制、湖长制，明确河长、湖长河湖管理保护责任范围，实行一河一策、一湖一策，编制和实施河湖管理保护方案，构建责任明确、协调有序、监管严格、保护有力的河湖管理保护机制。

第三条　本规定所称河湖，包括江河、湖泊、水库、山塘、渠道等水体。

本规定所称河长制、湖长制，是指在相应河湖分级设立河长、湖长，负责组织、协调其责任范围内的河湖管理保护相关工作的体制和机制。

本规定所称河湖管理保护包括水资源保护、水域岸线管理、水域空间管控、水污染防治、水环境治理、水生态修复、执法监管等方面。

第四条　本省按照行政区域和流域建立河长、湖长体系。具体按照下列规定设立：

（一）省级设立总河长、总湖长，副总河长、副总湖长，河长、湖长；

（二）市县级设立总河长、总湖长，副总河长、副总湖长，河长、湖长，设区的市还应设立区级河长、湖长；

（三）乡、镇、街道级设立河长、湖长。

总河长兼任总湖长（以下简称总河湖长），副总河长兼任副总湖长（以下简称副总河湖长）。

根据实际需要，可以另行设立河长、湖长。

第五条　省级总河湖长是本省河湖管理的第一责任人，全面负责河湖管理保护的组织领导工作，协调解决河湖管理的重大问题。副总河湖长协助总河湖长工作。

省级总河湖长每年巡河湖不少于1次，省级副总河湖长每半年巡河湖不少于1次。

省级总河湖长组织检查、督促省级副总河湖长、河长、湖长及市县级总河湖长履职情况。

第六条　省级河长、湖长负责组织对其责任范围内河湖的管理保护工作，督促实施河湖管理保护方案，推动和督促建立跨市县协调联动机制，协调和督促解决河湖管理保护中涉及跨市县的上下游、左右岸等重大问题。

省级河长、湖长每半年巡河湖不少于1次。

省级河长、湖长检查、督促负责相应河段、湖区的市县级河长、湖长履职情况。

第七条　市县级总河湖长是本市县河湖管理的第一责任人，全面负责河湖管理保护的组织领导工作，协调解决河湖管理的重大问题。副总河湖长协助总河湖长工作。

市县级总河湖长每半年巡河湖不少于 1 次，市县级副总河湖长每季度巡河湖不少于 1 次。

市县级总河湖长组织检查、督促市县级副总河湖长、河长、湖长及乡、镇、街道级河长、湖长履职情况。

第八条　市县（区）级河长、湖长负责组织对其责任范围内河湖或者河段、湖区的管理保护工作，组织实施河湖管理保护方案，组织、协调本级相关部门解决方案落实中的重大问题，推动和督促建立部门间联动协作机制，协调和督促解决河湖管理保护中涉及跨乡镇的上下游、左右岸等重大问题。

市县（区）级河长、湖长每季度巡河湖不少于 1 次。

市县（区）级河长、湖长检查、督促负责相应河湖或者河段、湖区的乡、镇、街道级河长、湖长履职情况。

第九条　乡、镇、街道级河长、湖长对其责任范围内河湖或者河段、湖区开展日常巡查，处理巡查发现的问题，组织河湖专管员或巡查员等相关人员重点排查侵占河道（湖面）、违法建筑、非法采砂、破坏航道、违法养殖、超标排污等突出问题，制止相关违法行为，并履行相关的报告职责。

乡、镇、街道级河长、湖长每月巡河湖不少于 1 次。

第十条　各级河长、湖长应当根据河湖管理保护方案列明的事项和要求，重点对河湖水质、岸线、排污口、非法采砂、垃圾倾倒、面源污染、涉水活动、临水建筑物等事项进行巡查。

第十一条　对通过巡查或者其他途径发现的问题，各级河长、湖长应当按照下列规定处理：

（一）属于自身职责范围或者应由本级人民政府相关部门处理的，应

191

当及时处理或者组织协调和督促相关部门按照职责分工予以处理；

（二）依照职责应由上级河长、湖长或者上级人民政府相关部门处理的，提请上一级河长、湖长处理；

（三）依照职责应由下级河长、湖长或者下级人民政府相关部门处理的，移交下一级河长、湖长处理。

第十二条　河长、湖长发现下一级河长、湖长存在河湖水环境监管不严、执法不力，整治过程拖延、推诿以及其他不作为、乱作为等情形的，可以约谈下一级河长、湖长，提出限期整改要求。

同级政府相关部门存在不作为、乱作为等情形的，本级河长、湖长可以约谈相关部门负责人，提出限期整改要求。

第十三条　省和市县（区）应当建立健全保障河长、湖长履职的相关工作机制。

第十四条　省和市县（区）设置相应的河长制、湖长制工作机构，承担河长制、湖长制日常实施工作。具体承担下列工作：

（一）督促、协调落实河长、湖长确定的事项；

（二）根据国家有关规定，组织编制河湖管理保护方案，报同级河长、湖长审定，并负责方案具体组织、协调、分办、督办等实施工作；

（三）协助河长、湖长做好巡河湖工作，准备相关巡查资料，协调安排相关检测事宜；

（四）开展河长制、湖长制宣传教育工作；

（五）其他应当承担的工作。

市县（区）及乡镇河湖管理保护方案，应当报省级河长制、湖长制工作机构备案。

第十五条　省和市县（区）应当通过报刊、政府网站等主要媒体和河长、湖长公示牌向社会公布各级河长、湖长名单和监督电话，接受社会监督。

河长、湖长公示牌应当在河湖岸边显著和特殊位置竖立，载明河长、湖长职责、河湖概况、管护目标、监督电话等内容。

各级河长、湖长相关信息发生变化的，应当在 1 个月内予以更新。

河湖管理保护有关信息应当依照规定向社会公布，接受社会监督。

第十六条 公民、法人和其他组织就河湖管理保护问题以及相关违法行为向河长、湖长投诉、举报的，应当如实记录，及时核实、处理，并向投诉、举报人反馈。

第十七条 省和市县人民政府应当建立健全河长制、湖长制管理信息系统，实现与水务、生态环境、自然资源等政务系统的数据共享，为河长制、湖长制工作及相关行政管理提供决策和信息化服务。

第十八条 市县（区）或者乡镇可以根据实际情况聘请村级河湖专管员或巡查员，对河湖进行日常巡查。

村级河湖专管员或巡查员协助乡、镇、街道级河长、湖长开展工作，接受乡、镇、街道级河长、湖长的领导和管理。

第十九条 鼓励和引导公民、法人或者其他组织积极参加河湖管理保护，自愿担任义务巡查员、社会监督员等，为河湖管理提供志愿服务。

第二十条 河长、湖长的考核按照国家和本省的有关规定执行。

第二十一条 河长、湖长违反本规定，有下列行为之一的，依照有关规定予以问责或给予相应处分：

（一）未按规定进行巡查的；

（二）未按规定及时处理河湖管理保护问题的；

（三）未按规定组织实施河湖管理保护方案的；

（四）其他怠于履行河长、湖长职责的行为。

第二十二条 本省实施湾长制可以参照本规定执行。

第二十三条 本规定自 2018 年 11 月 1 日起施行。

附录3 江西省实施河长制湖长制条例

江西省第十三届人民代表大会常务委员会公告

（第21号）

《江西省实施河长制湖长制条例》已由江西省第十三届人民代表大会常务委员会第九次会议于2018年11月29日通过，现予公布，自2019年1月1日起施行。

江西省人民代表大会常务委员会

2018年11月29日

江西省实施河长制湖长制条例（2022年修正）

（2018年11月29日江西省第十三届人民代表大会常务委员会第九次会议通过，2022年7月26日江西省第十三届人民代表大会常务委员会第四十次会议第一次修正）

第一条 为了实施河长制湖长制，推进生态文明建设，根据《中华人民共和国水污染防治法》等法律、行政法规和国家有关规定，结合本省实际，制定本条例。

第二条 在本省行政区域内实施河长制湖长制适用本条例。

第三条 本条例所称河长制湖长制，是指在江河水域设立河长、湖泊水域设立湖长，由河长、湖长对其责任水域的水资源保护、水域岸线管理、水污染防治和水环境治理等工作予以监督和协调，督促或者建议政府及相关部门履行法定职责，解决突出问题的机制。

本条例所称水域，包括江河、湖泊、水库以及水渠、水塘等水体及岸线。

第四条 建立流域统一管理与区域分级管理相结合的河长制组织体系。

按照行政区域设立省级、市级、县级、乡级总河长、副总河长。

按照流域设立河流河长。跨省和跨设区的市重要的河流设立省级河长。各河流所在设区的市、县（市、区）、乡（镇、街道）、村（居委会）分级分段设立河长。

第五条 建立区域分级管理的湖长制组织体系。

按照行政区域设立省级、市级、县级、乡级总湖长、副总湖长，由同级总河长、副总河长兼任。跨省和跨设区的市重要的湖泊设立省级湖长。各湖泊所在设区的市、县（市、区）、乡（镇、街道）、村（居委会）分级分区设立湖长。

第六条 河长、湖长的具体设立和调整，按照国家和本省有关规定执行。

第七条 县级以上总河长、副总河长、总湖长、副总湖长负责本行政区域内河长制湖长制工作的总督导、总调度，组织研究本行政区域内河长制湖长制的重大决策部署、重要规划和重要制度，协调解决河湖管理、保护和治理的重大问题，统筹推进河湖流域生态综合治理，督促河长、湖长、政府有关部门履行河湖管理、保护和治理职责。

乡级总河长、副总河长、总湖长、副总湖长履行本行政区域内河长制湖长制工作的督导、调度职责，督促实施河湖管理工作任务，协调解决河湖管理、保护和治理相关问题。

市、县、乡级总河长、副总河长、总湖长、副总湖长兼任责任水域河长、湖长的，还应当履行河长、湖长的相关职责。

第八条 省级河长、湖长履行下列主要职责：

（一）组织领导责任水域的管理保护工作；

（二）协调和督促下级人民政府和相关部门解决责任水域管理、保护和治理的重大问题；

（三）组织开展巡河巡湖工作；

（四）推动建立区域间协调联动机制，协调上下游、左右岸实行联防联控。

第九条　市、县级河长、湖长履行下列主要职责：

（一）协调解决责任水域管理、保护和治理的重大问题；

（二）部署开展责任水域的专项治理工作；

（三）组织开展巡河巡湖工作；

（四）推动建立部门联动机制，督促下级人民政府和相关部门处理和解决责任水域出现的问题，依法查处相关违法行为；

（五）完成上级河长、湖长交办的工作事项。

第十条　乡级河长、湖长履行下列主要职责：

（一）协调和督促责任水域管理、保护和治理具体工作任务的实施，对责任水域进行巡查，及时处理发现的问题；

（二）对超出职责范围无权处理的问题，履行报告职责；

（三）对村级河长、湖长工作进行监督指导；

（四）完成上级河长、湖长交办的工作事项。

第十一条　村级河长、湖长履行下列主要职责：

（一）开展责任水域的巡查，劝阻相关违法行为，对劝阻无效的，履行报告职责；

（二）督促落实责任水域日常保洁和堤岸日常维养等工作任务；

（三）完成上级河长、湖长交办的工作事项。

第十二条　县级以上河长、湖长应当定期组织开展巡河巡湖工作。总河长、总湖长每年带队巡河巡湖不少于一次，省级河长、湖长每年带队巡河巡湖不少于二次，市级河长、湖长每年带队巡河巡湖不少于三次（每半年不少于一次），县级河长、湖长每季度带队巡河巡湖不少于一次。

乡级河长、湖长每月巡河巡湖不少于一次，村级河长、湖长每周巡河巡湖不少于一次。

第十三条 县级以上河长、湖长应当组织巡查下列事项：

（一）水资源保护，重点是水资源开发利用控制、用水效率控制、水功能区限制纳污制度是否得到落实；

（二）河湖岸线管理保护，重点是是否存在侵占河道、围垦湖泊、侵占河湖和湿地，非法采砂、非法养殖、非法捕捞，违法占用水域、违法建设、违反规定占用河湖岸线，破坏河湖岸线生态功能的问题；

（三）水污染防治，重点是排查入河湖污染源，工矿企业生产、城镇生活、畜禽养殖、水产养殖、船舶港口作业、农业生产等是否非法排污，污染水体；

（四）水环境治理，重点是是否按照水功能区确定的各类水体的水质保护目标对水环境进行治理；

（五）水生态修复，重点是是否在规划的基础上实施退田还湖、退田还湿、退渔还湖、恢复河湖水系的自然连通，是否进行水生生物资源养护、保护水生生物多样性，是否开展水土流失防治、维护河湖生态环境；

（六）执法监管，重点是是否建立健全部门联合执法机制，建立河湖日常监管巡查制度，实行河湖动态监管，落实执法监管责任主体、人员、设备和经费以及打击涉河湖违法行为，治理非法排污、设障、捕捞、养殖、采砂、采矿、围垦、运输、侵占岸线等活动的情况。

县级以上湖长除了应当组织巡查前款事项外，还应当组织巡查是否按照法律、法规规定，根据湖泊保护规划，划定湖泊的管理范围和保护范围，控制湖泊的开发利用行为，实施湖泊水域空间管控。

第十四条 对通过巡查或者其他途径发现的问题，县级以上河长、湖长应当按照下列规定处理：

（一）属于自身职责范围或者应当由本级人民政府相关部门处理的，应当及时处理或者组织协调和督促有关部门按照职责分工予以处理；

（二）依照职责应当由上级河长、湖长或者属于上级人民政府相关部门处理的，提请上一级河长、湖长处理；

（三）依照职责应当由下级河长、湖长或者属于下级人民政府相关部门处理的，移交下一级河长、湖长处理。

县级以上河长、湖长对通过巡查或者其他途径发现的问题，属于自身职责范围、现场可以处理的，可以现场督办有关单位整改问题；对需要本级人民政府相关部门处理的，可以采取发送督办函或者交办单的方式交办。本级人民政府相关部门应当依法办理。

第十五条　县级以上河长、湖长对责任水域的下一级河长、湖长工作予以指导、监督，对目标任务完成情况进行考核。

第十六条　县级以上人民政府应当设立河长制湖长制工作机构，主要负责河长制湖长制工作的组织协调、调度督导、检查考核等具体工作，履行下列职责：

（一）协助河长、湖长开展河长制湖长制工作，落实河长、湖长确定的任务，定期向河长、湖长报告有关情况；

（二）协调建立部门联动机制，督促相关部门落实工作任务，协助河长、湖长协调处理跨行政区域上下游、左右岸水域管理、保护和治理工作；

（三）加强协调调度和分办督办，组织开展专项治理工作，会同有关责任单位按照流域、区域梳理问题清单，督促相关责任主体落实整改，实行问题清单销号管理；

（四）组织开展河长制湖长制工作年度考核、表彰评选，负责拟定河长制湖长制相关制度，组织编制一河一策、一湖一策方案；

（五）开展河长制湖长制相关宣传培训等工作；

（六）总河长、副总河长、总湖长、副总湖长或者河长、湖长交办的其他任务。

县级以上人民政府应当为本级河长制湖长制工作机构配备必要的人员，河长制湖长制工作经费列入本级财政预算。

第十七条 县级以上人民政府应当将涉及河湖管理和保护的发展改革、公安、自然资源、生态环境、住房和城乡建设、交通运输、水利、农业农村、林业等相关部门列为河长制湖长制责任单位，并明确责任单位工作分工。各河长制湖长制责任单位应当按照分工，依法履行河湖管理、保护、治理的相关职责。

第十八条 县级以上总河长、副总河长、总湖长、副总湖长应当定期组织召开总河长、总湖长会议，研究、解决本行政区域内河长制湖长制工作重大问题。

县级以上河长、湖长根据需要应当适时组织召开河长、湖长会议，研究、解决责任水域河长制湖长制工作重大问题。

县级以上河长制湖长制工作机构应当适时组织召开河长制湖长制责任单位联席会议，研究、通报河长制湖长制相关工作。

第十九条 县级以上河长制湖长制工作机构应当建立河长制湖长制管理信息系统，实行河湖管理、保护和治理信息共享，为河长、湖长实时提供信息服务。

河长制湖长制责任单位应当按照要求向河长制湖长制工作机构提供并及时更新涉及水资源保护、水污染防治、水环境改善、水生态修复等相关数据、信息。

下级河长制湖长制工作机构应当向上级河长制湖长制工作机构及时报送河长制湖长制相关工作信息。

第二十条 县级以上河长制湖长制工作机构应当向社会公布本级河

长、湖长名单。乡、村两级河长、湖长名单由县级河长制湖长制工作机构统一公布。

各级河长制湖长制工作机构应当在水域沿岸显著位置规范设立河长、湖长公示牌。公示牌应当标明责任河段、湖泊范围，河长、湖长姓名职务，河长、湖长职责，保护治理目标，监督举报电话等主要内容。

河长、湖长相关信息发生变更的，应当及时予以更新。

第二十一条　县级以上河长制湖长制工作机构应当根据工作需要，对河长制湖长制责任单位和下级人民政府河长制湖长制工作落实情况、重点任务推进落实情况、重点督办事项处理情况、危害河湖保护管理的重大突发性应急事件处置情况、河湖保护管理突出问题情况等进行通报。

第二十二条　县级以上河长制湖长制工作机构应当对河长制湖长制责任单位和下级人民政府河长制湖长制工作贯彻实施情况、任务实施情况、整改落实情况等进行督察督办。

第二十三条　县级以上人民政府应当建立公安、自然资源、生态环境、住房和城乡建设、交通运输、水利、农业农村、林业等多部门联合执法机制，加强日常监管巡查，依法查处非法侵占河湖岸线、非法排污、非法采砂、非法养殖、非法捕捞、非法围垦、非法填埋、非法建设和非法运输等行为。

第二十四条　总河长、总湖长应当组织对本级河长制湖长制责任单位和下一级人民政府落实河长制湖长制情况进行考核，县级以上河长、湖长应当组织对责任水域的下一级河长、湖长履职情况进行考核。考核工作由本级河长制湖长制工作机构承担。

县级以上河长、湖长应当每年就履职情况向责任水域的上一级河长、湖长和本级总河长、总湖长述职。县级以上总河长、总湖长应当每年向上一级总河长、总湖长提交书面述职报告，报告履行职责情况。各河长制湖长制责任单位主要负责同志应当每年向本级总河长、总湖长提交书面述职报告，报告履行职责情况。

各级河长、湖长履职情况应当作为干部年度考核述职的重要内容。

县级以上人民政府应当将河长制湖长制责任单位履职情况，纳入政府对部门的考核内容。

第二十五条　县级以上人民政府应当按照有关规定和程序，对河长制湖长制工作成绩显著的集体和个人予以表彰奖励。

第二十六条　各地应当根据河流长度或者水域面积，聘请河湖专管员或者巡查员、保洁员，负责河湖的日常巡查和保洁。

市、县级人民政府应当统筹财政资金，采取政府购买等方式，对河湖专管、巡查、保洁等工作进行统一采购。

第二十七条　鼓励开展河湖保护志愿服务。鼓励制定村规民约、居民公约，对水域管理保护作出约定。鼓励举报水域违法行为。

第二十八条　每年3月22日至28日为河湖保护活动周。各级人民政府应当组织开展河湖保护主题宣传活动，发动全社会参与河湖保护工作。

第二十九条　县级以上河长制湖长制工作机构、河长制湖长制责任单位未按照规定履行职责，有下列情形之一的，本级河长、湖长可以约谈该部门负责人，也可以提请总河长、副总河长、总湖长、副总湖长约谈该部门负责人：

（一）未按照河长、湖长的督查要求履行日常监督检查或者处理职责的；

（二）未落实整改措施和整改要求的；

（三）接到属于河长制湖长制职责范围的投诉举报，未依法履行处理或者查处职责的；

（四）其他违反河长制湖长制相关规定的行为。

县级以上河长制湖长制工作机构、河长制湖长制责任单位有前款情形之一，造成水体污染、水环境水生态遭受破坏等严重后果的，对直接负责的主管人员和其他直接责任人员依法给予处分。

第三十条 各级河长、湖长未按照规定履行职责，有下列行为之一的，由上级河长、湖长进行约谈：

（一）未按照规定要求进行巡查督导的；

（二）对发现的问题未按照规定及时处理的；

（三）未按时完成上级布置专项任务的；

（四）其他怠于履行河长、湖长职责的行为的。

第三十一条 本条例第二十九条、第三十条规定的约谈可以邀请媒体及相关公众代表列席。约谈针对的主要问题、整改措施和整改要求等情况应当向社会公开。

约谈人应当督促被约谈人落实约谈提出的整改措施和整改要求，并由整改责任单位向社会公开整改情况。

第三十二条 本条例自 2019 年 1 月 1 日起施行。

附录4 吉林省河湖长制条例

吉林省第十三届人民代表大会常务委员会公告

（第16号）

《吉林省河湖长制条例》已由吉林省第十三届人民代表大会常务委员会第十次会议于2019年3月28日通过，现予公布，自公布之日起施行。

吉林省人民代表大会常务委员会

2019年3月28日

吉林省河湖长制条例

（2019年3月28日吉林省第十三届人民代表大会常务委员会第十次会议通过）

第一章 总 则

第一条 为了加强河湖管理保护工作，落实河湖管理保护属地责任，健全河湖管理保护长效机制，落实绿色发展理念，推进生态文明建设，根据有关法律、法规和国家有关规定，结合本省实际，制定本条例。

第二条 本条例所称河湖长制，是指在相应河湖设立河长、湖长（以下统称河湖长），由河湖长对其责任河湖的水资源保护、水域岸线管理、水污染防治、水环境治理等管理保护工作予以组织领导、监督协调，督促或者建议政府及相关部门履行法定职责，解决其责任河湖管理保护存在问题的工作机制。

第三条 实施河湖长制应当坚持生态优先、绿色发展，分级负责、部门联动，问题导向、因地制宜，强化监督、依法追责的原则，构建责任明确、协调有序、监管严格、保护有力的河湖管理保护体系。

第四条　本省县级以上行政区域设立总河长，根据需要设立副总河长。

本省行政区域内所有河湖设立河湖长。流域面积 20 平方公里以上的河流、水面面积 1 平方公里以上的自然湖泊，以独立河湖为单位按行政区域分级分段设立河湖长；其他流域面积较小河流或者水面面积较小湖泊，根据管理保护需要，由市州、县（市、区）确定单独设立或者与其汇入河湖共同设立河湖长。

第五条　建立河湖管理保护的部门、区域协调联动机制，及时发现、制止和处理涉河湖违法违规行为，完善行政执法与刑事司法衔接机制。

第六条　推行河湖警长制，加强河湖治安管理和行政执法保障，严厉打击涉河湖违法犯罪行为。

第七条　建立全省河湖管理保护信息系统平台，实行河湖管理保护信息共享，受理河湖管理保护投诉、举报，推动利用遥感、航摄、视频监控等科技手段对河湖进行监控，提高河湖管理保护数字化水平。

第八条　县级以上人民政府应当将实施河湖长制工作专项经费纳入年度财政预算，保障河湖长制实施。

第九条　县级以上人民政府应当对在河湖管理保护中做出突出贡献的单位和个人，给予表彰或者奖励。

第十条　各级人民政府应当做好实施河湖长制工作的宣传教育和舆论引导工作，加强河湖管理保护相关法律、法规的宣传普及，营造全社会共同参与河湖保护的良好氛围。

拓展公众参与渠道，鼓励公民、法人或者其他组织自愿开展或者参与河湖保护工作，鼓励开展河湖保护志愿服务。

第二章　组织机构

第十一条　本省行政区域内建立省、市州、县（市、区）、乡（镇、街道)、村(居委会)五级河湖长组织体系。

松花江、嫩江、图们江、伊通河、饮马河、鸭绿江、辉发河、东辽河、拉林河、浑江十条主要江河及查干湖,设立省、市州、县、乡、村五级河湖长;其他跨市州及跨县(市、区)的河湖,设立市州、县、乡、村四级河湖长;不跨县(市、区)的河湖,设立县、乡、村三级河湖长。

作为行政区界的河湖,按照行政管辖范围,分别设立河湖长。

第十二条　各级总河长、副总河长、河湖长的确定依照国家和本省有关规定执行。

第十三条　省、市州、县(市、区)应当设置河长制办公室,负责协助本级总河长、副总河长、河湖长处理日常工作。

第十四条　县级以上人民政府根据需要,确定河湖长制成员单位,成员单位的主要负责人为本单位落实河湖长制工作的责任人。

第十五条　本省行政区域内河湖周边显著位置,应当设立河湖长公示牌,标明河湖长职责,每段河湖名称、起点、终点、管理保护边界或者面积,河湖长姓名及职务、联系方式、监督电话等内容。河湖长相关信息发生变更的,应当及时予以更新。

河湖长名单应通过本行政区域内主要媒体向社会公告,接受社会监督。

第三章　工作职责

第十六条　总河长是本行政区域河湖管理保护的第一责任人,主要职责如下:

(一)负责全面领导本行政区域实施河湖长制工作,承担总督导、总调度职责;

(二)负责本行政区域实施河湖长制工作的组织领导、决策部署和监督检查;

(三)协调解决河湖管理保护中的重大问题;

(四)监督指导本级河湖长、河湖长制成员单位和下级总河长履行职责。

第十七条　省级河湖长主要职责如下：

（一）组织领导其责任河湖的管理保护工作，督促和协调解决其责任河湖管理保护中的重大问题；

（二）督促实施其责任河湖管理保护规划；

（三）明确跨行政区域河湖管理责任，协调上下游、左右岸实行联防联控；

（四）定期巡查其责任河湖；

（五）监督指导本级河湖长制成员单位和下级河湖长履行职责。

第十八条　市州、县级河湖长主要职责如下：

（一）组织领导其责任河湖的管理保护工作，组织对涉河湖违法违规问题开展清理整治，督促和协调解决其责任河湖管理保护中的问题；

（二）组织实施其责任河湖管理保护规划；

（三）明确本行政区域、跨行政区域河湖管理责任，组织建立部门、区域协调联动机制，定期会商、协调解决河湖管理保护中涉及跨县（市、区）、跨乡（镇、街道）的上下游、左右岸等问题；

（四）定期巡查其责任河湖；

（五）督促和协调本级河湖长制成员单位、下级河湖长及时解决和处理其责任河湖出现的问题、依法查处违法行为。

第十九条　乡级河湖长主要职责如下：

（一）督促和协调其责任河湖管理保护责任的落实，组织对涉河湖违法违规问题开展排查；

（二）对其责任河湖进行日常巡查，发现问题或者相关违法行为及时处理或者制止；需要上级河湖长、河湖长制成员单位解决和处理出现的问题、依法查处违法行为的，按照规定履行报告职责；

（三）加强与相关部门的联系，对相关部门河湖管理保护工作提出建议；

（四）对村级河湖长工作进行监督指导。

第二十条 村级河湖长主要职责如下：

（一）在村（居）民中开展河湖保护宣传；

（二）督促落实其责任河湖日常保洁、堤岸巡护、滩涂监管等工作；

（三）对其责任河湖进行日常巡查，制止相关违法行为；制止无效的，按照规定履行报告职责。

乡镇人民政府、街道办事处应当与村级河湖长约定前款规定的村级河湖长的职责、经费保障以及不履行职责承担的责任等事项。

第二十一条 在部署河湖管理保护工作以及处置涉河湖突发事件时，县级以上总河长、副总河长可以向同级河湖长、河湖长制成员单位以及下级总河长、河湖长下达总河长令，县级以上河湖长可以向同级河湖长制成员单位、下级河湖长下达河湖长令。

接到总河长令、河湖长令的总河长、河湖长以及相关单位应当立即执行，并将执行情况向下令的总河长、副总河长、河湖长报告。

第二十二条 河长制办公室主要职责如下：

（一）承担本行政区域实施河湖长制工作的组织协调、监督指导、检查考核等具体工作；

（二）具体负责组织编制并定期完善河湖管理保护规划；

（三）落实本级总河长、河湖长交办的事项，以及公众涉河湖举报事项的分办、交办、督办工作；

（四）协助河湖长协调处理跨行政区域河湖管理保护工作；

（五）受理下级河湖长对其责任河湖存在问题或者相关违法行为的报告，督促本级河湖长制成员单位及时处理或者查处；

（六）组织建立和应用河湖管理保护信息系统平台；

（七）为河湖长履行职责提供必要的技术支撑；

（八）开展本行政区域实施河湖长制的宣传工作；

（九）本级总河长、河湖长确定的其他事项。

第二十三条 河湖长制成员单位应当依据各自职责，协同推进实施河湖长制的各项工作。

第二十四条 实行河湖长制会议制度，研究推进实施河湖长制的各项工作，协调解决河湖管理保护工作中的重点难点问题。

第二十五条 县级以上人民政府可以聘请社会监督员，对本级人民政府、河湖长及河湖长制成员单位履行河湖管理保护职责的情况进行监督。

第四章 巡查监管

第二十六条 各级河湖长应当按照规定的巡查周期和巡查事项，对其责任河湖进行巡查，对河湖管理保护工作进行督促和监督，并如实记载巡查情况。

第二十七条 县级以上河湖长在巡查中发现河湖管理保护存在问题或者相关违法行为，或者接到相应报告，应当督促本级相关河湖长制成员单位依法予以处理或者查处；属于上级河湖长制成员单位职责范围的，应当提请上级河湖长督促相关河湖长制成员单位依法予以处理或者查处。

第二十八条 乡级河湖长对巡查中发现河湖管理保护存在问题或者相关违法行为，应当督促和协调处理；督促和协调处理无效的，应当及时向县级河湖长或者河长制办公室报告。

第二十九条 村级河湖长在巡查中发现河湖管理保护存在问题或者相关违法行为，应当督促处理或者制止；督促处理或者制止无效的，应当及时向该河湖的乡级河湖长或者乡镇人民政府、街道办事处报告。

第三十条 县级以上河湖长、河长制办公室应当及时将处理、查处结果反馈报告问题的河湖长。

第三十一条 县级以上人民政府应当组织对本行政区域河湖水系进行调查，明确河湖管理范围，并向社会公告。河湖管理范围界线由县级人民政府划定。

第三十二条　县级以上河长制办公室应当根据工作需要，对下一级河湖长制工作落实情况、重点任务推进情况和事项处理情况、河湖管理保护突出问题解决进展情况等进行通报，并根据需要向本级总河长及相关河湖长报告。

第三十三条　有关河湖长制成员单位应当加强日常联合监管巡查，依法查处非法侵占河湖水域岸线、排污、采砂、捕捞、围垦、建设等行为。

第三十四条　公民、法人和其他组织发现河湖生态环境保护存在问题时，有权向该河湖的河湖长或者河长制办公室投诉、举报。河湖长或者河长制办公室接到投诉、举报后应当及时处理，并将处理结果及时反馈投诉人、举报人。

第五章　考核问责

第三十五条　市州、县（市、区）人民政府每年应当向本级人民代表大会常务委员会报告本行政区域年度实施河湖长制工作情况。

市州、县（市、区）每年应当按照相关规定向上级报告本行政区域上年度实施河湖长制工作情况。

第三十六条　按照分级管理的原则，上级行政区域对下一级行政区域实施河湖长制工作，实行差异化考核评价。

第三十七条　河湖长制考核以乡级以上行政区域为单位，对实施河湖长制工作情况进行全面考核。考核结果作为地方领导干部综合考核评价及自然资源资产离任审计的依据。

河长制办公室负责考核的组织协调工作，统计公布考核结果。河湖长制成员单位根据职责分工，承担相应的考核工作。

第三十八条　总河长可以对未履行职责或者履行职责不力的本级河湖长及河湖长制成员单位责任人、下级总河长进行约谈，提出限期整改要求。

河湖长可以对未履行职责或者履行职责不力的本级河湖长制成员单位

责任人、下一级河湖长进行约谈，提出限期整改要求。

第三十九条　乡级以上河湖长有下列行为之一的，给予通报批评；造成严重后果的，根据情节轻重，依法给予相应处分：

（一）未按照规定履行职责，导致水质恶化、水环境和水生态遭受破坏的；

（二）未按照规定及时处理或者报告巡查发现的问题的；

（三）未按照规定及时处理投诉、举报的；

（四）其他怠于履行河湖长职责的行为。

村级河湖长有前款规定行为之一的，按照其与乡镇人民政府、街道办事处约定承担相应责任。

第四十条　河长制办公室、河湖长制成员单位有下列行为之一的，对相关责任人员给予通报批评；造成严重后果的，根据情节轻重，依法给予相应处分：

（一）未按照河湖长的要求履行处理、查处职责的；

（二）未落实约谈提出的整改要求的；

（三）未按照规定反馈处理、查处结果的；

（四）其他违反本条例相关规定的行为。

第六章　附　则

第四十一条　本条例自颁布之日起施行。

附录5 辽宁省河长湖长制条例

辽宁省人民代表大会常务委员会公告

(〔十三届〕第三十五号)

《辽宁省河长湖长制条例》已由辽宁省第十三届人民代表大会常务委员会第十二次会议于2019年7月30日审议通过，现予公布，自2019年10月1日起施行。

辽宁省人民代表大会常务委员会

2019年7月31日

辽宁省河长湖长制条例

(2019年7月30日辽宁省第十三届人民代表大会常务委员会第十二次会议通过)

第一条　为了落实河长湖长制，加强河湖管理、保护和治理，推进生态文明建设，根据《中华人民共和国水污染防治法》等有关法律、法规，结合本省实际，制定本条例。

第二条　在本省行政区域内实施河长湖长制适用本条例。

第三条　本条例所称河长湖长制，是指在各级行政区域设立总河长、总湖长（以下统称"总河长"），在河流、湖泊、水库、水电站设立河长、湖长、库长、站长（以下统称"河长"），由其领导、组织、协调本行政区域或者责任区的河湖管理、保护和治理工作的制度。

第四条　省、市、县（含县级市、区，下同）、乡（含镇，下同）人民政府以及街道办事处是河长湖长制工作的责任主体。

发展改革、住房城乡建设、农业农村、自然资源、交通运输、公安、财政、生态环境、水利、林业和草原等部门，按照各自职责做好河长湖长制相关工作。

第五条 省、市、县人民政府应当将河长湖长制工作专项经费纳入年度财政预算，保障河长湖长制实施。

第六条 省、市、县人民政府应当明确河长制办公室及其工作职责，配备工作人员。河长制办公室作为本行政区域河长湖长制工作的办事机构，协助本级总河长、河长处理日常工作。

河长制办公室履行下列职责：

（一）负责河长湖长制工作的组织协调、调度督导、检查考核和宣传培训；

（二）协调跨行政区域河湖的河长湖长制工作；

（三）完成本级总河长、河长交办事项及公众举报投诉事项的分办、督办工作；

（四）对本级总河长、河长在河湖巡查中发现的问题，督促河长制办公室成员单位及时查处；

（五）对下级河长制办公室进行工作指导；

（六）法律、法规和国家规定的其他职责。

河长制办公室成员单位由省、市、县人民政府根据需要确定，成员单位主要负责人为本单位落实河长湖长制工作的责任人。

第七条 建立省、市、县、乡、村（含居民委员会，下同）五级河长湖长制体系：

（一）按照行政区域全覆盖的原则，设立省、市、县、乡四级总河长，可以根据工作需要设立副总河长，配合总河长工作；

（二）按照流域与区域相结合的原则，设立省、市、县、乡、村五级河长；

（三）按照管理权限与区域相结合的原则，设立水库库长、水电站站长，由所在河流河长兼任。

总河长、河长的具体设立和调整，按照国家和省有关规定执行。

第八条 河长制办公室应当将本级总河长、河长名单向社会公布。乡、村河长名单由县河长制办公室公布。

河长制办公室应当组织有关部门在河湖岸边显著位置设立河长公示牌，将河湖信息、河长信息、举报投诉电话进行公示并及时更新。

第九条 省、市、县公安机关应当明确河湖警长制办公室及其工作职责，加强河湖治安管理和行政执法保障，严厉打击涉河湖违法犯罪行为。

河湖警长制办公室履行下列职责：

（一）负责河湖警长制工作的组织协调、调度督导、检查考核和宣传培训；

（二）完成本级总警长、警长交办的事项；

（三）联系同级河长制办公室并配合其开展工作；

（四）法律、法规和国家规定的其他职责。

第十条 省、市、县总河长履行下列职责：

（一）领导本行政区域河长湖长制工作，协调解决河湖管理、保护和治理的重大问题；

（二）督促本级河长、政府有关部门和下级总河长履行职责；

（三）签发总河长令；

（四）法律、法规和国家规定的其他职责。

乡级总河长负责本行政区域河长湖长制工作，协调解决河湖管理、保护和治理的具体问题，督促乡、村河长履行职责。

第十一条 省、市、县河长履行下列职责：

（一）落实上级总河长、河长和本级总河长部署的工作，协调解决河湖管理、保护和治理的重大问题；

（二）组织编制、实施本责任区河湖管理、保护和治理规划、方案等；

（三）督促下级河长履行职责；

（四）法律、法规和国家规定的其他职责。

第十二条　乡河长履行下列职责：

（一）落实上级总河长、河长和本级总河长交办的事项；

（二）协调解决本责任区河湖管理、保护和治理的具体问题；

（三）落实河湖管理保护工作任务，对需要由上级政府及有关部门解决的问题及时报告；

（四）开展责任河湖巡查，对发现的问题或者相关违法行为，及时处理或者制止，不能处理或者制止无效的，按照规定履行报告职责；

（五）法律、法规和国家规定的其他职责。

第十三条　村河长履行下列职责：

（一）落实上级总河长、河长交办的事项；

（二）在村（居）民中开展河湖保护宣传，组织订立河湖保护的村规民约；

（三）督促落实责任河湖日常保洁和堤岸日常维护等工作；

（四）对发现的违法行为进行劝阻和制止，并及时上报；

（五）法律、法规和国家规定的其他职责。

第十四条　总河长、河长应当定期开展巡河，对发现的问题及时处理并如实记载：

（一）省级总河长每年不少于一次，市、县级总河长每半年不少于一次，乡级总河长每季度不少于一次；

（二）省级河长每半年不少于一次，市、县级河长每季度不少于一次，乡级河长每月不少于一次，村级河长每周不少于一次。

第十五条　总河长、乡级以上河长应当根据需要召开会议，研究推进实施河湖长制的各项工作，协调解决河湖管理保护工作中的重点难点问题。

河长制办公室应当根据需要召开会议，协调推进具体工作事项。

第十六条　省、市、县人民政府应当根据河湖管理权限，组织相关部门按照一河一策、一湖一策的原则编制本行政区河湖管理、保护和治理规划、方案，履行相关审批程序后组织实施；组织对本行政区域河湖情况进行调查，划定河湖管理保护范围，并设立界碑、界桩。

第十七条　省、市、县人民政府应当建立河湖巡查保洁机制，通过政府购买服务等方式，聘用河湖巡查员、保洁员，负责河湖的日常巡查和保洁；建设全省河长湖长制管理信息系统，运用现代信息技术手段加强监管、巡查、处置和考核；建立河湖保护联合执法机制，完善行政执法信息共享和工作通报制度。

第十八条　省、市、县、乡人民政府及有关部门应当加强工矿企业污染治理、城镇生活污水处理、畜禽养殖治理、乡村垃圾治理等，从源头防止河湖污染。

河长制办公室应当组织编制本级政府有关部门在河湖管理、保护和治理中的任务清单，并督促落实。

第十九条　省、市、县、乡人民政府应当加强河湖保护宣传教育和舆论引导，提高全社会对河湖保护工作的责任意识参与意识；聘请社会公众担任河湖监督员，鼓励和引导企业、公众担任志愿河长，参与河湖保护。

第二十条　任何单位和个人都有保护河湖的义务，并有权就发现的河湖保护问题向河长制办公室及有关部门投诉举报。

河长制办公室及有关部门应当建立投诉举报制度，向社会公开举报电话、网址、通信地址等，对投诉举报依法处理并及时反馈。

第二十一条　省、市、县人民政府应当定期对本级河长制办公室成员单位及有关部门开展河湖管理、保护和治理工作进行督促检查。对工作不力的，予以通报批评；对河湖保护作出贡献的单位和个人，给予表彰。

第二十二条　省、市、县人民政府应当建立河长湖长制工作考核机制，对河长湖长制工作进行全面考核，并将考核结果作为领导干部综合考核评价以及自然资源资产离任审计的重要依据。

第二十三条　对未履行职责或者履行职责不力的，总河长应当约谈本级河长、河长制办公室成员单位及有关部门主要责任人、下级总河长；河长应当及时约谈本级有关部门主要责任人、下级河长；河长制办公室负责人可以约谈下级河长制办公室负责人。

第二十四条　乡级以上河长有下列行为之一的，给予通报批评；造成严重后果的，根据情节轻重，依法给予相应处分：

（一）未按照规定履行职责，导致水质恶化、水环境和水生态遭受破坏的；

（二）未按规定进行河湖巡查，或者对巡查发现的问题未按规定及时处理的。

村河长有前款规定行为之一的，按照其与乡镇人民政府、街道办事处的约定承担相应责任。

第二十五条　省、市、县人民政府有关部门、河长制办公室以及乡镇人民政府、街道办事处有下列行为之一的，对其直接负责的主管人员和其他直接责任人员给予通报批评，造成严重后果的，根据情节轻重，依法给予相应处分：

（一）未履行或者未按照要求履行河湖管理、保护和治理职责的；

（二）未按照总河长、河长要求依法履行处理或者查处职责的；

（三）未对约谈提出的问题进行整改的。

第二十六条　本条例自 2019 年 10 月 1 日施行。

附录6　福建省河长制规定

福建省河长制规定

(2019 年 9 月 16 日福建省人民政府令第 210 号公布自

2019 年 11 月 1 日起施行)

第一章　总　则

第一条　为了推进和保障河长制实施，促进生态文明建设，根据有关法律、法规，结合本省实际，制定本规定。

第二条　本省行政区域内河长制工作适用本规定。

本规定所称河长制，是指在相应水域设立河长，由其负责组织领导相应水域的管理和保护工作，建立健全以党政领导负责制为核心的责任体系，构建责任明确、协调有序、监管严格、保护有力的机制。

本规定所称水域，包括江河、水库等水体。

第三条　本省全面推行河长制，其工作任务主要包括加强水资源保护、水域岸线管理保护、水污染防治、水环境治理、水生态修复、执法监管等。

第四条　县级以上人民政府有关部门应当按照各自职责依法加强对所辖水域的管理保护，落实河长制工作任务。

第五条　报刊、广播、电视、互联网等媒体应当开展水域管理保护的宣传教育，引导公民、法人或者其他组织积极参与水域管理保护和社会监督，营造全社会合力推进河长制工作的良好氛围。

第六条　鼓励社会力量以出资、捐资、科研、志愿行动等方式，参与河长制相关工作。

对在河长制工作中作出突出贡献的单位和个人，县级以上人民政府应当按照有关规定予以表彰奖励。

第二章　管理体制

第七条　本省按照行政区域和流域，在省、设区的市、县（市、区）、乡（镇、街道）分级分段建立四级河长体系。

第八条　省级河长负责组织领导全省河长制工作和相应水域的管理保护工作，协调解决重大问题，督促有关部门、下一级河长履行职责。

设区的市、县级河长负责组织领导本行政区域内的河长制工作和相应水域的管理保护工作，协调解决突出问题，督促有关部门、下一级河长履行职责。

乡级河长负责协调、督促、落实所辖水域的治理和管理保护工作。

第九条　省、设区的市、县（市、区）、乡（镇、街道）应当按照国家和本省有关规定设立河长制办公室（以下简称河长办）。

河长办具体负责河长制组织实施的日常工作，履行下列职责：

（一）开展综合协调、督导考核；

（二）开展政策研究，制定实施河长制的具体管理规定；

（三）组织建立河湖管理保护信息平台；

（四）开展业务培训和技术指导；

（五）组织开展河长制工作的宣传教育；

（六）其他应当履行的职责。

第十条　县、乡两级根据所辖水域数量、大小和任务轻重等实际情况按照有关规定招聘河道专管员，负责相应水域的日常协查及其情况报告，配合相关部门现场执法和涉河涉水纠纷调处等工作。

县、乡两级可以通过政府购买服务的方式，将相应水域的日常巡查及其情况报告、保洁等相关工作委托专业化服务机构承担。

第十一条 各地应当按照国家和本省的有关规定开展生态环境领域综合执法，依法集中行使涉河涉水等生态环境领域的行政处罚权。

鼓励各地完善生态环境资源司法联动机制，促进涉河涉水行政执法与刑事司法的衔接。

第三章 工作机制

第十二条 各级河长应当根据需要组织召开区域河长会议、流域河长会议，研究决定所辖区域或者水域河长制工作重大行动，协调解决水域管理保护重点难点问题。

第十三条 各级河长应当按照下列规定对相应水域开展巡查：

（一）省级河长根据国家有关规定对水域进行巡查；

（二）设区的市级河长每季度巡查不少于1次；

（三）县级河长每月巡查不少于1次；

（四）乡级河长每周巡查不少于1次。

对水质不达标、问题较多的水域应当加密巡查频次。

第十四条 各级河长巡河时应当按照要求对所辖水域的水质、水环境、涉河工程、管理保护情况等事项进行巡查，如实记录巡查情况，建立巡查日志。巡查日志应当载明巡查的时间、地点、主要内容、发现的问题及处理情况等。

第十五条 乡级河长对巡查中发现的问题或者相关违法行为，应当协调、督促处理；协调、督促处理无效的，应当向该水域的县级河长或者县级河长办报告。

县级以上河长对巡查中发现的问题以及其他水域管理保护的问题应当按照下列规定予以处理：

（一）属于本级河长职责的，协调、督促本级人民政府有关部门按照职责分工予以处理；

（二）属于下级河长职责的，督促下一级河长予以处理；

（三）属于上级河长职责的，提请上一级河长协调处理。

第十六条　各级河长名单和监督电话应当通过报刊、政府网站等主要媒体和河长公示牌向社会公布，接受社会监督。

河长公示牌应当在水域岸边显著位置设立，标明水域概况，河长姓名、职务及其职责，管护目标，监督电话等内容。

各级河长相关信息发生变化的，应当及时予以更新。

第十七条　各级河长办应当建立健全河长制工作督导检查制度，对下一级河长制组织体系、水域管理保护以及河长、河长办、河道专管员履职等情况进行督导检查。

对督导检查发现的问题，应当书面通报被督导检查单位；被督导检查单位应当按照要求及时整改，并在规定时限内报送整改情况。

第十八条　单位和个人有权对水域管理保护中存在的问题以及破坏水域生态环境的违法行为进行投诉、举报。

各级河长办应当畅通举报渠道，有关部门应当按照职责分工及时受理并依法查处。对举报有功人员按照有关规定给予奖励。

第十九条　省级河长办应当建立河长制综合信息管理系统，相关主管部门和设区的市、县、乡级河长办应当建立涉河涉水信息共享机制。

信息管理系统应当具备信息采集传输、综合查询、统计分析、实时监测和远程监控等基本功能。

第四章　考核与问责

第二十条　各级河长应当向上级河长进行年度述职。

省、设区的市、县（市、区）应当建立河长制工作考评制度，制定河长年度考核考评和奖惩办法。考核内容包括组织体系、河长履职、水域治理、长效机制等方面。考核结果纳入政府绩效考评和领导干部自然资源资产离任审计。

第二十一条　设区的市、县、乡级河长违反本规定，有下列行为之一的，给予通报批评；造成严重后果的，根据情节轻重，依法给予处分：

（一）未按照规定进行巡查；

（二）对巡查发现的问题未按照规定及时处理；

（三）未落实上级河长工作部署或者河长办督查提出的整改措施和整改要求；

（四）其他未依法履职的行为。

第二十二条　县级以上人民政府及其有关部门、乡（镇）人民政府、街道办事处、各级河长办及其工作人员在河长制工作中滥用职权、玩忽职守、徇私舞弊的，对其直接负责的主管人员和其他直接责任人员依法给予处分；构成犯罪的，依法追究刑事责任。

第五章　附　　则

第二十三条　本省湖长制工作参照本规定执行。

第二十四条　本规定自 2019 年 11 月 1 日起施行。

附录 7　重庆市河长制条例

重庆市人民代表大会常务委员会公告

（〔五届〕第 107 号）

《重庆市河长制条例》已于 2020 年 12 月 3 日经重庆市第五届人民代表大会常务委员会第二十二次会议通过，现予公布，自 2021 年 1 月 1 日起施行。

重庆市人民代表大会常务委员会

2020 年 12 月 3 日

重庆市河长制条例

（2020 年 12 月 3 日重庆市第五届人民代表大会常务委员会第二十二次会议通过）

第一章　总　则

第一条　为了保障河长制实施，加强河流管理保护工作，筑牢长江上游重要生态屏障，推进生态文明建设，根据《中华人民共和国水污染防治法》等法律、行政法规，结合本市实际，制定本条例。

第二条　本市行政区域内河长制的实施，适用本条例。

第三条　本条例所称河长制，是指按行政区域设立总河长，在所有河流设立河长，负责组织领导、统筹协调水资源保护、水域岸线管理、水污染防治、水环境治理、水生态修复等河流管理保护工作，监督政府相关部门依法履行职责的制度。

河长制实行一河一长、一河一策、一河一档。

本条例所称河流，包括江河、湖泊、水库等。

第四条　河长制坚持生态优先、绿色发展，河长领导、部门联动，综合治理、公众参与的原则，构建责任明确、协调有序、监管严格、保护有力的河流管理保护体制机制。

第五条　市、区县（自治县）人民政府应当统筹使用河流管理保护资金，保障一河一策实施，将河长制工作经费纳入本级政府预算。

鼓励社会资本参与河流管理保护。

第六条　各级人民政府应当开展河流管理保护宣传教育，提高全社会河流管理保护的责任意识和参与意识。

第七条　鼓励和支持河流管理保护科学研究、技术创新、人才培训，推动科技成果转化。

第八条　鼓励公民、法人和非法人组织以捐资、志愿行动等方式，参与河流管理保护与监督。

各级人民政府应当聘请人大代表、政协委员、新闻媒体、群众代表等担任社会监督员，对河流管理保护效果进行监督和评价。

第二章　组织体系

第九条　按照行政区域管理与河流流域管理相结合的原则，建立市、区县（自治县）、乡镇（街道）、村（社区）四级河长体系。

设立市、区县（自治县）、乡镇（街道）总河长、副总河长。各河流流域分级分段设立市、区县（自治县）、乡镇（街道）、村（社区）级河长。

各级总河长、副总河长、河长的确定和调整，依照国家和本市有关规定执行。

第十条　市、区县（自治县）、乡镇（街道）设立河长办公室，作为本级总河长、河长的办事机构，承担河长制具体工作，并配备相应的工作人员。

各级河长办公室主任由本级副总河长担任。市、区县（自治县）河长办公室成员由河长制责任单位和牵头单位的负责人担任。

第十一条　市、区县（自治县）发展改革、教育、经济信息、公安、财政、规划自然资源、生态环境、住房城乡建设、城市管理、交通、水利、农业农村、卫生健康、林业、海事等部门作为本行政区域的河长制责任单位。

市、区县（自治县）根据工作需要，确定相应河流的河长制牵头单位。

第三章　工作职责

第十二条　各级总河长是本行政区域内河长制工作第一责任人，负责河长制工作的组织领导、决策部署和监督检查，统筹解决河长制实施和河流管理保护重大问题。

下级总河长应当落实上级总河长决策事项。

副总河长协助总河长工作。

第十三条　市级河长履行下列主要职责：

（一）落实本级总河长决策事项，组织领导责任河流管理保护工作，督促协调解决重大问题；

（二）审查责任河流一河一策方案并督促实施；

（三）巡查责任河流，每年不少于两次；

（四）明确跨行政区域河流管理保护责任，协调责任河流上下游、左右岸落实联防联控；

（五）监督指导本级河长制责任单位、下级总河长、责任河流河长履行职责；

（六）国家和本市规定的其他职责。

第十四条　区县（自治县）级河长履行下列主要职责：

（一）落实本级总河长决策事项，组织领导责任河流管理保护工作，组织开展突出问题专项整治；

（二）审查责任河流一河一策方案并督促实施；

（三）巡查责任河流，每季度不少于一次，协调解决巡河发现、本级有关部门和下一级河长上报、社会公众反映的有关问题；

（四）统筹责任河流上下游、左右岸、干支流管理保护工作，落实区域联防联控、部门协同联动；

（五）督促本级河长制责任单位、下级总河长、责任河流河长履行职责；

（六）落实市级河长、河长办公室交办事项；

（七）国家和本市规定的其他职责。

第十五条　乡镇（街道）级河长履行下列主要职责：

（一）落实本级总河长决策事项，组织落实责任河流管理保护工作，组织落实河流突出问题清理整治；

（二）巡查责任河流，巡河次数由区县（自治县）总河长确定；

（三）及时协调解决巡河发现和社会公众反映的问题，劝阻涉河违法违规行为，属于上级有关部门职责范围的，按照规定及时向上一级河长、河长办公室或者有关部门报告；

（四）督促指导村（社区）级河长履行职责；

（五）落实上级河长、河长办公室交办事项；

（六）国家和本市规定的其他职责。

第十六条　村（社区）级河长履行下列主要职责：

（一）开展河流管理保护宣传教育；

（二）巡查责任河流，巡河次数由区县（自治县）总河长确定；

（三）及时处理巡河发现的问题，劝阻涉河违法违规行为，并按规定上报；

（四）协助执法部门开展执法工作；

（五）落实上级河长、河长办公室交办的事项。

第十七条　各级河长办公室履行以下主要职责：

（一）落实本级总河长决策事项，拟定河长制年度工作任务；

（二）拟定工作制度并推动实施；

（三）组织开展河长制宣传、教育、培训工作；

（四）统筹编制一河一策方案，建立一河一档，建设、维护河长制信息化系统；

（五）承办河长制工作监督、考核、表彰及河长制社会监督工作；

（六）协助本级河长做好巡河等日常工作；

（七）办理上级河长办公室、本级河长交办和下一级河长上报事项，督促有关部门、单位落实工作任务。

第十八条　河长制责任单位依照职责分工和有关法律法规规定，做好河流管理保护工作，落实上级和本级河长、河长办公室交办事项。

河长制牵头单位依照有关规定，协助相应河长做好河长制相关工作。

第四章　工作机制

第十九条　市、区县（自治县）总河长可以签发总河长令，部署河长制重点工作，解决河流管理保护中的全域性、流域性的重大问题。

市、区县（自治县）级河长可以根据需要签发河长令。

第二十条　按照河长办公室统筹分工确定的河长制责任单位应当根据经济社会发展需要，坚持问题导向、因地制宜、科学合理的原则，开展河流调查，以流域为单元编制和修订一河一策方案。一河一策方案已由上级编制的，原则上不再分河段编制，确有必要的可以细化。

一河一策方案应当征求社会公众、专家、其他河长制责任单位、河长办公室、流经地人民政府的意见，经河长审查后，由本级人民政府批准并组织实施。

一河一策方案应当包括水资源保护、水域岸线管理保护、水污染防治、水环境治理、水生态修复等河流管理保护总体目标、阶段性任务、具体措施等内容。

第二十一条　各级河长可以采取明查暗访、联合巡河、智能巡河等方式开展巡河工作，并做好巡查日志记录。

河长巡河应当重点巡查一河一策方案实施情况、河流水质、侵占河道、超标排污、非法采砂、非法捕捞、破坏航道、日常保洁等，对问题频发河段应当增加巡河次数。

第二十二条　各级总河长每年至少召开一次总河长会议，部署年度河长制工作，研究解决河流管理保护重大问题。

乡镇（街道）级以上河长根据需要召开巡河现场会议、流域专题会议、跨界河流联席会议，落实一河一策方案年度任务，协调解决河流管理保护重点难点问题。

市、区县（自治县）河长办公室应当根据工作需要，组织召开河长制责任单位联席会议，共同推进河长制工作。

第二十三条　各级河长名单、河流水环境质量信息应当公开发布，接受社会监督。

河流岸边显著位置应当设立河长公示牌，载明河流概况、河长姓名及职务、监督举报电话等内容。公示牌所载信息发生变化的，应当及时更新。

第二十四条　市河长办公室应当按照一河一档要求建设全市统一的河流管理保护信息化系统平台。

市、区县（自治县）河长办公室应当建立经济信息、规划自然资源、生态环境、住房城乡建设、城市管理、交通、水利、农业农村、应急、大数据应用发展、气象等部门涉河涉污数据资源共建共享机制，运用大数据智能化等现代化手段服务河长制的决策、管理和监督。

第二十五条　市河长办公室应当建立河长制专家库，为河长制实施提供智力支持和技术支撑。

第二十六条　各级人民政府应当落实河流日常保洁措施，通过政府购买服务、设置公益性岗位等方式，做好河流日常保洁工作。

第二十七条　任何单位和个人有权对河流管理保护中存在的问题以及相关的违法行为进行投诉、举报。

河长、河长办公室或者有关部门接到投诉、举报的，应当如实记录和登记；经核实属实的，应当及时予以处理。处理情况应当反馈投诉、举报人。

第二十八条　跨区县（自治县）、乡镇（街道）的河流，流经的区县（自治县）、乡镇（街道）应当建立联防联控机制，开展联合巡河、信息通报等工作。

加强跨省河流的联防联控，共同推进河流管理保护工作。

第二十九条　市、区县（自治县）河长制责任单位应当建立健全联动协作、联合执法机制，落实河流管理保护执法监管责任主体，加大执法监管力度。

建立和完善行政执法与刑事司法衔接机制。检察机关应当加强对河流管理保护工作的法律监督，依法提出检察建议、开展公益诉讼。

第五章　监督考核

第三十条　市、区县（自治县）应当将河长履职情况、河长制实施情况纳入督查内容。

各级河长、河长办公室可以根据需要开展专项督查。

第三十一条　市、区县（自治县）应当建立和完善河长制考核制度，对河长履职情况、河长制实施情况进行考核。河长履职情况的考核结果作为领导干部综合考核评价和自然资源资产离任审计的重要依据。河长制责任单位和牵头单位履职情况的考核纳入本级目标管理绩效考核。区县（自治县）、乡镇（街道）河长制实施情况的考核纳入本级经济社会发展业绩考核。

第三十二条 各级总河长、河长有下列行为之一的，由上级河长、河长办公室、监察机关或者本级总河长根据不同情形、后果，依照有关规定进行提醒、约谈、通报；需要追究责任的，依照有关规定处理：

（一）未按照规定巡查责任河流的；

（二）对发现的问题不及时处理或者督促整改不到位的；

（三）未按照规定落实上级、本级总河长的决策事项或者上级河长、河长办公室的交办事项的；

（四）对社会公众反映的问题处理不及时或者处理不当的；

（五）其他未按规定履行河长职责的行为。

第三十三条 各级河长办公室、河长制责任单位、牵头单位有下列行为之一的，由上级河长办公室、本级总河长或者河长根据不同情形、后果，依照有关规定对相关责任人进行提醒、约谈、通报；需要追究责任的，依照有关规定处理：

（一）未落实上级和本级总河长决策事项、河长交办事项的；

（二）对河流突出问题、社会公众反映的问题处置不及时或者处理不当的；

（三）其他未按规定履行河长制相关职责的行为。

第三十四条 河长制工作成绩显著的单位、个人，由市、区县（自治县）按照有关规定给予表彰、奖励。

第六章 附 则

第三十五条 本条例自 2021 年 1 月 1 日起施行。

附录 8 青海省实施河长制湖长制条例

青海省人民代表大会常务委员会公告

（第四十七号）

《青海省实施河长制湖长制条例》已由青海省第十三届人民代表大会常务委员会第二十七次会议于 2021 年 9 月 29 日通过，现予公布，自 2021 年 11 月 1 日起施行。

青海省人民代表大会常务委员会

2021 年 9 月 29 日

青海省实施河长制湖长制条例

（2021 年 9 月 29 日青海省第十三届人民代表大会常务委员会第二十七次会议通过）

第一条 为了保障河长制湖长制实施，加强河湖管理和保护，推进生态文明高地建设，根据《中华人民共和国水法》《中华人民共和国水污染防治法》等法律、行政法规，结合本省实际，制定本条例。

第二条 本省行政区域内河长制湖长制的实施，适用本条例。

第三条 本条例所称河长制湖长制，是指在各级行政区域设立总河长湖长，在各河湖设立责任河长湖长，负责组织领导和统筹协调水资源保护、水域岸线管理保护、水污染防治、水环境治理、水生态修复、执法监管等工作的机制。

本条例所称河湖，包括江河、湖泊、水库等。

第四条　实施河长制湖长制应当坚持生态优先、绿色发展，党政领导、部门联动，问题导向、因地制宜，强化监督、严格考核的原则。

第五条　县级以上人民政府应当将实施河长制湖长制工作经费纳入本级财政预算。

第六条　各级人民政府及相关部门应当加强河湖管理保护宣传教育，提升全社会河湖管理和保护的责任意识、参与意识。

广播、电视、报刊、互联网等媒体应当开展对河湖管理和保护的宣传报道，并加强舆论监督。

鼓励和引导公民、法人或者其他组织参与河湖保护工作，开展河湖保护志愿活动。

第七条　按照行政区域管理和河湖流域管理相结合的原则，建立省、市、县、乡、村五级河长湖长体系。

省、市（州）、县（市、区、行委）、乡（镇、街道）设立总河长湖长。

各河湖分级分段分片设立责任河长湖长。自然保护地等特定区域根据实际情况设立责任河长湖长。

河长湖长的设立和调整，按照国家和本省有关规定执行。

第八条　省、市（州）、县（市、区、行委）应当设置河长制湖长制办公室，承担河长制湖长制日常工作。乡（镇、街道）应当明确河长制湖长制工作人员。

县级以上人民政府水利、生态环境、自然资源、住房城乡建设、交通运输、农业农村、林业草原、公安、文化和旅游等河长制湖长制责任单位应当按照各自职责，依法做好河湖管理和保护工作。

第九条　县级以上人民政府应当设置河湖管护员岗位。聘用河湖管护员应当由乡镇人民政府、街道办事处与聘用人员签订聘用协议。

第十条　省、市（州）、县（市、区、行委）应当建立健全总河长湖长会议、责任河长湖长专题会议、河长制湖长制联席会议、河长制湖长制办公室会议制度，推进河长制湖长制各项工作。

第十一条　县级以上总河长湖长履行以下职责：

（一）组织领导、协调、督促、考核本行政区域内河湖管理和保护工作，落实河湖管理和保护主体责任；

（二）审定河湖管理和保护中的重大事项、河长制湖长制重要制度文件；

（三）主持研究部署河湖管理和保护重点任务、重大专项行动，推动建立部门联动机制，协调解决河长制湖长制推进过程中涉及全局性的重大问题；

（四）监督指导相关部门、下级总河长湖长、责任河长湖长依法履行职责；

（五）国家和本省规定的其他职责。

乡（镇、街道）总河长湖长负责组织安排本辖区河长制湖长制工作，开展河湖巡查，协调解决河湖管理和保护的具体问题，督导本级和村（社区）责任河长湖长履行职责。

第十二条　省级责任河长湖长履行以下职责：

（一）审定并组织实施责任河湖一河一策、一湖一策方案；

（二）组织开展责任河湖突出问题专项整治，协调解决相应河湖管理和保护中的重大问题；

（三）明晰责任河湖上下游、左右岸、干支流地区管理和保护目标任务；

（四）推动建立流域统筹、区域协同、部门联动的河湖联防联控机制；

（五）组织对省级相关部门和下一级河长湖长履职情况进行督导；

（六）国家和本省规定的其他职责。

第十三条　市、县级责任河长湖长履行以下职责：

（一）审定并组织实施责任河湖一河一策、一湖一策方案或者细化实施方案；

（二）组织开展责任河湖专项治理工作；

（三）协调和督促相关部门制定、实施责任河湖管理保护和治理规划，协调解决规划落实中的重大问题；

（四）协调和督促相关部门开展河湖管理和保护的联防联控工作；

（五）督促下一级河长湖长及本级相关部门处理和解决责任河湖出现的问题、依法查处相关违法行为，对其履职情况和年度任务完成情况进行督导考核；

（六）国家和本省规定的其他职责。

自然保护地等特定区域的责任河长湖长的职责参照前款规定执行。

第十四条 乡级责任河长湖长履行以下职责：

（一）落实责任河湖管理和保护的具体任务；

（二）对责任河湖进行日常巡查，对巡查发现的问题组织整改，不能解决的问题及时向上级河长湖长或者河长制湖长制办公室、相关部门报告；

（三）组织开展河湖日常清漂、保洁等活动；

（四）协调指导村（社区）责任河长湖长履行职责；

（五）国家和本省规定的其他职责。

第十五条 村（社区）责任河长湖长应当开展河湖保护宣传；组织订立河湖保护的村规民约或者居民公约；开展责任河湖日常巡查，对发现的涉河涉湖违法违规行为进行劝阻、制止，不能解决的问题及时向上级河长湖长或者河长制湖长制办公室、相关部门报告；配合相关部门现场执法和涉河涉湖纠纷调查处理协查。

第十六条 总河长湖长、责任河长湖长定期或者不定期开展河湖巡查调研活动，动态掌握河湖健康状况，及时发现解决河湖管理和保护中的问题。

第十七条　河湖管护员承担河湖日常巡查、保洁、管护、宣传等工作，发现问题及时向河长湖长或者河长制湖长制办公室、相关部门报告。

第十八条　河长制湖长制办公室承担河长制湖长制组织实施的具体工作，协助本级总河长湖长、责任河长湖长开展工作，履行组织、协调、分办、督办责任，具体履行以下职责：

（一）落实河长湖长确定的事项；

（二）组织编制并督促实施一河一策、一湖一策方案；

（三）组织制定相关管理制度，开展宣传、教育、培训活动，指导河湖保护公益志愿活动；

（四）承担对河长制湖长制任务落实情况的检查、督促、考核和信息通报工作；

（五）处理公众投诉举报；

（六）国家和本省规定的其他职责。

第十九条　河长制湖长制办公室应当按照河湖管理权限，以流域为单元，组织编制和修订一河一策、一湖一策方案。一河一策、一湖一策方案应当包括河湖管理和保护总体目标、阶段性任务、具体措施等内容。

第二十条　河长制湖长制办公室应当建立健全河长制湖长制督察工作制度，通过开展日常督察、专项督察、重点督察，对河长制湖长制实施情况和下一级河长湖长履职情况进行督查。

第二十一条　河长制湖长制办公室应当根据工作需要，对河长制湖长制工作落实、河湖管理和保护等情况进行通报。

第二十二条　跨行政区域河湖所在地的河长制湖长制办公室应当共同推动建立联合共治机制，统一管理目标任务和治理标准，共享河湖管理和保护信息，开展联合巡查、联合执法、联合治理，实现流域区域联防联治。

第二十三条　县级以上河长制湖长制办公室应当加强河长制湖长制管

理信息系统的建设和应用，实现涉河涉湖数据资源共建共享，提高河长制湖长制工作信息化水平。

第二十四条　河长制湖长制办公室应当通过主要媒体向社会公告河长湖长名单，在河湖岸边显著位置设置河长湖长公示牌，标明河长湖长姓名、职务、职责、河湖概况、管护目标、监督电话、微信公众号等内容，接受社会监督。公示牌信息发生变化的，应当及时更新。

第二十五条　推行河长制湖长制工作述职制度，总河长湖长审阅或者适时听取本级责任河长湖长、河长制湖长制责任单位主要负责同志和下一级总河长湖长的履职情况报告。报告内容应当包括河长湖长所负责河湖的年度目标任务完成情况、个人履职情况等。

第二十六条　县级以上人民政府可以聘请社会监督员，对河湖管理和保护效果进行监督与评价。

第二十七条　任何单位和个人有权对河湖管理和保护中存在的问题以及相关的违法行为向河长湖长、河长制湖长制办公室或者相关部门进行投诉举报，接到投诉举报后，应当依法依规办理，并将办理结果及时答复投诉举报人。

第二十八条　总河长湖长、责任河长湖长有下列行为之一，情节较轻的，依照有关规定，进行谈话提醒、批评教育、责令检查或者予以诫勉；情节严重的，依法依规追究责任：

（一）未按照规定履行职责，导致水质恶化、水环境和水生态遭受破坏的；

（二）对河湖存在的问题缓报、瞒报、谎报的；

（三）对发现的问题不及时处理或者督促整改不到位的；

（四）其他未按照本条例规定履行河长湖长职责的。

第二十九条　河长制湖长制办公室以及相关部门有下列行为之一，情节较轻的，依照有关规定，对其负责人进行谈话提醒、批评教育、责令检查或者予以诫勉；情节严重的，依法依规追究责任：

（一）对上级或者本级总河长湖长、责任河长湖长交办的事项，未按照要求办理的；

（二）对河湖管理和保护工作中存在的问题，未按照职责采取措施及时处置的；

（三）其他未按照本条例规定履行河湖管理和保护职责的。

第三十条　本条例自 2021 年 11 月 1 日起施行。

附录9 四川省河湖长制条例

四川省第十三届人民代表大会常务委员会公告

(第104号)

《四川省河湖长制条例》已由四川省第十三届人民代表大会常务委员会第三十一次会议于2021年11月25日通过，现予公布，自2022年3月1日起施行。

四川省人民代表大会常务委员会

2021年11月25日

四川省河湖长制条例

(2021年11月25日四川省第十三届人大常委会第三十一次会议通过)

第一章 总 则

第一条 为了保障河湖长制实施，加强河湖管理保护，落实绿色发展理念，推进生态文明建设，筑牢长江、黄河上游生态屏障，根据《中华人民共和国水污染防治法》《中华人民共和国长江保护法》等法律法规，结合四川省实际，制定本条例。

第二条 在四川省行政区域内实施河湖长制，适用本条例。

第三条 本条例所称河湖长制，是指按照行政区域设立总河长，在相应河湖设立河长、湖长（以下统称河湖长），由其组织领导本行政区域或者责任河湖的水资源保护、水域岸线管理、水污染防治、水环境治理、水生态修复等工作，监督政府相关部门履行法定职责，协调解决突出问题的工作制度。

本条例所称河湖，包括河流、湖泊、天然湿地、水库、渠道等水体及岸线。

第四条　实施河湖长制坚持生态优先、绿色发展、河湖长领导、部门联动、分级负责、系统治理、强化监督、严格考核的原则。

河湖长制实行一河（湖）一策、一河（湖）一档。

第五条　地方各级人民政府是本行政区域河湖长制工作以及河湖管理保护的责任主体。

县级以上地方人民政府发展改革、经济和信息化、教育、公安、司法行政、财政、自然资源、生态环境、住房和城乡建设、交通运输、水利、农业农村、卫生健康、审计、林业和草原、测绘等部门作为本行政区域河湖长制责任单位，按照职责分工，依法履行河湖管理、保护、治理的相关职责。

县级以上地方人民政府应当建立健全河湖长制责任单位联合执法机制，加大执法监管力度。

第六条　地方各级人民政府应当保障河湖管理保护资金和河湖长制工作经费，建立和完善长效、稳定、多元的河湖管理保护投入机制。

支持引导社会资本参与河湖保护和治理，鼓励单位和个人以慈善捐赠、志愿服务等形式开展河湖保护和治理活动。

第七条　鼓励和支持河湖管理保护机制创新、人才培育、科学技术研究以及科技成果转化。

第八条　地方各级人民政府应当开展河湖管理保护宣传，增强公众河湖保护的责任意识、法治意识和参与意识。

第二章　组织体系

第九条　建立省、市、县、乡四级河湖长制体系。

按照行政区域设立省、市（州）、县（市、区）、乡（镇、街道）总河长。根据需要设立副总河长，协助总河长开展工作。

按照行政区域与河湖流域管理相结合的原则，分级分段（片）设立省、市、县、乡级河湖长，在上级河湖长和本级总河长领导下开展河湖长制相关工作。

各级总河长、副总河长、河湖长的确定和调整，按照国家和省有关规定执行。

第十条　鼓励设立村级河湖长。

乡（镇）人民政府（街道办事处）应当根据县级人民政府的规定，与村级河湖长约定职责、经费保障以及不履行职责承担的责任等事项。

第十一条　县级以上地方人民政府设立总河长办公室、河长制办公室。河长制办公室承担本级总河长办公室的日常工作。

总河长办公室主任、副主任的确定按照国家和省有关规定执行，成员由河湖长制责任单位和相关单位的负责人担任。河长制办公室主任、副主任以及工作人员的设置按照国家和省有关规定执行。

县级以上地方人民政府水行政主管部门承担本级河长制办公室具体工作。

第十二条　县级以上总河长办公室根据需要确定相关部门作为联络员单位，协助本级河湖长开展相关工作。

第三章　工作职责

第十三条　各级总河长是本行政区域内河湖长制工作的第一责任人，对本行政区域内的河湖管理和保护负总责，负责贯彻落实上级总河长决策事项，组织领导本行政区域河湖长制工作，统筹解决河湖长制实施和河湖管理保护重大问题。

省、市（州）、县（市、区）总河长负责监督指导本级河湖长、河湖长制责任单位和下级总河长履行职责。乡（镇、街道）总河长负责协调解决河湖管理保护和治理具体问题，监督指导乡级和村级河湖长履行职责。

第十四条 最高层级河湖长对责任河湖的管理和保护负总责，分级分段（片）河湖长对责任河湖管理和保护负直接责任。

第十五条 在全省重要河湖设立省级河湖长，履行下列主要职责：

（一）组织领导责任河湖管理保护工作，安排部署责任河湖管理保护年度重点任务；

（二）审定并组织实施责任河湖一河（湖）一策管理保护方案，组织开展责任河湖突出问题专项整治，协调解决责任河湖管理和保护中的重大问题；

（三）明确责任河湖上下游、左右岸、干支流地区管理和保护目标任务，推动建立流域统筹、区域协同、部门联动的河湖联防联控机制；

（四）组织对省级河湖长制责任单位和下一级河湖长履职情况进行督导，对目标任务完成情况进行考核；

（五）完成省级总河长交办的任务；

（六）法律、法规，国家和省规定的其他职责。

第十六条 市、县级河湖长履行下列主要职责：

（一）组织领导责任河湖管理保护具体工作，研究确定责任河湖管理保护年度目标任务；

（二）开展河湖巡查，审定并组织实施责任河湖一河（湖）一策管理保护方案，组织开展责任河湖突出问题专项治理和专项整治行动；

（三）协调和督促相关部门制定、实施责任河湖管理保护和治理规划，协调解决规划落实中的重大问题；

（四）组织开展责任河湖问题整治，督促下一级河湖长及本级河湖长制责任单位处理和解决河湖出现的问题，督促本级河湖长制责任单位依法查处涉及河湖管理保护的违法行为；

（五）组织对本级河湖长制责任单位和下一级河湖长履职情况进行督导，对年度任务完成情况进行考核；

（六）组织研究解决河湖管理保护中的具体问题；

（七）完成上级河湖长及本级总河长交办的任务；

（八）法律、法规，国家和省规定的其他职责。

第十七条　乡级河湖长履行下列主要职责：

（一）负责责任河湖管理保护的具体工作，指导、协调和督促村级河湖长履行职责；

（二）开展河湖经常性巡查，组织整改巡查发现的问题，不能解决的问题及时向上级河湖长、河长制办公室或者相关部门报告；

（三）组织开展河湖清漂、保洁等，配合上级河湖长、相关部门开展河湖问题整治或者执法行动；

（四）完成上级河湖长和本级总河长交办的任务；

（五）法律、法规，国家和省规定的其他职责。

第十八条　村级河湖长应当开展河湖日常巡查，在村（居）民中开展河湖保护宣传，对发现的涉河湖违法违规行为进行劝阻、制止，不能解决的问题及时向上级河湖长、河长制办公室或者相关部门报告。

鼓励订立村规民约、居民公约等对河湖管理保护事项作出约定。

第十九条　总河长办公室在总河长领导下开展河湖长制相关工作，履行下列主要职责：

（一）统筹本行政区域河湖长制工作的组织、协调、督查、考核和表彰激励等，审议河湖长制工作相关制度及文件；

（二）领导本级河长制办公室工作，组织、协调、督促下级总河长、河湖长及本级河湖长制责任单位完成职责范围内的工作；

（三）按照有关规定承担本行政区域内相关流域协调机制职责，统一指导、统筹协调流域保护工作，督促检查流域保护重要工作的落实；

（四）法律、法规，国家和省规定的其他职责。

第二十条　河长制办公室履行下列主要职责：

（一）组织实施河湖长制具体工作，拟制河湖长制相关制度，开展河湖长制协调、监督、考核、激励等工作；

（二）统筹编制一河（湖）一策管理保护方案等，负责编制河湖名录、一河（湖）一档；组织河湖健康评价、河湖长制信息化建设，开展培训、宣传工作；

（三）指导督促本级河湖长制责任单位、下级河湖长及河长制办公室落实河湖长制工作任务；

（四）落实上级和本级总河长、河湖长交办事项；

（五）法律、法规，国家和省规定的其他职责。

第二十一条　河湖长联络员单位履行下列主要职责：

（一）落实河湖长交办的工作，指导本级河湖长制责任单位、下级河湖长责任河湖管理保护工作并向河湖长报告；

（二）会同河长制办公室组织编制责任河湖一河（湖）一策管理保护方案；

（三）协助河湖长督促本级河湖长制责任单位、下级河湖长及河长制办公室落实工作任务，对下一级河湖长考核；

（四）法律、法规，国家和省规定的其他职责。

第四章　工作机制

第二十二条　县级以上总河长可以签发总河长令，部署河湖长制重点工作，开展河湖突出问题专项整治行动。

县级以上河湖长根据省有关规定可以签发河湖长令。

第二十三条　各级总河长每年应当及时召开总河长会议，部署年度河湖长制工作，研究解决河湖管理保护重大问题。

县级以上河湖长根据需要召开巡河现场会议、流域专题会议、跨界河流联席会议，落实一河（湖）一策管理保护方案年度任务，协调解决河湖管理保护重点难点问题。

县级以上总河长办公室根据工作需要，组织召开河湖长制责任单位联席会议，共同推进河湖长制工作。

第二十四条　各级河湖长应当按照国家和省有关规定开展河湖巡查工作。可以采取明查暗访、联合巡河、智能巡河等方式，检查一河（湖）一策管理保护方案落实情况，重点巡查河湖水质、河湖保洁、入河排污等情况以及侵占河道、非法采砂、非法排污、非法捕捞、破坏航道等问题，并做好巡查记录。

第二十五条　县级以上总河长、河湖长通过督察检查、河湖巡查、群众举报等途径发现河湖管理保护的问题，按照下列规定处理：

（一）属于自身职责范围或者应当由本级河湖长制责任单位处理的，应当及时处理或者组织协调和督促相关单位按照职责分工予以处理；

（二）依照职责应当由上级河湖长或者属于上级河湖长制责任单位处理的，提请上一级河湖长处理；

（三）依照职责应当由下级河湖长或者属于下级河湖长制责任单位处理的，移交下一级河湖长处理。

县级以上总河长、河湖长交相关单位或者下一级河湖长办理事项，应当明确整改要求和完成时限等，相关单位或者下一级河湖长应当按时完成并报告办理情况。

第二十六条　上级河湖长接到下级河湖长报告的事项，属于本级职责范围的，应当依法依规及时处理；超出职责范围的，应当及时向本级总河长、上一级河湖长或者相关部门报告。

第二十七条　地方各级人民政府应当落实河湖日常保洁措施，通过政府购买服务、设置公益性岗位等方式，做好河湖日常保洁工作。

第二十八条　省河长制办公室应当建设全省统一的河湖管理保护信息化系统平台，并做好系统平台的管理、运用和维护。

县级以上河长制办公室应当建立河湖管理保护相关数据资源共建共享

机制，运用现代化信息手段服务河湖长制的决策、管理和监督。

第二十九条　县级以上地方人民政府应当通过主流媒体、政府门户网站、政务微博微信等方式公开河湖名录、河湖长名单、河湖长制工作的重要制度、重要工作动态等信息。

第三十条　市、县、乡级人民政府应当按照规定在河湖岸边显著位置设立河湖长公示牌，载明责任河湖概况、河湖长姓名及职务、主要工作内容、监督举报电话等内容。公示牌所载信息发生变化的，应当及时更新。

第三十一条　河湖发生水资源、水域岸线、水污染、水环境、水生态等方面的突发事件时，相关部门应当及时向责任河湖长报告。责任河湖长按照规定参与突发事件处置，必要时向本级总河长和上级河湖长报告。

第三十二条　地方各级人民政府应当建立河湖管理保护协调联动机制，通过信息共享、联合巡查等方式实现跨区域、跨部门协调联动。

涉及跨区域河湖问题，按照下游协调上游、左岸协调右岸的原则，由相应河湖长牵头协调处理。经协调不能达成一致意见的，应当向本级总河长或者上级河湖长报告。

第三十三条　县级以上地方人民政府根据需要与相邻省、自治区、直辖市同级人民政府建立跨省河湖协作机制，按照国家和省有关规定在规划编制、管理保护、监督执法、信息共享、问题处置等方面进行协作。

跨省河湖的各级河湖长推动与邻省同级河湖长建立联合巡查机制，协调解决跨省河湖的相关问题。跨省河湖涉及的各级河长制办公室推动与邻省同级河长制办公室建立联防联控机制，推动协调机制、联合巡河、信息共享、联合治理、联合执法等工作。

第三十四条　建立和完善行政执法与刑事司法衔接机制。检察机关应当加强对河湖管理保护工作的法律监督，依法提出检察建议、开展公益诉讼。

第三十五条　任何单位和个人有权对发现的河湖管理保护问题进行投诉、举报。

各级河湖长、河长制办公室或者相关部门接到涉及河湖管理保护问题的投诉、举报，应当进行核实并及时处理；实名投诉、举报的应当将处理结果及时反馈投诉人、举报人。投诉人、举报人的信息应当严格保密。

第五章　监督考核

第三十六条　河湖长制工作应当接受社会监督。地方各级人民政府应当建立健全社会评价机制，通过聘请社会监督员、第三方评估机构等，对本级河湖长、河湖长制责任单位以及下级人民政府履行河湖管理保护职责的情况、河湖管理保护的效果进行监督和评价。

第三十七条　省河长制办公室应当按照国家和省有关规定，对地方河湖长履职及河湖长制实施情况进行督查。

第三十八条　县级以上地方人民政府应当建立完善河湖长制工作考核机制，结合社会评价结果，对下一级总河长、河湖长、河长制办公室和本级河湖长制责任单位履行河湖长制工作进行考核。

各级河湖长履职情况的考核结果纳入领导干部综合考核评价、自然资源资产离任审计和生态环境损害责任追究。河长制办公室及河湖长制责任单位履职情况纳入本级政府目标绩效考核。

第三十九条　对河湖长制工作中做出显著成绩的单位和个人，按照国家和省有关规定给予表彰、激励。

第四十条　乡级以上总河长、河湖长有下列情形之一的，由上级总河长、河湖长、总河长办公室、河长制办公室按照国家和省有关规定进行提示、约谈；造成不良后果或者影响的，由任免机关、单位或者监察机关依法给予处理：

（一）河湖长制工作任务推进滞后的；

（二）未按照有关规定巡河巡湖的；

（三）对发现的问题不及时处理或者督促整改不到位的；

（四）河湖发生重大水资源、水域岸线、水污染、水环境、水生态事件的；

（五）年度考核等次不合格的；

（六）其他未按照规定履行河湖长制相关职责的。

各级总河长办公室、河长制办公室和河湖长制责任单位有前款所列情形之一的，由上级总河长办公室、河长制办公室，按照国家和省有关规定进行提示、通报或者约谈主要负责人；造成不良后果或者影响的，对直接负责的主管人员和其他直接责任人员，由任免机关、单位或者监察机关依法给予处理。

第四十一条　违反本条例规定的行为，构成犯罪的，依法追究刑事责任。

第六章　附　则

第四十二条　本条例中下列特定词语的含义：

（一）一河（湖）一策是指针对不同地区不同河湖实行差异化治理的方略；

（二）一河（湖）一档是指针对河湖建立档案，包含相应河湖的名称、所在水系、上下游关系、河流（段）长度、湖泊水域面积、所涉行政区、水文、河湖长信息等基础信息，以及取用水、水质、水生态、岸线开发利用、河道利用、涉水工程和设施等动态信息；

（三）一河（湖）一策管理保护方案是指包含相应河湖主要问题、解决方案、工作计划、责任主体和治理措施等内容的指导性文件，用以指导流域地方各级人民政府和河湖长制责任单位加强河湖的管理保护和治理工作。

第四十三条　本条例自 2022 年 3 月 1 日起施行。

责任编辑：王彦波

封面设计：汪　阳

图书在版编目（CIP）数据

河湖长制的法治保障研究 / 张小丽 著 . — 北京：人民出版社，2023.10

ISBN 978 - 7 - 01 - 025697 - 9

I.①河… II.①张… III.①河道整治 - 水法 - 研究 - 中国 IV.① D922.664

中国国家版本馆 CIP 数据核字（2023）第 082470 号

河湖长制的法治保障研究

HEHUZHANGZHI DE FAZHI BAOZHANG YANJIU

张小丽　著

人民出版社 出版发行

（100706　北京市东城区隆福寺街 99 号）

北京九州迅驰传媒文化有限公司印刷　新华书店经销

2023 年 10 月第 1 版　2023 年 10 月北京第 1 次印刷

开本：710 毫米 ×1000 毫米 1/16　印张：16

字数：223 千字

ISBN 978 - 7 - 01 - 025697 - 9　定价：79.00 元

邮购地址 100706　北京市东城区隆福寺街 99 号

人民东方图书销售中心　电话（010）65250042　65289539